YO-DLI-747

CRÓNICA BURLESCA
DEL EMPERADOR CARLOS V

LECTURAS
DE
FILOLOGÍA
Director: FRANCISCO RICO

FRANCESILLO DE ZÚÑIGA

CRÓNICA BURLESCA DEL EMPERADOR CARLOS V

Edición, introducción y notas de
DIANE PAMP DE AVALLE-ARCE

EDITORIAL CRÍTICA
Grupo editorial Grijalbo
BARCELONA

Diseño de la cubierta: Enric Satué
© 1981 de la presente edición para España y América:
Editorial Crítica, S.A., Pedró de la Creu, 58, Barcelona-34
ISBN: 84-7423-144-2
Depósito legal: B. 724-1981
Impreso en España
1981. — Alfonso impresores, Recaredo, 4, Barcelona-5

*Esta edición se dedica, con amor
y estudio, a mi maestro y marido,
Juan Bautista Avalle-Arce*

INTRODUCCIÓN

> *Necesario y cosa razonable es a los hombres buscar maneras de vivir.*
>
> Don Francesillo de Zúñiga

I

EL FONDO HISTÓRICO

La *Crónica burlesca del emperador Carlos V,* obra de su bufón don Francesillo de Zúñiga, se publica hoy por primera vez según el manuscrito 6.193 de la Biblioteca Nacional de Madrid. Según se verá en la última sección de estas páginas introductorias, las ediciones anteriores a la presente no hacen más que reproducir la que en 1855 publicó, con alarmantes fallas, Pascual de Gayangos. Es una lástima, porque la obra de don Francesillo constituye una verdadera obra maestra de un género literario desconocido en España: la literatura bufonesca.[1]

A pesar de su título, sin embargo, la *Crónica* de don Francés esboza sólo un breve período del reinado de Carlos V, y aun para eso no adopta en absoluto la actitud del historiador de oficio, con la postura analítica ante los acontecimientos. Al contrario, don Francés es por oficio un bufón imperial, quien quiere divertir a la corte y a su amo, y para ello practica una labor altamente selectiva (y por lo tanto antihistórica en sí), en la que presenta sólo los hechos capaces de divertir a su público. Si los hechos no son en esencia graciosos (por ejemplo, la guerra de las Comunidades de Castilla o el saco de Roma) los presenta en

1. Más adelante el lector encontrará razones de peso para hacer caso omiso de la *Vida de Estebanillo González, hombre de buen humor, compuesta por él mismo,* Amberes, 1646.

el tono más festivo posible, como para asegurarse de que el Rey y la corte se diviertan. Desde luego, la diversión cortesana depende de un conocimiento previo de los acontecimientos desfigurados por el malévolo ingenio del bufón; por ello, la selección que practica don Francés es a base de lo visto por él y su amo, o la corte en general.

Por estas razones, es inútil proyectar la obra de don Francés contra el fondo de la historiografía oficial de la época. Él no se consideró nunca historiador en serio, y por eso mismo, para provocar la risa de los cortesanos, se llama a sí mismo «el coronista conde don Francés», porque él no era ni *coronista*, ni *conde*, ni propiamente *don*. La mejor descripción de la verdadera misión de don Francés sería: «chismógrafo oficial de la corte española».

Cuando muere Fernando de Aragón el 23 de enero de 1516, en Madrigalejo (actual provincia de Cáceres), viudo ya desde hace doce años de Isabel I de Castilla, se cierra una época histórica de España. Aquí empieza su narrativa don Francés; es un punto de partida hasta cierto punto obvio, pero curioso, porque la nueva época tarda en consolidarse. El acceso de Carlos I, nieto materno de los Reyes Católicos y nieto paterno del emperador Maximiliano I, al trono español que hereda de su madre Juana la Loca, no deja de tener dificultades. El país, por primera vez en cientos de años, se encuentra regido por una nueva dinastía, que para colmo de males no sólo no era ibérica, sino que era centroeuropea. En sus doscientos años escasos de dominio peninsular los Habsburgos harían y casi desharían el imperio español. El primer Habsburgo español, Carlos I, lucha contra Francia por Italia, y contra Europa por la unidad católica, y hasta contra el papa. Lucha en África y en el Mediterráneo contra los turcos. Y al mismo tiempo lanza a sus españoles a la conquista de todo el nuevo continente. De algunas de estas dificultades, aquellas que afectan directamente la vida áulica, se hará cargo buena parte de la *Crónica*: pero entendamos bien, con el prisma deformador del oficio bufonesco de su autor.

Desde la muerte del Rey Católico, en enero de 1516, hasta la llegada a España de su nieto Carlos I, en septiembre de 1517, se produce un prolongado vacío en el trono, y si la inquietud nacional no llega al caos se debe a la fuerza personal del cardenal Francisco Jiménez de Cisneros. Éste viene a representar la voluntad de la Reina Católica, que sobrevive después de su muerte en la persona de quien había sido su confesor y era el reformador de la iglesia española. Así es que el corazón de la Península, Castilla, espera la llegada del heredero legítimo en aparente tranquilidad. Y aquí entra de observador e historiador *sui generis* la curiosísima personalidad de don Francesillo de Zúñiga, quien presencia los sucesos siendo marginal a ellos. Es un navarro (o pretende serlo) en Castilla, un cristiano nuevo en una sociedad que se autodefine en términos de los cristianos viejos, un bufón en una corte cuya *gravitas* se hizo proverbial.

El futuro emperador Carlos V, de momento sólo Carlos I de España (ni siquiera lleva un nombre tradicional para reyes españoles), no se había embarcado de inmediato, ni mucho menos, al recibir la noticia de su acceso al trono español. Su enorme y principesca casa requiere mucho tiempo para trasladarse desde Flandes, y cuando casa y joven rey están listos, los vientos son contrarios para zarpar a España. No es propicio su primer contacto con sus nuevos reinos: por error llega a un pequeño puerto de Asturias, donde le toman por enemigo, y después pasa semanas atravesando las montañas de Cantabria. La total falta de enlace de Carlos I con el reinado de los Reyes Católicos, el brusco viraje a que parecía abocado el destino histórico español, todo esto se agrava ante la muerte del regente de Castilla, el cardenal Cisneros, muy viejo ya y achacoso, en Roa a 8 de noviembre de 1517; antes de ni siquiera haber visto al nuevo rey. Todo esto lo cuenta puntillosamente don Francés.

Empieza, pues, la nueva monarquía en España bajo malos auspicios: un rey extranjero cuyos derechos al trono no están muy claros pues aún vive su madre, la reina Juana I de Castilla, aunque loca y encerrada en Tordesillas. El carácter de este rey extranjero está todavía sin formar, y sus consejeros, todos flamencos y borgoñones, de inmediato se ganan la mala voluntad de los españoles. Todo esto se echa de ver en la primera escena que cuenta a lo vivo don Francés: el recibimiento del rey por su alta nobleza castellana, entre leal y desconfiada. Si resalta ésta con más claridad que aquél, será porque don Francés conoce a los nobles castellanos a fondo, mientras al rey flamenco todavía no: don Francés tiene que haber estado presente en el séquito del duque de Béjar, pues no era aún el bufón de Carlos I.

El primer período de Carlos en España es una serie de graves, casi desastrosos, errores: el joven rey convoca Cortes en Valladolid (febrero, 1518), presididas al principio por el borgoñón Jean Sauvage. Siempre según el consejo de su séquito flamenco-borgoñón, Carlos empieza a repartir altos oficios del reino a diestro y siniestro, todos a los extranjeros; llegando hasta el punto de nombrar arzobispo de Toledo a Guillermo de Croy (sobrino de su consejero el señor de Chièvres), un muchacho de veinte años. A pesar de eso, y del intento fracasado de extender los impuestos a hidalgos y clérigos, las Cortes otorgan el dinero que pide el rey. Carlos se marcha en seguida, dejando gran descontento en Castilla.

Pasa a Zaragoza y de allí a Barcelona, donde le juran como rey, pero no ven con buenos ojos sus demandas pecuniarias, y le retienen mucho tiempo. Toda esta primera estancia en España la cuenta don Francés con bastante detalle y no poca sorna. Es la parte más sintetizada de su narrativa, escrita evidentemente de memoria y bastante tiempo después de pasados los sucesos: hacia 1525.

El rey no llega a Valencia, su próximo destino según el itinerario planeado, porque recibe la noticia de su elección como emperador el 28 de junio de 1519. Rápidamente se desplaza al noroeste de la Península, y de paso lleva las Cortes castellanas a La Coruña; las presiona fuertemente para recaudar el dinero del viaje. El 20 de mayo de 1520 zarpó para Alemania, donde le esperaba otro tipo de problemas, no ligados aún con los españoles. Éstos los acababa de delegar Carlos en su antiguo tutor Adriano de Utrecht en cuanto a Castilla, don Juan de Lanuza en Aragón, y don Diego de Mendoza en Valencia. Carlos pasa dos años fuera, ocupándose de su nuevo imperio, su herencia europea y la división de ella con su hermano Fernando, el problema de Lutero, la alianza con el papa León X, la hostilidad de Francisco I de Francia, y, finalmente, la inevitable guerra en Italia.[2]

En esos años Adriano de Utrecht fue elegido papa, Magallanes circunnavegó el mundo y Cortés conquistó México. Pero don Francés no presta mayor atención a todo esto. Evidentemente sabe lo que pasa, pero no entran en su órbita cerradamente cortesana ni la política europea ni la expansión americana. Menciona de pasada la partición del imperio, Lutero, y la elección papal, pero sin mayores detalles.

Mientras el Emperador alterna las armas y la diplomacia para retener lo que posee y recobrar lo que cree corresponderle, en su ausencia y a sus espaldas Castilla se levanta en la no bien estudiada guerra de las Comunidades.[3] Poco después, Va-

2. Para la vida y el reinado de Carlos V todavía no se ha superado la obra monumental de Karl Brandi, *The Emperor Charles V*, trad. C. V. Wedgwood, Londres, 1939, II, Darmstadt, 1967. Para lo tocante a España, es muy útil consultar Manuel Fernández Álvarez, *La España del Emperador Carlos V*, en *Historia de España*, dirigida por Ramón Menéndez Pidal, Madrid, 1966, XVIII, y a P. Chaunu, *L'Espagne de Charles-Quint*, París, 1973, 2 vols.
3. La obra documental básica, aunque muy desordenada y plagada de errores, es la voluminosa de Manuel Danvila y Collado, *Historia crítica y documentada de las Comunidades de Castilla*, en *Memorial Histórico Español*, Madrid, 1897-1899, XXXV-XL. Para el aspecto socioeconómico, hay que consultar José Antonio Maravall, *Las Comunidades de Castilla, una primera revolución moderna* (Madrid, 1963), interpretación atacada por Américo Castro, en *La Celestina como contienda lite-

lencia y Mallorca estallan en las Germanías,[4] movimiento con algunos puntos de semejanza con las Comunidades pero distinto.

Las Comunidades, o sea, los municipios de Castilla, con Toledo a la cabeza, se levantaron en 1520 ante la desastrosa política doméstica del ausente Carlos V. Don Francés, desde su posición de privilegio cortesano, acusa a los comuneros de «bulliciosos y amigos de novedades», en el sentido peyorativo que la palabra *novedad* tenía en la época.[5] Sin embargo, no ha dejado de notar algunas causas del descontento general en el cuarto capítulo de la *Crónica,* tales como las corrobora la historiografía moderna. Pero esta revolución de municipios debía de ser tema poco grato para el cortesano don Francés, quien rápidamente marginaliza el asunto así: «Porque serían largos de contar los daños y rrobos y muertes que entonces se hizieron, se pasa adelante» (p. 80).

Para apreciar las cualidades de cortesano ejemplar que evidencian las páginas de la *Crónica,* conviene recordar que las Comunidades fueron siempre un tema espinoso para el emperador. Ese «pasar adelante» de don Francés probablemente se debe a la intención de no ofender a su amo en lo más vivo, o

---

raria (Madrid, 1965): primera parte, ataque del que se defiende con éxito Maravall en la segunda edición de su libro. Ahora hay que ver J. Pérez, *La Révolution des «Comunidades de Castilla»,* Burdeos, 1970; breve pero certera visión da Manuel Fernández Álvarez, «Derrota y triunfo de las Comunidades» *Revista de Occidente,* 149-150 (1975), pp. 234-249; y Juan Ignacio Gutiérrez Nieto, *Las Comunidades como movimiento anti-señorial,* Barcelona, 1972.

4. Este problema ha recibido menos atención. El punto de partida documental es Manuel Danvila y Collado, «La Germanía de Valencia», en *Discursos leídos ante la Real Academia de Historia,* Madrid, 1884, aunque adolece de los mismos defectos que su historia de las Comunidades.

5. Acerca de «novedades» escribe Townsend Miller, *Henry IV of Castile,* Filadelfia-Nueva York, 1972, p. 50: «Una palabra que en un país tan conservador como España siempre tiene que entenderse como peyorativa».

sea en su política doméstica en su amada España.[6] Así la «historia» que hace don Francés en su *Crónica* de la guerra de las Comunidades resulta casi opaca, como historia, para quien no conozca ya las líneas generales del conflicto. Don Francés no tiene necesidad de explicar los acontecimientos, ni quiere hacerlo, ya que su público, la corte, sabe demasiado bien de lo que se trata.

Don Francés no concibe su misión en ningún momento como la de un historiador, o sea, la de buscar la lógica íntima del devenir de España. Al contrario, usa unos pocos acontecimientos contemporáneos bien conocidos como trampolín para saltos verbales, en los que chisporrotea su imaginación inquieta, mordaz, malsana y en extremo burlona.

Ya en España otra vez (julio 1522), Carlos V se dedica a lo que sus súbditos españoles le pedían desde hacía años: quedarse en el país, aprender el idioma, rodearse de consejeros españoles, proveer los oficios del país (y también del imperio) de españoles, casar a la infanta menor con Manuel el Afortunado de Portugal, y casarse él mismo con Isabel de Portugal. Mucho de esto lo observa, registra y comenta don Francés en su *Crónica*, pero siempre desde un punto de vista totalmente personal, casi egocéntrico, bufonesco y por lo tanto antihistórico: por ejemplo, el colofón que pone don Francés al viaje que remató en las bodas imperiales empieza así: «A vuestra Ma-

---

6. Desde un comienzo el movimiento de las Comunidades fue interpretado como de inspiración conversa, cuestión que no se ha dejado de discutir. A. Domínguez Ortiz, perito en el asunto, repasa las diversas posiciones y concluye que «el problema no se ha decidido» en «Historical research on Spanish conversos in the last fifteen years», *Collected Studies in Honour of Américo Castro's Eightieth Year*, Oxford, 1965, p. 72. Don Francés mismo se hace eco del sentimiento general en varios lugares de su *Crónica*, lo cual no es realmente extraño, sea la que haya sido la participación comunera de los cristianos nuevos, porque muchos conversos eran convencidos monárquicos. Y si las Comunidades fueron antiseñoriales (véase *supra* nota 3), es natural que don Francés, bufón real, fuese anticomunero; y en la medida en que la opinión popular identificaba a los conversos con las Comunidades, es natural que don Francés fuese hasta anticonverso.

gestad le dijeron cómo yo a la vuelta de Portugal me había ahogado en las Barcas de Alconeta, y de hecho fue verdad que por mis pecados pasé desta vida a la otra, donde vi cosas admirables dignas de memoria» (p. 148).

Si este desgarrado comentario personal, burlesco e irónico, es todo lo que le viene a la pluma a don Francés para apostillar el más importante acontecimiento de la política interior de los reinos ibéricos, no es lógico esperar graves pronunciamientos historiográficos acerca de la política internacional. Por ejemplo, no se menciona la muerte del señor de Chièvres, único *privado* que tuvo Carlos V; no aparece el nombre del hábil canciller piamontés, Mercurino di Gattinara; se pasa por alto nada menos que el *tratado de Madrid* (1526), por el cual vuelve a quedar en libertad Francisco I de Francia, y Europa abocada a nuevas y más cruentas guerras; la misma guerra de Italia apenas halla eco en la *Crónica* hasta que llega la extraordinaria y resonante victoria imperial de Pavía, que sí se explica. Pero aun entonces el autor no puede con su genio, y cuando describe al virrey de Nápoles, Carlos de Lannoy, quien trajo prisionero a España al rey de Francia, remata así: «El cual visorrey fue buen caballero, y junto con esto parecía zanahoria macho o palomazo duendo sobre güevos» (p. 126). Debe de estar bien claro que lo que interesa a don Francés, y desde luego es el campo más abonado para sus juegos de ingenio, es el *hic et nunc* de la corte, lo que él ha visto y sabe que entretendrá a los demás, y en particular al emperador su amo. Así cumple con el oficio de chismógrafo, cuya pluma corre tras las hablillas y motes de la corte, no tras las líneas generales de la política imperial. No le interesa lo abstracto, sino lo concreto; no lo nacional, sino lo personal; no lo político, sino lo humano.

En consecuencia, esta *Crónica* que no menciona el tratado de Madrid narra con gusto y detenimiento las bodas del emperador con la infanta Isabel de Portugal, de las que don Francés fue testigo. Después, el bufón acompaña al imperial matrimonio a su luna de miel en Granada, donde lucen otra vez las dotes bufonescas y antihistoriográficas de don Francés. Al narrar la entrada en Granada menciona a los moriscos, naturalmente, dadas las circunstancias históricas del antiguo reino de Granada. Primera cuchufleta de sentido bufonesco: como capitán de los moriscos venía Pedro Hernández de Córdoba, «que parecía señor de Yucatán» (p. 139). La graciosa presentación de los moriscos granadinos le lleva a mencionar el levantamiento de los moriscos levantinos, y por un breve momento se puede creer que don Francés está haciendo labor historiográfica, porque narra un acontecimiento importante de política interna, en el cual no participaron ni fueron testigos ni él ni su amo. Pero de inmediato cae el lector en la cuenta de la truhanesca y muy áulica intención de la pseudohistoria de don Francés: «Su Magestad mandó a un caballero muy principal alemán, llamado Rocandolfo, que parecía odrero en Madrigal recién casado, y a don Beltrán de Robles, que parecía gato que a poder de palos salía por albañar» (p. 139). Las comparaciones de don Francés, si no tienen el menor atisbo de valor histórico, son un directo anticipo de técnicas burlescas futuras como se encuentran en Quevedo y en el esperpento de Valle-Inclán: son también la quintaesencia de lo grotesco popular-medieval.

Mientras tanto, el nuevo papa, Clemente VII, Francia, Florencia, Venecia y Milán han hecho una alianza contra el emperador, y Enrique VIII de Inglaterra parece inclinarse hacia ellos. A la vez, el Gran Turco, Solimán el Magnífico, ha conquistado Hungría (la reina María de Hungría era hermana de Carlos V, y su marido Luis II murió en la batalla de Mohacz contra el Turco), y su avance se proyectaba sobre las tierras del imperio bajo el infante don Fernando, hermano del emperador. Pero todo esto está muy alejado de la corte española, y la misión del bufonesco don Francés es recoger lo más grato y gracioso ocurrido en esta corte, o al menos presentarlo de esa manera. Por lo tanto, todo lo anterior es un eco, nada más, en las páginas de la *Crónica,* unas cartas burlescas que sirven para realzar el más grato y más inmediato de los acontecimientos cortesanos: el nacimiento del heredero, el futuro Felipe II (el 21 de mayo de 1527; será por distracción que escribe don Francés 21 de abril, p. 156).

El saco de Roma (del 6 al 13 de mayo del mismo año), efectuado por las tropas imperiales faltas de sueldo, se menciona en la *Crónica,* pero desfigurado por el prisma bufonesco del autor: «Roma se entró y saqueó, y el duque de Borbón murió, y beato quien en ello no se halló. Suelen decir, bien está San Pedro en Roma, y bien el que por entonces se halló en Simancas o en el Espinar de Segovia» (p. 158).[7] El que escribe esto es el *bufón* imperial, valiéndose del privilegio tradicional del loco.[8]

La guerra sigue por casi todos lados en Europa, pero ya sin más repercusiones en la *Crónica.* El infante don Fernando, a quien parece conocer don Francés (lo cual no tiene nada de extraño, pues el infante se crió en España hasta 1521), tiene serias dificultades en Hungría, que sí menciona don Francés, aunque de pasada. Pero desde aquí hasta el final de la obra, casi se abandona hasta la apariencia de crónica, por más festiva y antihistórica que ésta haya sido; la obra se convierte ahora en una especie de miscelánea burlesca con humorísticas y fingidas cartas dirigidas a personajes principales de la época.[9] Aquí entra, claro está, la parodia del *Marco Aurelio* de fray Antonio de Guevara, según se verá adelante.

7. Véase más abajo la importancia de este comentario para la fecha de esta versión de la *Crónica.*
8. Muy otra es la actitud del secretario imperial Alfonso de Valdés, quien en su *Diálogo de las cosas ocurridas en Roma* acumula los justificantes de la política imperial, que conmovió la opinión europea. Pero Valdés escribe como secretario de cartas latinas y con intención apologética, no con la vista puesta en los otros cortesanos y con la intención de presentar un tristísimo suceso envuelto en regocijada ironía.
9. El fino sentido crítico de Francisco Márquez Villanueva califica la *Crónica* entera de *jest book,* «Un aspect de la littérature du "fou" en Espagne», *Actes du Colloquium International L'Humanisme dans les Lettres Espagnoles,* Tours (en publicación).

Hacia el momento histórico de *la paz de las Damas* (junio de 1529), momento en que el Emperador se marcha de España para ser coronado por el papa, don Francés, sin el menor interés extraespañol, extraimperial, extracortesano ni extrapersonal, acaba el período que cubre su así llamada *Crónica*. Todavía no ha llegado, ni mucho menos, el momento de la desilusión con el concepto de *universitas christiana,* o sea el concepto de imperio cristiano que propugnaba Carlos V.[10] Con todo su cinismo y sorna hacia la fragilidad humana, don Francés cree sinceramente en la misión imperial española, como casi todos los de su generación, y afortunadamente para el bufón, le alcanzó antes la muerte (1532) que el desengaño que llevó a su amo a morir en Yuste (1558). Su «mundo al revés» no llega más allá del mundillo cortesano. Dejando aparte la cuestión de la limpieza de sangre, sus comentarios poco tienen que ver con la sociedad española en general.

10. «El imperio ... es la última construcción histórica que aspira a tener un sentido de totalidad; es la más audaz y ambiciosa, la más consciente y efectiva», nos recuerda Ramón Menéndez Pidal, *Idea imperial de Carlos V,* Buenos Aires, 1943, p. 36.

II

EL BUFÓN EN ESPAÑA

Don Francesillo, por oficio, es bufón. «Rey de los bufones», acaso, pero miembro de una cofradía que en una u otra forma ha existido desde siempre, existe hoy día, y seguramente seguirá existiendo. En consecuencia, y como la figura del bufón no es más que una faceta de lo que André Malraux ha llamado la *condition humaine,* el estudio de esta figura es susceptible de infinidad de enfoques, de lo más altamente filosófico hasta lo más ínfimamente sociológico.[11] Así y todo, el estudio histórico de los bufones y locos en España todavía no se ha escrito, a pesar de su indudable interés para la historia literaria y social. Lo que sigue, en consecuencia, sólo son notas de aproximación.[12]

11. Martiné Bigeard, en su útil estudio *La folie et les fous littéraires en Espagne, 1500-1650* (París, 1972) en el capítulo XIX repasa brevemente la obra de don Francés y la enjuicia así: «El bufón sobresale, se ve, en la sátira de personas y modas, y su crónica es en realidad un largo desfile de pasiones y vicios, debilidades y tachas que los hombres normales disimulan, mal que bien, bajo la máscara de su respetabilidad. En resumen, la conclusión implícita de su obra es que la locura no cae siempre del lado que uno piensa, porque es él, el bufón, el loco del rey, que lleva la batuta, como la Señora Locura en la obra de Erasmo, en la comedia de las locuras humanas» (pp. 132-133).
12. Véase el estudio algo limitado de J. Moreno Villa, *Locos, enanos, negros y niños en la corte española de los Austrias* (México, 1939)

En el léxico español en diversas épocas, se usan varias voces: *albardán, bufón, chocarrero* y *truhán*. Consultemos el *Tesoro de la lengua castellana o española* (Madrid, 1611) de Sebastián de Covarrubias Horozco (ed. Martín de Riquer, Barcelona, 1943). *Albardán* ni se menciona; es evidente que ha desaparecido del vocabulario activo. La palabra *bufón*, de mayor interés porque es la que tradicionalmente se ha aplicado a don Francés, se define así: «Es palabra toscana, y significa el truhán, el chocarrero, el morrión o bobo» (ed. cit., p. 243). La etimología italiana de *bufón* (de *buffone*) la reconoce J. Corominas [13] aunque añade: «Todavía en el siglo XVI Boscán y Cristóbal de las Casas traducen el it. *buffone* por truhán, por lo cual se ve que el vocablo tardó en nacionalizarse del todo».

En cuanto a *chocarrero,* la definición que da Covarrubias nos pone en terreno familiar:

> El hombre gracioso y truhán, *quasi* iocarrero, a *ioco*, porque es hombre de burlas, y con quien todos se burlan; y también se burla él de todos, porque con aquella vida tienen libertad y comen y beven y juegan; y a veces medran más con los señores que los hombres honrados y virtuosos y personas de letras. Dizen que los palacios de los grandes no pueden passar sin estos. (Ed. cit., p. 437.) [14]

Anotemos, antes de seguir adelante, y con el apoyo que nos suministra el texto de Covarrubias, una característica singularísima de don Francés: él es a la vez «chocarrero» y «persona de letras».

---

y los muy interesantes comentarios de Francisco Márquez Villanueva en *Personajes y temas del Quijote,* Madrid, 1975, pp. 221-224.

13. *Diccionario crítico etimológico de la lengua castellana,* Berna, 1954, I, p. 539.

14. Corominas, *DCELC*, IV, pp. 257-260, desdice la etimología de Covarrubias, y aclara que la voz es de origen prerromano, y documenta el primer uso de *chocarrero* en 1547, Pero Mejía, *Diálogos.*

La voz *truhán* es la de mayor abolengo, según se verá. De ella dice Covarrubias lo siguiente:

> El chocarrero burlón, hombre sin vergüença, sin honra y sin respeto; este tal, con las sobredichas calidades, es admitido en los palacios de los reyes y en las casas de los grandes señores, y tiene licencia de dezir lo que se le antojare, aunque es verdad que todas sus libertades las viene a pagar con que le maltratan de cien mil maneras, y todo lo sufre por su gula y avaricia, que come muy buenos bocados y quando le parece se retira con mucha hazienda. (Ed. cit., p. 981.) [15]

Esto es como un retrato de cuerpo entero de don Francés, truhán primero de un gran señor, después del rey, con cabal «licencia de dezir lo que se le antojare» y aun de escribirlo; a veces, con seguridad fue maltratado, y tanto, que la última vez le causó la muerte, según se verá más abajo.

Esta breve base lexicográfica, por reducida que sea, permite apreciar horizontes un poco más amplios. Un excelente estudio moderno acerca del bufón como oficio y forma de vida, escrito por la estudiosa inglesa Eunice Welsford, nos dice:

> El bufón ... es un personaje cómico que usa sus alrededores como teatro y aula, y es a menudo cuentista y poeta *ex tempore* ... disuelve la barrera entre la sandez y la sabiduría, entre la vida y el arte. El bufón no es ni el bobo inconsciente, ni el artista consciente le representa: es el bobo consciente que se burla de sí mismo, generalmente por dinero, pero por lo menos a veces por el mero amor a la locura.[16]

---

15. La etimología que da Covarrubias (del italiano *trufa* 'burla'), es corregida por Corominas, *DCELC*, IV, 617, diciendo que es vocablo «tomado del fr. *truand*, de origen céltico y relacionado con el irl. ant. *trog* 'desgraciado'». Muchos años antes que Covarrubias ya había dicho Alonso de Palencia, al definir el latín *scurra*: «Truhán, tragón que suele seguir a otros por comer con ellos, escarneciendo», *Universal vocabulario en latín y en romance*, Sevilla, 1490, fol. cccxxxxiv.
16. *The fool: his social and literary history*, Londres, 1935, cap. IX. Para el bufón en la literatura, tema muy interesante pero que no viene

Como en casi todas las cosas, la historia nos brinda dos perspectivas distintas sobre el bufón; una de abajo arriba, el bufón visto por los que le sirven. El tipo social es censurado por ser sus miembros «*fabricantes de ilusão e criadores de folgança*».[17] Pero también existe la perspectiva inversa, de arriba abajo: el bufón visto por sus amos, los que le mantienen. Entonces, tener un «loco, bufón, hombre de placer, es igual que tener rizos en la piedra de la portada o en la melena ... un superfluo gracioso».[18] Por consiguiente, una sociedad, un rey, una aristocracia, tienen los bufones que les corresponden, del bobo natural al más redomado truhán, del enano deformado al fenómeno acrobático.

Para lo que era el bufón en el Medioevo europeo, con relación especial a la Península Ibérica, tenemos un documento precioso. Se trata de una composición del poeta provenzal Guiraut Riquier de Narbona, quien no estaba del todo fuera de la condición juglaresca. En la segunda mitad del siglo XIII residió en la corte de Alfonso X de Castilla, y en 1274 dirigió a éste una «Suplicatió al rey de Castela per lo nom dels juglars». El Rey Sabio, al año siguiente de 1275 contestó con una «Declaratió del sénher rey N'Amfos de Castela».[19] En la respuesta Alfonso el Sabio dice que:

> si bien el nombre de juglar se da en Provenza a muchas clases de personas, no sucede así en España, donde hay nombres diversos para cada clase; a los que tañen instrumen-

---

del todo al caso en un estudio de un bufón que *hace* literatura, se puede consultar Barbara Swain, *Fools and folly*, Nueva York, 1932. Así y todo, el centro de atención de estos estudios es la Europa del norte, y nadie ni siquiera hace mención de don Francés.
17. Conde de Sabugosa, *Bobos na corte*, Lisboa, 1923², p. 15.
18. Moreno Villa, *op. cit.*, p. 35.
19. La composición está versificada por el propio Riquier, pero «está sin duda inspirada en alguna conversación habida con el monarca», como apunta Ramón Menéndez Pidal, *Poesía juglaresca y orígenes de las literaturas románicas*, Madrid, 1957, p. 11. Lo que sigue en el texto está tomado del mismo lugar, pp. 10-12.

tos les llaman *juglares*; a los que contrahacen e imitan les dicen *remedadores*; a los trovadores que van por todas las cortes les llaman *segrieres*, y en fin, a los faltos de buenas maneras, que recitan sin sentido, o ejercitan su vil arte por calles y plazas, ganando deshonradamente el dinero, se les llama por desprecio *cazurros* ... el rey aconseja y declara que todos los que viven vilmente y no pueden presentarse en una corte de valía, como son aquellos que hacen saltar simios o machos cabríos o perros, los que muestran títeres o remedan pájaros, o tocan y cantan entre gentes bajas por un poco de dinero, éstos no deben llevar el nombre de juglar, ni los que en las cortes se fingen locos, sin vergüenza de nada, pues éstos se llaman *bufones,* al uso de Lombardía. Los que con cortesía y ciencia saben portarse entre las gentes ricas para tocar instrumentos, contar *novas* o relatos poéticos, cantar versos y canciones hechas por otros, éstos ciertamente pueden poseer el nombre de juglar ... en fin, aquéllos que saben trovar verso y tonada, y saben hacer danzas, coblas, baladas, albadas y sirventesios, deben ser llamados *trovadores.*

Con tan autorizada cita entra en foco el tipo del *bufón* en España: asociado a las cortes señoriales, con una locura fingida que le permite hablar «sin vergüenza de nada»; o sea, sin la responsabilidad normal. Es evidente que el tipo evoluciona bien poco desde la época de Guiraut Riquier hasta la de don Francesillo.

Y a la par del oficio de bufón, la posición moralizante frente a él siempre ha existido. El mismo Carlos V, más viejo ya que cuando se reía de los donaires de don Francés, escribía con motivo de las visitas de la bufona Felipa a sus hijas:

> para ello no es muy necesaryo enbyar muchas vezes locos en enbaxadas ny visitas ... y en quanto no haréys tanto caso de locos, como mostráys tener condyçion a ello, ny permity-

réys que no cayan a vos tantos como caya, no será syno muy bien hecho ...[20]

En 1604, Lope de Vega mandó a todos los truhanes con los músicos al infierno en su auto del *Viaje del Alma*: el barco del deleite va cargado de «damas y galanes comiendo y bebiendo y alrededor de las mesas muchos truhanes y músicos».[21]

A pesar de ello, tenemos albardanes y truhanes ya por todos los límites del imperio: pues Valdesillo, bufón de Gonzalo Pizarro, recibe particular mención en el informe de Pero Hernández Paniagua.[22]

El término antiguo *albardán,* un arabismo, indica algo de la antigüedad del oficio en la Península Ibérica. Ocurre que en la *Primera crónica general de España* de Alfonso el Sabio, en el lugar donde se halla la que Corominas cree ser la primera documentación de tal voz,[23] lo que se dice es lo siguiente, refiriéndose al asesinato del rey Teudis, ocurrido en año de la Era de 585 (547 de J.C.):

20. A. Morel-Fatio, «L'instruction de Charles-Quint à son fils Philippe II, donnée à Palamós le 4 Mai 1543», *BHi,* I (1899), pp. 143-145. Tenemos pocas noticias de bufonas españolas, pero existía otra, por lo menos, en la época de los Reyes Católicos, que menciona Luis Pinedo en su *Libro de los chistes* (BAE 176, p. 13: «Doña Lucía, una loca que tuvo Diego de Rojas»).
21. *El peregrino en su patria,* ed. J. B. Avalle-Arce, Madrid, 1974, p. 133.
22. *Codoin,* 49, pp. 143-145.
23. *DCELC,* I, p. 83. Es curioso que Corominas escriba que la primera documentación de tal voz se halla en la *Primera crónica general,* y se refiere específicamente a Menéndez Pidal, *Poesía juglaresca.* El caso es que en la última edición de esta obra, *Poesía juglaresca y orígenes de las literaturas románicas* (Madrid, 1957, p. 23), Menéndez Pidal documenta la palabra *albardán* precisamente en el *Libro de la nobleza y lealtad* dedicado a Fernando III el Santo. La diferencia es importante, pues va más de medio siglo entre la composición del *Libro* y la *Primera crónica,* lo que a su vez repercute seriamente en la historia del bufón como oficio en la Península Ibérica.

Feriron sus vassallos a Theudio de feridas mortales. Pero diz aquí el arçobispo don Rodrigo quel non firió si non uno que metie por aluardan et sandio.[24]

O sea, según el arzobispo Jiménez de Rada (muerto en 1247), fuente que aquí sigue el Rey Sabio, los bufones eran ya comunes en el siglo VI.

Es ejemplar seguir brevemente la trayectoria histórica de este mismo episodio. Juan de Mariana en su *Historia de España* (Toledo, 1601) dice que habiendo decidido matar al rey, un hombre «fingió y daba muestras de estar loco. Dejáronle entrar do estaba el rey ...».[25] Desaparece la palabra *albardán,* pero persiste la idea del bufón con libre acceso al trono.

Medio siglo más tarde, don Diego Saavedra Fajardo en su *Corona gótica* (la dedicatoria es de 1645), al narrar el mismo episodio, observa que el asesino se fingió loco «para entrar libremente en su palacio real, donde tal gente tiene siempre abiertas las puertas, no sin grave peligro de los príncipes ...»;[26] lo cual parece garantizar la popularidad universal de la bufonería en las cortes de Europa donde había estado Saavedra Fajardo de diplomático y viajero.

Y claro está, al año siguiente de la *Corona gótica*, se publica *La vida de Estebanillo González, hombre de buen humor, compuesta por él mismo* (Amberes, 1646). Todavía es imposible comprobar ni negar la existencia real del protagonista, pero lo que interesa destacar ahora es la verosimilitud de que tal personaje, histórico o fingido, haya sido bufón de Octavio Piccolomini, duque de Amalfi, y del cardenal infante, el hermano de Felipe IV.

Si hubiese necesidad de más autoridades para demostrar la popularidad del bufón y oficios afines en la España del siglo XVII, sólo basta mirar la caterva de enanos y locos punti-

24. Ed. R. Menéndez Pidal, Madrid, 1955, I, p. 255.
25. BAE, XXX, p. 134.
26. BAE, XXV, p. 316.

llosamente retratados por Velázquez, ya en la franca decadencia de la corte de Felipe IV en el ocaso de los Austrias.

Aun ya en los últimos y austeros años de Felipe II, Juan Rufo califica de aburrida una cena en la cual «no cantaba músico ni entretenía loco».[27]

Es más difícil captar la personalidad del bufón individual, sobre todo antes del siglo XVI,[28] pero algunos dejaron una huella bastante marcada en la historia. Uno de éstos era el famoso truhán Davihuelo, de la corte de Juan II de Castilla (muerto en 1454), conocido principalmente por los largos denuestos que versificó contra él el poeta Alfonso Álvarez de Villasandino, y los encomios de Juan Alfonso de Baena, todos recogidos en el *Cancionero de Baena*.[29] Si uno le llama judío (al parecer, con-

---

27. *Las seiscientas apotegmas,* Toledo, 1598. Se cita por la edición de Alberto Blecua, Madrid, 1972, p. 58. En la misma página, el apotegma 137 no deja de tener interés para ilustrar las veleidades de don Francés: «Iban por una calle dos mancebos en pobres paños y con camisas no muy limpias, porque en efecto eran pobrísimos. Y como un caballero que no los conocía los oyese nombrar con sendos dones y razonables apellidos, y preguntase si eran hombres de placer, respondió: "No son sino de pesar, pues que no cenan"». La costumbre de usar «don» y sonoro apellido se mantiene en el gremio por lo menos hasta el bufón don Juan de Austria, «hombre de placer» de Felipe IV.

28. Menciones escuetas, si no abundan, son sugestivas para el esbozo de la historia del bufón peninsular: en el siglo XII en Estella, en el reinó de Navarra, hubo un *Guillermus bufón* (Menéndez Pidal, *Poesía juglaresca,* p. 23), aunque hay que hacer constar que el nombre es en esa época, exótico en la Península; a principios del siglo XIII, en León, encontramos un tal *don Guzbet el bufón,* que tenía tierras que lindaban con las del monasterio de Sahagún (ibid.), nuevamente con nombre exótico; en el reino de Aragón dejó fama el truhán Borra, que actuó en la corte del rey Martín I el Humano, muerto en 1410 (Dr. Doran, *The history of Court fools,* Londres, 1858, p. 317); hacia la misma época, la reina Sibilia de Forciá, cuarta esposa de Pedro IV de Aragón (muerta en 1406), tenía varios bufones bien pagados (ibid., p. 318); Alfonso V el Magnánimo de Aragón, conquistador de Nápoles, reino en donde murió en 1458, llevó a su bufón Luis López por tierras de Italia (ibid.).

29. La mejor edición, que se cita aquí, es la de José María Azáceta, Madrid, 1966, 3 vols. Las composiciones de Villasandino y del propio Juan Alfonso de Baena que más interesan para trazar la silueta de Davihuelo son las que corresponden a los siguientes números: 183, 184,

verso como don Francés) y «truhán disoluto»,[30] el otro le lisonjea en términos propios del bufón:

> Señor don Daui, pues carga tomastes
> por vuestra mesura de ser mensajero,
> buscad aparejos de buen marinero
> pues sal e donayre de Dios lo cobrastes;
> por ende, rryendo llegad sobre mesa
> delant'el Rrey alto, seguiendo el empresa,
> ca non vi molino moler a rrepresa
> en cosa ninguna que uos començastes.
> (*Canc. de Baena,* ed. cit., III, 933)

En la corte de los Reyes Católicos fray Iñigo de Mendoza se quejaba amargamente del gasto que la aristocracia hacía en sus bufones:

> Trahen truhanes vestidos
> de brocados y de seda,
> llámanlos locos perdidos,
> mas quien les da sus vestidos
> por cierto más loco queda.[31]

Estas censuras no iban descaminadas, porque el mismo Rey Católico tenía su bufón Velasquillo, protagonista de tres de los *Doce cuentos* de Juan Aragonés (Alcalá de Henares, 1576). El cuento séptimo ilustra muy bien la censura de fray Iñigo de Mendoza:

> En el tiempo del rey don Fernando acaesció, que habiendo de venir la corte a Madrid, mandó la villa que todos los vecinos toldasen la delantera de su casa, por do el rey había

---

187, 189, 393, 452 y 461. Consúltese además, Menéndez Pidal, *Poesía juglaresca,* pp. 225-228.
30. Ibid., II, 343.
31. *Vita Christi,* «Reprehende las ponpas y regalos de los grandes con la pobredad y pena del Señor», NBAE, XIX, 16b.

de pasar, so pena de tantos mil maravedís. Velasquillo, un truhán muy famoso del mesmo rey, vivía en la calle, y no tenía paños de corte para poner en la delantera de su puerta: el cual por no caer en la pena que la villa había puesto, tomó una haca que tenía, y colgóla desde una ventana encima de la puerta, la cabeza cara abajo. Como el rey pasase y la viese colgada, rióse mucho en verla, y preguntó quién la había colgado allí. Fuéle respondido, que Velasquillo su truhán. Mandóle llamar, y díjole, que por qué había colgado su haca. Respondió: «Señor, porque no tenía paños para servir a vuestra alteza, quise servirle con hacer a mi haca paramento para rescebille». Cayóle al rey en tanta gracia, que le mandó que fuese a palacio y descolgase los paños de corte que quisiese y se los llevase, para cuando entrase en la villa, con ellos lo pudiese honradamente recebir. Y como no se dijese al sordo ni al perezoso, prontamente fué a palacio y se proveyó dellos.[32]

Con esto llegamos a la época de don Francesillo de Zúñiga. Muy amigo suyo fue otro famoso bufón, llamado Perico de Ayala, truhán del marqués de Villena. Melchor de Santa Cruz de Dueñas en su *Floresta española* (Toledo, 1572), cuyo capítulo V se intitula «De truhanes», recoge una anécdota en que se unen los nombres de estos dos famosos bufones:

Vínole a ver a D. Francés Perico de Ayala, truhán del marqués de Villena. Viendo que se quería morir, díxole: Hermano Don Francés, ruégote por la grande amistad que siempre hemos tenido, que quando estés en el cielo, lo qual yo creo será assí, según ha sido tu buena vida, ruegues a Dios que aya merced de mi ánima. Respondió: Átame vn hilo a este dedo meñique, no se me oluide. Y esta fue la postrera palabra, y luego murió.[33]

32. BAE, III, 168a.
33. *Floresta general*, ed. Pablo Oyanguren, pseud. de R. Foulché-Delbosc, Madrid, 1910, I, p. 41.

Contemporáneo de los dos, y con tanta fama o más en la historia de la música peninsular que don Francés en la historia literaria, fue un tal Gabriel,[34] criado del almirante de Castilla don Fadrique Enríquez, primo de Carlos V y gobernador de España durante la guerra de las Comunidades. Esta muestra de la faceta bufonesca de Gabriel la recogió hacia fines del siglo XVI don Luis Zapata en su *Miscelánea*:

> Gabriel, un criado del Almirante, muy admitido en el mundo y muy admitidos sus donaires y gracias, jugaba al ajedrez con D. Fadrique, duque de Alba, y D. Hernando de Toledo, su hermano, comendador mayor de León. Dábale mucha pesadumbre, porque estaba diciendo al Duque muchos lances. «Déjenos V.S., dijo Gabriel, déjenos por su vida y no nos diga nada.» El Comendador sin hacer caso continuaba; en esto enojóse mucho y díjole: «Dejadnos, sino deciros he seis tachas que tenéis». «Dila, dijo el Comendador Mayor, y yo prometo de no hablar más palabra.» Gabriel miróle, y díjole sin más pensar *ex tempore*:
>
>> La primera que pedís;
>> La segunda que no dais,
>> La tercera que reñís,
>> La cuarta que porfiáis.
>> Y la quinta que traéis
>> El jubón lleno de grasa,
>> La sexta que parecéis
>> Pisada de gato en masa.
>
> Todos y el Comendador Mayor rieron tanto que por las seis tachas le dio allí luego el Comendador Mayor seis ducados.[35]

34. Es conocido en la historia musical como Gabriel de Mena, y numerosas composiciones suyas se conservan en el *Cancionero musical de palacio*, véase la ed. José Romeu Figueras, Barcelona, 1965, I, p. 556. En cuanto a la mezcla de caballero-músico-bufón que representa Gabriel, nótese que el cortesano siempre debía de tener «gracia» o «donaire»; véase Lucas Gracián Dantisco, *Galateo español,* hacia 1586, que menciona específicamente el «motejar» como una necesaria gracia cortesana; ed. Margherita Morreale, Madrid, 1968, p. 49.

35. *Memorial Histórico Español,* Madrid, 1859, XI, p. 372.

En fin, se trata ahora de captar algunas de las particularidades del bufón hispánico. Si el curioso lector quisiese repasar el repertorio de muy pesadas bromas de bufones septentrionales que fueron seleccionadas con diligencia por C. F. Flögel en su *Geschichte der Hofnarren* (Leipzig, 1789), vería de inmediato que el bufón español resalta como un modelo de formalidad y buen gusto, inteligencia y gracia, como es de esperar que destaquen las anécdotas recogidas en esta introducción. El humor es hiriente, sobre todo el de don Francés, pero tiene gracia verdadera para todos menos la víctima, y solía limitarse al campo verbal.

Frente a esto, y a título de que se aprecien las particularidades del bufón hispánico, vale la pena copiar una anécdota del famoso «Lean Leonard», bufón que alegró a *Merrie England* en el siglo XVI:

> Un invierno, demostró su gracia profesional encendiendo un fuego en su carretilla para calentarse. Encendióse la misma carretilla, y el bufón se la llevó, en llamas, por toda la sala entre los criados, quemando malamente a varias de las criadas, y de allí a las cuadras llenas de heno y paja, las cuales con mucha dificultad se salvaron de la destrucción. El mundo se reía mucho de estas bromas ...[36]

Peor aún fue el bufón alemán Conrad Pocher, quien, habiendo matado a un muchacho enfermizo que iba con él a arrear ganado, se defendió en el proceso «con tanto humor» que el elector palatino premió sus méritos nombrándole bufón oficial.[37] O sea, nos podemos divertir hoy día con la mayoría de las bufonadas de don Francés, verdaderos juegos verbales, pero «bromas» como las susodichas en la actualidad se consideran crímenes.

Acaso más importante aún, hay en el bufón hispánico, y en

---

36. Doran, p. 185.
37. Ibid., p. 344.

don Francés en particular, una bien definida nota de intelectualismo: no en balde don Francés es el único entre los truhanes del mundo que escribe una crónica, por más burlesca que sea; o bien piénsese en Gabriel de Mena, jugador de ajedrez, y excelente poeta y músico; o aun en el mismo Davihuelo, poeta de cancionero.

El predominio de lo intelectual y verbal en la bufonería española constituye, al menos en el Siglo de Oro y en don Francés de Zúñiga, la principal nota diferenciadora frente al común del oficio en el resto de Europa. La esgrima verbal de don Francés y su palabrería pirotécnica es solidaria (guardando las distancias) de la de Guevara, Góngora o Quevedo. Acaso no es mera casualidad que el primer bufón literario e intelectual ocurra en la España imperial, cronológicamente tan cerca de la *Gramática* de Nebrija y el *Diálogo de la lengua* de Valdés. O sea, desde este punto de vista, el fenómeno de la *Crónica* se puede mirar como un aspecto más del imperialismo lingüístico español en esa época.

III

DON FRANCÉS

Don Francés fue flor y espejo de truhanes según todos los testimonios de su época, y según el testimonio propio, cronista, conde, gran parlador, duque de Jerusalén por derecha sucesión y amigo de ducados de a cuatro. Después de considerar todos estos abigarrados datos hay que reconocer que ha dejado en la historia más anécdotas de su gracia malintencionada que datos fidedignos de su vida.

Lo que se sabe acerca de don Francés proviene de tres fuentes principales: sus propias obras (las declaraciones pseudoautobiográficas en la *Crónica* y las *Cartas*); menciones en varias obras contemporáneas suyas o poco posteriores, que tampoco son de total confianza, como veremos; y una exigua documentación histórica. La labor de acopio de datos acerca de don Francés fue inaugurada por Ferdinand Joseph Wolf en 1850 con su presentación al mundo erudito de la *Crónica* de don Francés;[38] en España la labor de Wolf fue continuada con éxito por Juan Menéndez Pidal,[39] y en época mucho más reciente,

---

38. «Ueber den Hofnarren Kaiser Karl's V genannt El Conde Don Francés de Zúñiga und seine Chronik», *Sitzungsberichte der Kaiserlichen Akademie der Wissenschaften. Philosophisch-historische Classe*, Bd. II, Heft I (junio 1850), pp. 21-63.

39. «Don Francesillo de Zúñiga, bufón de Carlos V: Cartas inéditas», *RABM*, XX (1909) pp. 182-199; XXI (1909) pp. 72-95.

Ángel González Palencia publicó dos documentos acerca de la familia y circunstancias de don Francés, los cuales examinaremos más adelante.[40]

No se sabe quiénes fueron los padres de don Francés, ni cuándo nació éste, ni dónde, al menos con absoluta seguridad. Se puede conjeturar que los padres de don Francés ya habían muerto hacia 1520, época en que en ciertas cartas festivas don Francés menciona a su hijo y a su mujer, pero no a sus padres. Siempre en el campo de las conjeturas, se puede suponer que si hacia 1520 don Francés estaba casado y tenía un hijo, que el truhán se aproximaría a la treintena. Esto retrotrae la fecha del nacimiento de don Francés, en forma muy aproximada, hacia 1490.

El apellido original de la familia de don Francés probablemente no era Zúñiga, pues, según se verá de inmediato, el truhán era, con seguridad, de familia de judíos conversos. Pero su elección del apellido Zúñiga permite hacer nuevas conjeturas aproximadas. Ocurre que el apellido Zúñiga es de oriundez navarra, pero desde hacía generaciones la principal rama de los Zúñiga estaba radicada en Extremadura, y en 1485 don Álvaro de Zúñiga había sido creado primer duque de Béjar y conde de Bañares por los Reyes Católicos a quienes había servido fielmente. Esto es muy interesante porque el nombre de la villa de Béjar (en el extremo meridional de la actual provincia de Salamanca, casi en la frontera con la moderna provincia de Cáceres) aparece, según se verá, ligado con los primeros datos documentales acerca de don Francés, que fue sastre de Béjar antes de ser truhán.[41] Y murió como vecino de Béjar, donde fue asesinado a puñaladas, según se verá más adelante. Ahora bien, el primer duque de Béjar se llamaba don Álvaro; gozó el título muy poco tiempo y fue sucedido por su nieto y homónimo don

---

40. «El mayorazgo de don Francés de Zúñiga», *Del Lazarillo a Quevedo,* Madrid, 1946, pp. 42-51.
41. *Apud* J. Menéndez Pidal, p. 186.

Álvaro, el segundo duque, un personaje importante en la *Crónica*, amo de don Francés por muchos años.

Don Francés, el truhán, o como se estilaba llamar él mismo, «el conde don Francés», no es más que una copia paródica de la familia de su amo, especialmente del heredero del título (en 1531), el *conde* de Belalcázar, don *Francisco* de *Zúñiga* y Sotomayor. Los motivos son obvios; por un lado, como hemos visto, los truhanes españoles adoptaron (hasta bien entrado el siglo XVII) la costumbre de gastar *don* y usar rimbombantes apellidos. Y por el otro lado, los conversos comúnmente adoptaban el apellido de sus padrinos o protectores al convertirse en cristianos.

La cualidad de judío converso que se ha atribuido a don Francés la declaró él mismo, ya que se jacta de su condición de converso en docenas de motes y chistes contra sí mismo. Hasta su primer oficio de sastre concuerda con el judaísmo, porque llegó en la época a ser sinónimo casi de converso.[42] En cuanto a su propia aceptación de su condición, la siguiente cita no deja lugar a dudas:

> ... sucedió luego el benimiento del ynbictísimo Enperador en Ytalia, en el qual yo no me hallé presente; y la cabsa, que quando su Magestad partió de Toledo yo estaba enfermo en la carne, y del espíritu nada pronto para la tal jornada, porque desde niño *me cabsa catarro el olor de la pólvora* y todo tronido y *el sobresalto me haze mal*; allende desto el dotor *Villalobos, hermano mío* en armas, y médico donoso de su Magestad, me aconsejó que *no me alejase de Toledo* porque si en el rreyno no obiese alguna rrebuelta; pudiésemos faboresçer al arçobispo de Sevilla, *Inquisidor Mayor,* y a la fe católica, porque ya no era tiempo de Ma-

---

42. Julio Caro Baroja, *Los judíos en la España moderna y contemporánea* (Madrid, 1961, I, p. 81) dice «los oficios en que los judíos descuellan adquieren ... una fama sospechosa: por ejemplo, el de sastre». Ya lo había notado Juan Rufo en sus *Seiscientos apotegmas* (Madrid, 1972, p. 63), que sastre y judío eran casi sinónimos, en 1596. También el oficio de bufón era tradicionalmente del converso: cf. F. Márquez Villanueva, «Un aspect de la littérature du "fou"», *loc. cit.*

ricastaña quando *se pasaba la* mar en enjuto. Y demás desto, *una herida que obe quando niño en el prepucio,* me quedaron tales rreliquias que cuando es tiempo parezco ánima de Purgatorio. (*Crónica,* p. 171.)

El primer concepto subrayado, que alude al temor que inspira la pólvora a don Francés, se refiere al lugar común del folklore europeo, que suponía que el judío, y en consecuencia, el converso, era cobarde.[43] Como ha postulado en muchas ocasiones Américo Castro, el guerrear en la Península Ibérica era considerado oficio anejo a la casta de los cristianos viejos (aunque la realidad no andaba siempre a la par del mito). El oficio de médico, en cambio, tradicionalmente lo ejercía el converso; y el famoso y literato doctor Francisco López de Villalobos, médico de Carlos V, era asimismo de casta de conversos, y de un humor tan malicioso y festivo como el del propio don Francés.[44]

En cuanto a la referencia al inquisidor mayor, arzobispo de Sevilla, lo era fray don Alonso Manrique, quien no persiguió muy activamente a los conversos, y en consecuencia frecuentemente fue motejado de estirpe hebraica (lo hace don Francés en la *Crónica,* pp. 114 y 155-156) aunque sin fundamento.[45]

Para entender las referencias a Toledo, hay que saber, primero, que don Francés está en esa ciudad cuando escribe; pero Toledo era famosa por su colonia judía desde la Edad Media, su sinagoga (actualmente Santa María la Blanca), y haber sido el centro de las «rebueltas» de las Comunidades, cuyo motivo

---

43. En cuanto a este tópico, en época tan temprana como la del *Corbacho,* del Arcipreste de Talavera (1398?-1470?) sabemos que «para mujer, judío ni abad non deve hombre mostrar rostro, nin esfuerzo, nin cometer nin ferir nin sacar armas, que son cosas vençidas e de poco esfuerço». *Apud* J. Caro Baroja, *op. cit.,* p. 86.
44. Véase *Algunas obras del Doctor Francisco López de Villalobos,* ed. Antonio María Fabié, Madrid, 1886, en particular la muy importante introducción.
45. J. Menéndez Pidal, «Don Francesillo de Zúñiga, bufón de Carlos V», *RABM,* XX (1909), p. 185, nota *e.*

se suponía (lo supone don Francés) ser la «inquietud» de los conversos.

Por último, «pasar la mar en enjuto» alude, desde luego, a la división del mar Rojo frente a Moisés y las tribus de Israel, como se narra en el *Éxodo*. Y «una herida que obe ... en el prepucio» es una clara alusión a la circuncisión, forma hiperbólica de indicar su condición de converso.

De todas formas, en sólo el pasaje citado hay más que suficientes evidencias para disipar las «quelques réserves» que en 1909 expresaron A. Morel-Fatio y H. Leonardo al tratar del posible judaísmo de don Francés.[46] Después de todo lo que se ha investigado en lo que va del siglo XX acerca de la condición de los conversos en la España de la Edad de Oro, los motes de don Francés contra su propia condición de converso se destacan como el típico y amargo humor de la casta al tener que referirse a sí misma. O sea, si don Francés no fue precisamente «duque de Jerusalén» por título nobiliario, sí queda claro que fue de antecedentes israelitas.[47]

El título de «grande parlador», en cambio, no se lo puede discutir nadie que se asome a su obra; y la especial amistad que él dice tener con los ducados de a cuatro (en la carta al Gran Turco), no creo que lo debamos considerar como algo particular a don Francés, sino más bien del gremio de los bufones. El «don» sin embargo, que llevaba en común con muchos otros bufones hispánicos, le pertenecía de modo más formal, como que era privilegio concedido por el emperador. Y hay que dejar constancia, de que en su testamento el bufón impone a su heredero que use siempre el apellido de «Zúñiga» y las

---

46. «*La Chronique Scandaleuse* d'un bouffon du temps de Charles-Quint», *BHi*, XI (1909), p. 395.

47. Además, puede haber aquí una muestra más del ingenio de don Francés. Su amo el emperador tenía entre su retahíla de títulos el de «Rey de Jerusalén», título puramente honorífico; ahora bien, ¿no puede el galano automote ser otra vez la parodia propia del bufón?

armas del apellido, «por un privilegio de S.M. que está en mi poder» so pena de perder el mayorazgo.[48]

Abundan también en la obra de don Francés las alusiones a sus características físicas. Nos dice, por ejemplo, que de su persona era pequeño y gordo; armado «parecía hombrecico del reloj de San Martín» (p. 83). Le gustaba mucho vestirse rica y chabacanamente, sobre todo a costa de otros; como se echa de ver aquí:

> este abtor, el conde don Francés, salió a rreçebimiento hecho beynte y quatro, con vna rropa rrozagante de terciopelo morado aforrada en damasco leonado,[49] con que la çibdad le sirbió; y si su boto deste abtor se tomara, en todas las çibdades y billas en que su Magestad entró le dieran otras tales rropas y avn mejores (p. 139).

Casó en fecha incierta con una tal Isabel de la Serna, de quien tuvo dos hijos: Álvaro de Zúñiga que le heredó (cuyo nombre recuerda el de su antiguo amo el segundo duque de Béjar) y Mariana de la Serna, quien se casó con un tal Pedro de Santander.

De sastre remendón de Béjar, el futuro don Francés pasó a ser «hombre de placer» de don Álvaro de Zúñiga, segundo duque de Béjar, a quien se refiere repetidas veces como «mi amo» en la *Crónica*. Para agosto de 1524, cuando emprendió el viaje a Portugal, como parte del séquito que fue a llevar a la infanta española a su boda portuguesa, parece que ya fue bufón de la corte, vale decir de Carlos V.

No se sabe exactamente cuándo empezó la *Crónica*; los ca-

---

48. González Palencia, *op. cit.* (cf. nota 40, *supra*), p. 48.
49. Esto del multicolor morado y leonado es la única indicación que don Francés se vistiese de alguna forma característica del bufón europeo, cuyo atavío típico, según Márquez Villanueva, «si bien ... parece haber sido en España algo menos común que en otras partes, no dejó de ser conocido» (*Personajes y temas del Quijote*, Madrid, 1975, pp. 221-222).

pítulos del viaje a Portugal, aludidos arriba, parecen haber sido escritos a compás del viaje, o sea, en 1524, en la forma de verdaderas cartas enviadas a la corte. Acaso por el éxito de su primer ensayo literario, el bufón entonces se dedicó a fabricar su «crónica» desde el principio del reinado. De todos modos, antes del año 1527, tenemos al infante don Fernando solicitando desde Alemania una copia de la *Crónica,* que sería una versión falta de los acontecimientos de los años 1527, 1528 y 1529.[50]

A primeros del año 1529, se separaron el emperador y el bufón, y la causa fue precisamente un chiste de más:

> Que estando el Emperador para ir a Ungría contra el Turco, offrescíansele muchos señores de Castilla para seruirle en aquella jornada y otros cauaíleros dissimulauan con él: por donde dixo generalmente: muchos an de querer yr conmigo y yo los tengo de consentir; y otros se querrán quedar holgando y mandarles he que vayan. Oyólo el Francés e interpretólo a otro sentido e dixo a los Grandes que estauan presentes: auéis visto qué bien acondicionado es S.M.; que quiere a los que no le quieren y no quiere a los que le dessean seruir. Y tornóselo a repetir al Emperador diziéndole: Bien acondicionado soys: que amáys a quien no os ama y alancáis de vos a los que os quieren seruir. Repitió esto tantas vezes y por tantas maneras que hizo enojar al Emperador y desde allí le desfavoresció; de manera que el truhán viéndose priuado primero y después perdida su priuança,

---

50. Don Fernando, que a su vez llegaría a ser emperador a la abdicación de su hermano, y quien —debe recordarse— fue educado en España, solicitaba desde Alemania que su embajador don Martín de Salinas le enviase un ejemplar. Su interés era tan crecido que prometía un juego de pieles de marta al truhán; Antonio Rodríguez Villa, ed., *El emperador Carlos V y su corte según las cartas de don Martín de Salinas,* Madrid, 1903, pp. 369, 389. Estas martas no reaparecen en la historia, lo cual hace pensar que acaso fuese Fernando tan corto en el dar como notoriamente lo era su hermano imperial. Quizás a este insistente pedido se debe el hecho de que Alonso Zamora Vicente feche la *Crónica* entera en 1527, cuando evidentemente no es la fecha de la redacción final. (*Diccionario de literatura española,* dir. por G. Bleiberg y J. Marías, Madrid, 1964³, p. 842.)

acordó de dexar la corte; y fuésse a su cassa pensando de lograr un mayorazgo gruesso que auía ganado por sus gracias, siendo un pobre sastre remendón; mas no gozó dél muchos días: que un señor de Castilla le hizo dar de puñaladas por las malicias graciosas que le auía dicho, quando estaua fauorido y pujante, delante del Emperador.[51]

Las anécdotas recogidas darán, se espera, los colores adecuados al retrato de don Francés en su «pujanza»:

> Estaua el Emperador Carlos V un día retirado, y D. Francés, truhán, con él. Tocó la puerta un señor deste Reyno, que tiene poca tierra cerca de la raya de Portugal. Mandó su Magestad al truhán, que viese quien llamaua. Fue, y visto quien era, dixo al Emperador, como estaua allí D. N. Replicó su Magestad: Anda, déxale aora. Respondió D. Francés: Conuiene que V.M. me dé licencia que le abra porque no se enoje, y tome toda su tierra en una esportilla, y se pase a Portugal.[52]

En circunstancias semejantes, vemos a don Francés listo con juego de palabras:

> Un Conde de este Reyno entraua a besar las manos al Emperador. Y porque era hombre que guardaba mucho, dixo D. Francés: Este esconde, este es-conde.[53]

---

51. J. Menéndez Pidal reproduce ésta y dos versiones más de esta anécdota, todas en esencia lo mismo, *op. cit.*, pp. 196-197.
52. Santa Cruz (cf. nota siguiente), p. 40; Morel-Fatio, «Chronique», p. 374; J. Menéndez Pidal, *op. cit.*, p. 188, y Wolf, *op. cit.*, p. 24, también recogen esta anécdota.
53. Melchor Santa Cruz, *Floresta española*, ed. R. Foulché-Delbosc, Madrid, 1910, p. 41. Hizo fortuna el dicharacho, y, ya disgregado del nombre de don Francés, recorrió varios libros de chistes, llegando el mismo juego de palabras hasta Lope de Vega y otros dramaturgos del siglo XVII: véase Maxime Chevalier, *Cuentecillos tradicionales en la España del Siglo de Oro*, Madrid, 1975, pp. 338-341.

A veces parece que es el mismo Emperador quien le tira de la lengua, como aquí (en un juego de cañas en Toledo):

> En entrando los primeros dos caualleros, preguntóle el Emperador: ¿Qué te parece de estos dos? Respondió: Que han de caer juntos, como San Felipe y Santiago. Sucedió que antes que acabassen de passar la carrera, rodaron por Zocodover. La librea de este juego de cañas era de terciopelo leonado, y encima tafetán blanco muy acuchillado. Preguntó el Emperador a D. Francés: ¿Qué te parece de aquella librea? Respondió: Assadura con renado.[54]

Y en Valladolid en semejante ocasión:

> ... salió un cauallero muy cano, vestido de verde, y al passar de la carrera cayósele la máscara y quedó la calua de fuera. Preguntó el Emperador al truhán D. Francés: ¿Qué te parece del cauallero? Respondió: no he visto en mi vida puerro que tan bien aya passado la carrera.[55]

El insulto directo era también parte del repertorio:

> D. Francés, un hombre muy gracioso, vecino de Béjar, viendo a un caballero muy chico, armado, se llegó a él y le dijo: beso las manos mil veces al cascabel plateado. El mismo a un caballero muy grande y de muy grandes cuartos, dijo que era baharí torçuelo, criado a tetas de almofrex. Y el mismo al mismo, que era padrino de una justa, llegando a los jueces, donde estaba con la porfía de una lança, les dijo: Dénle VV.SS. el precio, que dice la verdad S. Cristóbal el pollo.[56]

54. Santa Cruz, *op. cit.*; y Morel-Fatio, «Chronique», p. 375.
55. Morel-Fatio, *loc. cit.*
56. Zapata, p. 371. El concepto de hombre-armado/cascabel plateado aparece también en la *Crónica*, p. 87, aplicado al almirante don Fadrique Enríquez.

Y el indirecto:

> Este truhán estaua sentado en una silla, en casa de un grande. Díxole un page, que se leuantase, para que se assentasse un cauallero. Respondió D. Francés: Desensilla vno desotros, que yo aun todauía estoy sudando.[57]

Tenía el bufón sus víctimas predilectas, como demuestra esta anécdota:

> Estando un día el Emperador en el alcaçar de Segouia ... entró este Gonçalo del Río, Regidor de Segouia, y díxole este Francessillo: Quando entrásteis, estaua yo suplicando al Emperador que os hiciese merced de aquel lugarillo ... y como el Emperador callase, boluió el don Francessillo: más en esto del dar no ay que ablar con su Magestad. Este Regidor hera opuesto del Francessillo con quien andaua tan discreto y gracioso que siempre que se juntauan, le concluía y atajaua y le hacía callar, de que el Emperador gustaua mucho; y ansí en entrando el Regidor, le hacía del ojo para que començase con él plática.[58]

Y al final de su vida, se contaba del truhán:

> Quando le hirieron de las heridas que murió, como le traxeron a su casa, venía con él mucha gente. Assomóse su muger a los corredores, preguntando ¿Qué ruido era aquél? Respondió D. Francés: No es nada, señora, sino que han muerto a vuestro marido.[59]

---

57. Santa Cruz, *op. cit.*, p. 40; Morel-Fatio, *loc. cit.*, p. 374. La gracia consiste en el hecho, no muy presente al lector moderno, de que nunca se debe desensillar de inmediato el caballo sudado.
58. J. Menéndez Pidal, p. 188. Este Gonzalo del Río aparece también en la *Crónica,* pp. 96, 103.
59. La anécdota más repetida de don Francés, casi idéntica en Santa Cruz, p. 41, y Zapata, p. 321, y recogida por Wolf, p. 24.

Aun después de muerto, la personalidad de don Francés perdura y se mitifica; por ejemplo, Morel-Fatio recoge esta anécdota de los *Cuentos* de don Juan de Arguijo (1560-1623):

> El Cardenal Tavera labró un hospital muy suntuoso en Toledo en la misma sazón que el Rey había pedido al reino un donativo. Dijo D. Francés que entre el Rey y el Cardenal se juntaba todo el hospital, porque el Cardenal labraba la casa y el Rey hacía los pobres.[60]

Pero no se puede tratar de don Francés, ¡porque Tavera no fue cardenal hasta 1534, dos años después de la muerte de nuestro bufón, y el Hospital de Tavera, o de Afuera, se completó en 1541! El muy evidente proceso de tradicionalización acaso explique el estado caótico del material de la *Crónica* en sus manuscritos tardíos, de lo cual hablaremos más adelante.

Esta es la semblanza del conde don Francés de Zúñiga, de quien bien se puede decir aquello de «genio y figura, hasta la sepultura». Nació en Béjar, probablemente a fines del siglo xv, fue sastre en Béjar y criado de los señores de Béjar. Como truhán del duque llegó a la corte imperial, donde entró a servir al emperador; se hizo famoso en su tiempo por el registro de sus malicias, motes y mofas. A tal punto llegaron estas muestras de ingenio que perdió la gracia imperial, y se retiró a tierras de Béjar. Allí, sin la protección de su señor, alguien herido por los filos de su lengua lo cosió a puñaladas, y el bufón murió en 1532.[61]

---

60. BAE, CLXXVI, p. 236. Parece que pronto habrá una edición anotada de los *Cuentos* de don Juan de Arguijo, mucho más completa, por Maxime Chevalier y Beatriz Chenot, en Clásicos Castellanos (*HR*, 44, 1976, p. 335).
61. Santa Cruz, p. 41. No hemos citado aquí la biografía amena del bufón por Carlos E. Mesa, «Péñolas de Castilla», *Abside*, 31 (1967), pp. 377-381, por carecer totalmente de documentación. Todos los críticos que han escrito sobre don Francés se han interesado por su personalidad y biografía, sobre todo Wolf; pero los más tempranos, que siguieron a Wolf, han caído en la trampa de creer todo lo que dice de sí

Fue de casta de judíos conversos, lo que explica y justifica su oficio inicial de sastre, y hasta quizá su oficio posterior de bufón,[62] o sea, de observador irónico de la realidad y que se niega a participar en ella. Como otro escritor converso más famoso, su contemporáneo Fernando de Rojas, don Francesillo quiso, supo y pudo crear una distancia irónica y burlona entre la realidad y su ser, y esa distancia permitió a los dos conversos superar (aunque en diversos grados de maestría) la convención literaria y la realidad vivida. Pero en el caso de don Francés la realidad se impuso al final, y el bufón cayó muerto a puñaladas. Fue capaz, sin embargo, como no lo ha sido ningún otro bufón profesional, de idear, escribir y revisar después una obra literaria de su propia mano, cuya gracia y sal perdura hoy día, «una obra maestra del género bufonesco».[63]

---

don Francés en sus obras, y así sus estudios pierden valor histórico. Peor aún, uno de los manuscritos austríacos, de Viena, se atribuye a don Francés de Viamonte, navarro y personaje de la *Crónica,* hecho que despistó por completo mucha crítica. La fecha de la muerte de don Francés, comprobada por evidencia documental, es generalmente aceptada, como la da A. Zamora Vicente, *Diccionario de literatura española.* Demasiado tarde para aprovecharlos en este estudio ha llegado a mi conocimiento la existencia de documentos sobre don Francesillo en los protocolos que se conservan en el Archivo Histórico Provincial de Salamanca. He podido, sin embargo, reproducir el facsímil de su firma autógrafa que incluyó Julio González, *Índices del Archivo Histórico de protocolos de Salamanca,* Madrid, 1942, p. 101, y que se puede ver en la página 179 del presente libro.
62. V. F. Márquez Villanueva, «Un aspect de la littérature du "fou"», *loc. cit.*
63. Como ha escrito Márquez Villanueva, *Personajes,* p. 224, don Francés nos legó «una obra maestra del género bufonesco».

# IV

LA *CRÓNICA*

Don Francés no manifiesta otro propósito para escribir su *Crónica* que la necesidad de comer, sencilla y aplastante. «Necesario y cosa rrazonable es a los hombres busscar manera de vivir. Ejemplo nos dan las animalia y aves …» (p. 67), y siguen tres ejemplos claros y rotundos de cómo el hambre aguza el ingenio: en Oñate, Vizcaya, hay unas aves que se marchan a fecha fija para que no las coman, en Toledo hay unos perros que roban las ollas de los vecinos, y el hijo de la condesa de Camiña la había matado «por comer». El *comer* es el propósito que anima a don Francés, o como se lo dice aun más directamente al emperador, es menester que todo el mundo sea alimentado, de la forma que sea. Aparte unas referencias que el tiempo y la distancia han velado para nosotros, el prohemio no tiene más. No hay dedicatoria, ni *captatio benevolentiae,* ni alusiones biográficas. Pero el hambre no se ha invocado en las letras castellanas anteriores como motivo literario, aunque sí será invocada bien pronto como el motivo efectivo y actuante de la vida de *Lazarillo de Tormes.* Desde este punto de vista el *Lazarillo* se puede definir como «la novela del hambre»; mientras el protagonista tiene hambre, hay novela, y cuando cesa el hambre, acaba la novela. Pero la *Crónica* no es una crónica del hambre, sino una obra escrita (según el autor) *por* hambre. Don

Francés, al darnos a entender, irónicamente, que el hambre le ha llevado a las letras, así crea la irónica distancia entre él y sus lectores cortesanos; es una distancia efectiva e insalvable entre él y el lector, entre su realidad y la de los otros. Es más que el perspectivismo del novelista, es una necesidad doblemente vital en el caso de don Francés.

En primer lugar, como bufón profesional, necesita cierta distancia para poder ver el mundo de los otros desde su mundo. Y como converso, don Francés tiene que haber sentido como necesidad tristemente vital la de crear distancia efectiva entre su mundo y el mundo mayoritario de sangre limpia. O sea que, si bien matar el hambre es el propósito declarado de la obra del bufón, acaso el propósito no declarado ni declarable es el de crear una prudente y aconsejable distancia entre su mundo de converso y bufón y el mundo de la España imperial, ya agobiada por la obsesión con la limpieza de sangre, dirigida por unos cortesanos agobiados por las burlas y sarcasmos de don Francés. En consecuencia, no hay en la *Crónica* la desesperación del pícaro, aunque sí un poco de su perspectiva. El pícaro se encuentra acorralado por un mundo hostil que le impide la salida; don Francés debido a su posición de favor imperial, puede mantener ese mundo a distancia. Así se facilita la observación burlona a la vez que impide que la visión sea tan negra como la del pícaro. Los personajes grotescos que desfilan por las páginas de la *Crónica* son ridículos pero nunca trágicos. Don Francés es a menudo cruel, pero, comparado con otro converso contemporáneo más ilustre, Fernando de Rojas, en cuya *Celestina* se vislumbra un desgarrador vacío espiritual, la *Crónica* resulta casi una diversión inocente; aunque la forma de la muerte de don Francés indica que sus contemporáneos no la consideran tan inocente ni tan divertida.

El comienzo de la *Crónica* sentará los módulos del resto de la obra; en estilo grave y formal don Francés narra la muerte del Rey Católico,[64] insistiendo en lo santo y cristiano de su fallecimiento. Sigue la regencia de Cisneros, y comienza la técnica de la deformación grotesca. Así como un Fernán Pérez de Guzmán podía describir a un antecesor del cardenal en la mitra toledana, don Pedro Tenorio, diciendo que «fue alto de cuerpo e de buena persona»,[65] don Francés, después de mencionar al «rreverendísimo Cardenal de España, Arzobispo de Toledo», añade de inmediato, con irreverente desenfado «que parecía madre de don Alonso de Fonseca, arzobispo de Toledo que oy biue, o galga enbuelta en manta de xerga» (p. 69).

Ha habido un brusco salto de lo grave a lo absurdo, y ahora de lo absurdo a lo grave, porque el texto de don Francés continúa sin la menor vacilación para asegurarnos que el cardenal «tobo las Españas en paz haziendo mucha justicia». Debemos reconocer que don Francés no andaba muy descaminado, ni en su retrato deformado, ni en su valoración histórica de la actuación de Cisneros. De este juego de continuo rebote entre lo grave y lo absurdo se construye el fundamento de la estructura cómica de la obra.

En cuanto a su estructura literaria, es evidente que es una parodia de la primera versión del *Marco Aurelio* (Sevilla, 1528) de fray Antonio de Guevara, como notó María Rosa Lida de Malkiel, con su acostumbrada perspicacia, aunque de paso y trabajando sólo con la versión publicada de la *Crónica*.[66] Si se compara el prohemio del *Marco Aurelio,* publicado por Foulché

---

64. Punto de partida apropiado, según se verá de inmediato, pues fray Antonio de Guevara comienza el *Marco Aurelio* con la muerte del emperador previo.
65. *Generaciones y semblanzas,* ed. R. B. Tate, Londres, 1965, p. 20.
66. «Fr. Antonio de Guevara. Edad Media y Siglo de Oro español», *RFH,* VI (1945), p. 356. Esta observación la ha recogido y ampliado Francisco Márquez Villanueva, quien opina que: «La parodia de Guevara por don Francesillo no se limita ... a rasgos y andaduras de estilo. La maldiciente *Crónica* adopta además una distribución de relato alternado con discursos y cartas burlescas, rematada en una serie de epístolas a manera de apéndice, es decir, un esquema similar al del *Marco Aurelio*». (*Fuentes literarias cervantinas,* Madrid, 1973, p. 230.)

Delbosc,[67] con el prohemio de la *Crónica,* dentro de la reducida extensión de ésta, se encontrará el problema espiritual trocado en el problema material (hambre), la historia clásica en la contemporánea, lo noble en lo vulgar, y finalmente, en vez de implorar la gracia del cielo para el monarca, pide la gracia del monarca para la gente menuda de la corte. Si a estas semejanzas de estructura se añade el común recurso de la epístola fingida y el falso propósito histórico, el lector bien puede considerar significantes tales detalles comunes a las dos obras como el frecuente uso de la segunda persona, la mezcla de historia sagrada y clásica, la insistencia en la personalidad del autor, algunas metáforas en común, como la de los perros de caza, y hasta los mismos autores clásicos cuyos nombres salpican las páginas de una y otra obra. Incluso el latín macarrónico de don Francés puede ser una sátira nada sutil contra la notoria flaqueza en lenguas clásicas del obispo.[68]

El *Marco Aurelio,* fingida biografía del emperador romano, fue presentado en manuscrito al emperador Carlos V por su autor, fray Antonio de Guevara, quien no fue «ajeno en su obra a ciertas puntas y ribetes bufonescos», según Francisco Márquez Villanueva.[69] Esto pasó en 1525. Evidentemente, el emperador no lo guardó cuidadosamente, pues apareció la obra en edición fraudulenta en Sevilla en 1528. El autor repudió este texto publicado; refundió, pulió e incorporó el material en otro libro, el *Relox de príncipes,* que salió con mucho éxito en 1529.[70] La conclusión está clara: la génesis de la *Crónica* primitiva fue el deseo de parodiar el *Marco Aurelio,* el cual don

---

67. «Libro áureo de Marco Aurelio», ed. R. Foulché-Delbosc, *RHi,* LXXVI (1929), pp. 6-15.
68. Lida de Malkiel, p. 350. Para la completa revalorización literaria de Guevara, ahora hay que ver *Antonio de Guevara (1480?-1545) et l'Espagne de son temps: de la carrière officielle aux œuvres politico-morales,* por Augustin Redondo, Ginebra, 1976.
69. Márquez Villanueva, *Personajes,* p. 224.
70. Simón Díaz, *Manual de la bibliografía de la literatura española,* Barcelona, 1963, p. 212.

Francés puede haber leído como manuscrito en poder de su amo el emperador. Como indicación de que Guevara reconocía y no agradecía el plagio, véase el amargo tratado contra bufones en el libro III del *Relox,* material que no había formado parte del *Marco Aurelio* original.[71]

Aparte, pues, del género que parodia, es difícil de buscar a don Francés filiación literaria alguna, pues no hay escuela de bufones literarios. El caso de Estebanillo González es el más cercano, pero su profesión es más bien pícaro, su época cae cien años después, y su misma historicidad está muy lejos de ser demostrada.[72] El caso de Guzmán de Alfarache, pícaro que también fue bufón en su momento, del embajador de Francia en Roma, se trata de un personaje enteramente ficticio, claro está.[73]

Como sátira también, la obra es *sui generis.* De los blancos usuales de la sátira tradicional, no apunta a ninguno; pues no es ni misógino, ni anticlerical, ni particularmente obsceno, mucho menos anti-aristocrático. No es moralista, pues aunque se refiere a muchos escándalos graves de su tiempo, ni los inventa ni los exagera. Su particularidad es satirizar siempre al individuo, duque, alcalde o lo que sea, como tal, por nombre y se-

---

71. Es curioso notar que las referencias directas al *Marco Aurelio* (publicado en 1528) que señala Márquez Villanueva (*Fuentes,* p. 221), no aparecen en absoluto en nuestro manuscrito; muy al final de la obra, aparece el nombre de Guevara (p. 168). María Rosa Lida de Malkiel cita tres pasajes de la *Crónica* según la versión de Gayangos como imitaciones textuales del *Marco Aurelio* sevillano («Fr. Antonio», pp. 367-368), y ninguno aparece en nuestro manuscrito. O sea, es evidente que nuestro manuscrito se escribió en su mayor parte hacia 1525-1526 y no se retocó después de 1528; mientras alguna persona o personas malintencionadas y ociosas, suplieron pullas e imitaciones directas contra fray Antonio de Guevara y su obra, una vez salida ésta en Sevilla, en copias y refundiciones sucesivas de la *Crónica.*
72. Como observó Marcel Bataillon en su «Estebanillo González, bouffon "pour rire"», *Studies in Spanish literature of the Golden Age presented to Edward M. Wilson,* ed. R. O. Jones, Londres, 1973, pp. 25-44.
73. Francisco Rico, *La novela picaresca española,* Barcelona, 1967, I, p. 438.

ñas, sus características físicas, sus idiosincrasias, apariencia, limpieza de sangre, relaciones sociales y familiares, y su situación financiera. No es el material de sátira, relativamente limitado, el elemento de mayor valor literario de la *Crónica,* sin embargo. Lo es el continuo alternar entre relato cortesano y fantasía totalmente desenfrenada, de altos quilates de ingenio, lo que da un carácter especial a la obra. También demuestra un *humeur noir* que no halla paralelo hasta los *Sueños* de Quevedo, obra que presenta problemas análogos de texto e interpretación. Con sorpresa reconoce el lector algo ya prebarroco en los conceptos grotescos y deformadores del bufón, mostrando espontáneamente la misma deshumanización que la maestría de Quevedo apura al máximo; incluso asoma la irracionalidad surrealista explotada, ya que no inventada, por Valle-Inclán en los *esperpentos.*

Hasta ahora no se ha considerado más que la filiación literaria de la *Crónica.* Pero hay que hacer constar una vez más que don Francés no es literato, aunque, como buen converso, es letrado. Es un sastre vuelto bufón, el caso único del bufón que escribe su propio libro; un libro que, si acaso acaba siendo un *jest book,* por lo menos en su principio ambiciona ser más. Es como si el caso fingido de un tipo popular, un Lazarillo o un Guzmán, que escribe su autobiografía, se hubiese vuelto de carne y hueso.

Teniendo eso en cuenta, pues, hay que contar con los elementos extraliterarios tan evidentes como el vocabulario popular, los párrafos desbordantes, las fórmulas orales, que vienen del *substratum* del pueblo en el cual se crió don Francés. Y este pueblo, desde tiempos medievales, ha tenido su propio sentido del humor, a escondidas de la literatura formal. Recientemente, la crítica europea ha empezado a ahondar en este oscuro mar de la cultura popular, guiándose por el fenómeno común a toda Europa, el Carnaval.[74]

74. Se debe empezar con el análisis histórico-cultural de Julio Caro Baroja, *El Carnaval,* Madrid, 1967; de tipo general se podría señalar la colección de estudios por el Institut Pour l'Étude de la Renaissance et

El estudio de Bajtin es el más amplio y básico, y el que más luz arroja sobre la infraestructura del pensamiento de don Francés. Es curioso que el estudio de Rabelais sea tan importante para entender ciertas anomalías de la *Crónica,* pero no es de extrañar, ya que aquél preparaba el *Pantagruel* precisamente en el año de la muerte de don Francés. Además, algunos pasajes de Rabelais que Bajtin selecciona para ilustrar su tesis del discurso como «despropósito en estado» [75] pudieron haber sido de la pluma de don Francés. O tal vez no es tan curioso, porque según la opinión de Bajtin,

> su obra [de Rabelais] ... permite iluminar la cultura cómica popular de varios milenios, de la que Rabelais fue el eminente portavoz en la literatura ... la clave que nos permita penetrar en los espléndidos santuarios de la obra cómica popular que ha permanecido incomprendida e inexplorada (p. 9).

La dificultad de la *Crónica,* dejando aparte el hermetismo natural del material, es su aspecto popular. Y también la *Crónica,* a su modo, cumple la tarea que Bajtin adjudica a Rabelais:

---

de l'Humanisme, *Folie et déraison à la Renaissance,* Bruselas, 1976; es muy importante la nueva edición en español de Mijail Bajtin, *La cultura popular en la Edad Media y en el Renacimiento; el contexto de François Rabelais,* Barcelona, 1971; es de interés la forma de plantearse el problema de Joël Lefebvre en *Les fols et la folie: Étude sur les genres du comique et la création littéraire en Allemagne pendant la Renaissance,* París, 1968. Toda esta investigación ya ha dado fruto en cuanto al estudio de la novela picaresca, cuyas relaciones con la obra y personalidad de don Francés son evidentes: Edmond Cros, *L'Aristocrate et le Carnaval des Gueux. Étude sur le «Buscón» de Quevedo,* Montpellier, 1975; Gonzalo Díaz Migoyo, *Estructura de la novela*: *Anatomía del Buscón*. Lo más importante para mi propósito es el estudio aún sin publicar de Francisco Márquez Villanueva, «La littérature du "fou" en Espagne», que se publicará en las actas correspondientes al coloquio internacional *L'Humanisme dans les lettres espagnoles* (julio 1976). La gentileza del autor me ha permitido utilizar su manuscrito, tan indispensable para la valorización de don Francés.

75. Por ejemplo, el discurso de Baisecul, libro II, cap. xi, *apud* Bajtin, p. 383.

La tarea esencial de Rabelais consistió en destruir el cuadro oficial de la época y de sus acontecimientos, en lanzar una mirada nueva sobre ellos, en aclarar la tragedia o la comedia de la época desde el punto de vista del coro popular que se ríe en la plaza pública ... Al destruir las ideas oficiales ... no se esfuerza, evidentemente, en dar un análisis científico. Él no habla el lenguaje de los conceptos, sino el de las imágenes cómicas populares (pp. 395-396).

La comparación de la *Crónica* con Rabelais, por más interesante que sea, está fuera del ámbito de este estudio preliminar. Pero sí se puede decir, a través de la investigación de Bajtin sobre lo grotesco, que don Francés mantiene un pie firme en el campo medieval de la tradición del grotesco popular, y el otro incierto, tentando el terreno que conduce al *huis clos* del surrealismo moderno.

Para fijar más la posición, algo aislada siempre, de la obra, hay que recordar que don Francés no utiliza esta tradición del grotesco popular, estudiado por Bajtin, la vive. Sin embargo, la *Crónica* cae netamente en la segunda de las categorías analizadas por Bajtin en dicha tradición, la de obras cómicas verbales.[76] Hasta cierto punto su estructura obedece perfectamente a las normas del grotesco popular, con su énfasis en el parto, la vejez y la muerte, su «parodia feliz del espíritu oficial, de la seriedad unilateral»[77] y aún más en «la ambivalencia profunda y esencial del grotesco»[78] que regenera y fecunda a la vez que denigra. Pero las extrañas y antitradicionales comparaciones de personas con, por ejemplo «6 maravedíes de trementina colada» (cap. vii), ya apuntan a la negación y cinismo puro modernos.

Y con todo, no hemos definido, no hemos captado la esencia de la *Crónica,* la cual, como toda obra de arte digna de tal

76. Bajtin, p. 10. La primera categoría es el Carnaval y otros espectáculos; la tercera consiste de todo el vocabulario grosero de lemas, insultos, etc.
77. Ibid., p. 41.
78. Ibid., p. 273.

nombre, no se explica más que invocando el genio creador de su autor.[79] De éste podemos decir que escribe por aquello de que es converso; escribe una crónica de Carlos V por aquello de que es cortesano; y escribe una crónica burlesca por aquello de que es bufón. Su estilo general es la expresión de una libérrima expansión de ingenio malicioso a costa de la vanidad de toda la corte, no excluyéndose ni a sí mismo. Con dotes formales escasas, pues no conoce la cultura clásica más que por unos nombres sueltos, ni la bíblica más que por la Sagrada Escritura que oye en misa, ni la moderna más que por el Romancero, se hace entender con una prosa descuidada, tosca en los períodos largos, pero casi siempre expresiva y fresca. Fuera de los momentos de parodia estilística culta, bíblica o cancilleresca, su lenguaje es, en su mayor parte, claro y llano.

Las dificultades de establecer el texto se deben más a la multiplicidad de manuscritos (ninguno autógrafo) con versiones muy distintas, que a la oscuridad de algunas referencias contemporáneas.

A pesar de su popularidad contemporánea, a juzgar por el número de manuscritos (más de veinte) que nos han llegado a través de los siglos, la *Crónica* no vio la luz de la imprenta hasta 1855, cuando salió en la «Biblioteca de Autores Españoles», XXXVI. El texto base, calificado de «texte bâtard et vicieux» por Morel-Fatio,[80] no demuestra el menor esfuerzo crítico. Hay confusión de títulos, nombres y fechas, y un sinfín de errores de copistas.[81] Es la edición que se sigue usando hoy en día, por ser la única fácilmente asequible.

79. Aunque se acepte, con ciertas reservas, la aserción de Márquez de que don Francés sólo se puede comprender a la sombra del doctor Villalobos, hay que admitir que el genio literario de aquél es único y va mucho más allá de los modestos talentos del médico.
80. «Chronique», p. 384.
81. Por ejemplo, yerra en los nombres o títulos de los siguientes personajes: condes de «Coruña» en vez de *Camiña,* para los Sotomayor; «Auberri» (el general francés Aubigny) en vez de *Bambri* o *Bauri,* español corriente para *Beurren,* servidor de Carlos V; «Luis Zuazo» por *Luis Lizerazo,* el secretario imperial; «García» en vez de *garza,* «Alonso»

Hubo en 1933 una edición, que no he podido ver, que se publicó por Fax en Madrid: el tomo XVI de la «Biblioteca de Clásicos Amenos».[82]

Últimamente, el mismo texto de Gayangos, sin ningún tipo de enmiendas, en edición no notablemente «revisada y anotada» (según anuncia la portada) por Pilar Guibelalde, salió en la Editorial Iberia, Barcelona, 1969. Las notas «prologales» que lleva la edición dicen poco al lector general y carecen totalmente de interés para el especialista, dada la ignorancia de su autor, Emiliano M. Aguilera.[83] Las notas al texto reproducen las variantes de Gayangos, más una docena de comentarios insulsos. Las notas al *Epistolario,* agregado a la *Crónica,* son muy buenas, como es de esperar, porque son las de Juan Menéndez Pidal, tomadas sin reconocimiento alguno de parte de estos editores de su edición del *Epistolario.*[84] En suma, esta edición no vale nada.

El interés crítico por la *Crónica,* siempre algo escaso, nació en el siglo XVII, y comienza con la obra monumental y la erudición formidable de don Nicolás Antonio. El célebre erudito sevillano escribe:

Colón por *Diego* Colón; «Pedro Martín» por *Pero Mártir* de Anglería; «prior del monasterio de Guadalupe» en vez del romancístico *Prior Hernán Rodríguez,* etc. Alguna fecha anda mal, como «1525» en vez de la fecha correcta de 1524 para el desposorio de la infanta Catalina; a veces no salen bien las pullas, como poner «salvaje» por *sahumarse* (en las hogueras inquisitoriales); y en fin, se podría alargar la lista más allá de la paciencia del lector.

82. La cita bibliográfica viene de B. Sánchez Alonso, *Fuentes de la historia española e hispano-americana,* Madrid, 1952³, II, p. 46.

83. Por ejemplo, duda que sea don Francés converso (p. xii), y llega a proponer que es en realidad primo del duque de Béjar (p. xiii), dos errores serios, y uno gracioso: los comuneros de Toledo fueron hallados (p. 21) «sin prejuicios» (en vez de sin prepucios, según don Francés).

84. J. Menéndez Pidal, «Cartas inéditas», *RABM,* XXI (1909), pp. 72-95.

Nescio quis in seriis ludere volens, Historiam (ita vocat) scripsit Caesaris Caroli ridiculam et salibus urbanis conditam ...[85]

Hacia mediados del siglo pasado, la filología alemana descubrió a don Francés, para el resto de la Europa culta, a través de los manuscritos de su *Crónica* existentes en bibliotecas austríacas. El célebre hispanista Ferdinand Joseph Wolf, ya citado, inicia la lista; aparecen los comentarios muy superficiales de Adolfo de Castro como prefacio a la edición de la BAE, también citado; y entonces en 1867, sale el artículo de Alberto Mussafia[86] como una especie de apéndice al artículo de Wolf. Allí quedó la cuestión, más o menos, hasta 1909, cuando Juan Menéndez Pidal hizo el examen y edición minuciosos del *Epistolario,* ya citado.

Como el principal problema de la *Crónica* es sin duda la multiplicidad de manuscritos, lo más largo y valioso es el estudio, también citado ya, de los eruditos franceses Alfred Morel-Fatio y H. Leonardon, sin el cual esta edición no hubiera podido hacerse. Es el primero y único estudio comparado de los diversos manuscritos de la *Crónica* que se encuentran en bibliotecas públicas, de lo cual resulta que los manuscritos difieren marcadamente entre sí en extensión, número y división de capítulos, número y orden de cartas, personajes mentados y motes empleados, lenguaje y fecha de copia. Además, muchos manuscritos son inutilizables por estragados, borrosos, estropeados por procesos restauradores, o truncados.

El propio polígrafo santanderino Marcelino Menéndez Pelayo, aunque no paró mientes en los problemas de la *Crónica,*

85. *Bibliotheca Hispana Nova,* Madrid, 1783, I, p. 501. La primera edición de la *Bibliotheca* es del siglo XVII (1672 y 1696), pero se suele citar por la reedición del siglo XVIII hecha por el bibliófilo F. Pérez Bayer.
86. «Ueber eine spanische Handschrift der Wiener Hofbibliotek», *Sitzungsberichte der philosophisch-historischen Classe der kaiserlichen Akademie der Wissenschaften,* LVI (mayo 1867).

sí reconoció la necesidad de hacer una edición mejor que la de Gayangos, diciendo que la obra «merecía un comentario histórico y una edición algo más esmerada».[87] Morel-Fatio consideraba que su estudio constituía una base para «la reproduction toute simple, mais précise et sans remaniement moderne, d'un des manuscrits anciens».[88]

Se trata, pues, de buscar un manuscrito de la *Crónica* completa entre los más tempranos que señala Morel-Fatio, con el mínimo de enmiendas, adiciones y correcciones posteriores, que a la vez esté lo suficientemente bien conservado como para transcribirlo fielmente.

El único manuscrito que se acerca a todas estas condiciones, aunque no es perfecto, es el que se presenta aquí, el manuscrito 6.193 de la Biblioteca Nacional de Madrid. Lo transcribo con puntuación, acentuación y mayúsculas a la moderna para comodidad del lector, y las abreviaturas resueltas. Algunas pocas lecturas dudosas han sido anotadas (véase *infra*, p. 243).

El manuscrito, en folio, sin título y con el último folio en blanco, está bastante bien conservado en su mayor parte. Está escrito con dos letras distintas: la primera pequeña, difícil, sin puntuación y con abundancia de abreviaturas, que parece típica de mano de copista profesional del siglo XVI. Este copista usa números romanos; encabeza sus capítulos con el número sin título ni epígrafe. Los capítulos son desiguales y largos. No hay comentarios ni enmiendas marginales. Las muy pocas correcciones están hechas al correr de la pluma en el mismo texto. La letra sigue hasta el folio nueve *recto* y se detiene abruptamente en media oración.

La nueva letra parece más moderna, más bien de fines del siglo; y desde luego, no puede ser de mucho antes, puesto que a continuación de la *Crónica,* la misma mano copia (sin atribución) «Visita de amor», el famoso poema de Gregorio Silvestre, poeta cuya obra andaba en varios manuscritos de la segunda

---

87. *Orígenes de la novela,* Madrid, 1943, III, p. 106.
88. «Chronique», p. 390.

mitad del siglo.[89] La nueva letra termina la oración cortada, pero vale advertir que es en este punto precisamente donde las versiones más modernas de la *Crónica* (la de Gayangos, por ejemplo) incluyen una larga digresión sobre la guerra de Navarra, la cual no presenció nuestro don Francés. Aparte de esta omisión grande (si lo es), nuestro manuscrito demuestra de principio a fin un estilo más directo, sencillo y menos verboso que ningún otro, resultando así más corto, más interesante para el impaciente lector moderno, y acaso más compatible con la autoría de un ex-sastre.

Aunque el nuevo copista organiza su material de manera distinta (usa puntuación, la /, que equivale a la coma, y la //, para punto final; después de la sección del viaje de Portugal con sus epígrafes abandona los números de capítulos y los separa con un renglón en blanco) corrigió su texto después, interlineando las correcciones. La absoluta uniformidad de vocabulario, giros de lenguaje, etc., debajo de la parodia de distintos estilos literarios, hace bastante claro que este manuscrito es una copia[90] de otro primitivo, de pocos años después de la muerte del bufón si no hecha en su propia vida. El manuscrito no padece errores importantes, ni de fechas, títulos ni personajes; no hay anacronismos, más que la inclusión misteriosa de unos párrafos llamados «Nuevas de Italia» acerca de los acontecimientos de Italia de 1536 (que se omiten en esta edición).

Con esta sólida base de una versión, se puede dividir el material de la *Crónica* en cuatro partes distintas que responden a etapas cronológicas de composición. La primera parte de la *Crónica,* que incluye la muerte del Rey Católico en 1516 y la venida del futuro Carlos V a España; su partida a Alemania

---

89. Véase M. L. Guzmán, «Algunas poesías atribuidas a Gregorio Silvestre», *RHi,* XXXV (1915), p. 440.

90. Se puede teorizar que posiblemente fue escrito al dictado; algunas dudas del copista, entre por ejemplo «Plasencia» y «Palencia», dos palabras que suenan similares, pero al escrito sería más difícil equivocarlas; o frases como «cuytado pleyto» que aparecen como «ciudad y plato» en Gayangos.

en 1519; la guerra de las Comunidades en 1520-1521, la vuelta del rey y la guerra con Francia, y otros acontecimientos hasta el año 1524, por evidencia interna, parece escrita hacia 1525-1526.[91] La segunda parte, del viaje de don Francés a la raya de Portugal en la comitiva de la infanta Catalina, 1524-1525, fue escrita no como crónica, sino como cartas festivas al emperador, y así resulta ser la primera parte de la *Crónica* que vio la luz del día.[92] La tercera parte, que va de febrero de 1525 hasta 1527, incluyendo hablillas de la corte mezcladas con noticias de fuera, además del casamiento imperial, termina la primera redacción de la *Crónica*. Esta fue la obra que pedía el infante Fernando con tanta ansia de Alemania (véase la nota 50 de esta Introducción). La cuarta continúa la narración hasta la partida del emperador (1529) y el conjuro final.

Siendo tal su éxito literario, no es de extrañar que don Francés tomase otra vez su pluma para continuar la historia, incluyendo noticias del nacimiento del futuro Felipe II en 1527, el saco de Roma, y llegando hasta la partida del emperador para Italia en 1529. Esta cuarta parte, en forma desordenada y rellena de cartas festivas, da con su desigualdad y confusión la impresión de una composición dilatada, escrita sobre la marcha de los acontecimientos; de todos modos, aquí acaba la *Crónica* primitiva, sin los retoques (algunos ingeniosos) que naturalmente, en el siglo XVI, se acumularían sobre este tipo de obra.[93]

Por ejemplo, en la versión tardía que publica Gayangos, con sus capítulos regularizados y ampliados, vemos en ciertos puntos muy claramente el proceso de pulimiento posterior del material. Al final de su descripción del saco de Roma (p. 158), don Francés añade cínicamente y muy a propósito: «Bien está San Pedro en Roma ...». Ahora bien, en la versión de Gayangos, no encontramos el viejo refrán, remozado y con nuevo y

---

91. Opinión de J. Menéndez Pidal, «D. Francesillo», p. 189, que se comprueba en las notas a este texto.
92. Ibid., p. 191.
93. Morel-Fatio, «Chronique», p. 394, insiste en los retoques ajenos «pour satisfaire des vanités ou des rancunes».

agudo sentido, sino una referencia literaria: «según lo dejó escrito el príncipe de Orange en una glosa que hizo al romance que dice: "Triste estaba el Santo Padre"». (BAE, XXXVI, 48.) Aparte de que no es particularmente gracioso ni el comentario ni la glosa al cual se refiere,[94] para que esta glosa se incluyera en el texto se necesita cierto lapso de tiempo mínimo; para que primero, se componga y circule un romance que no puede haber sido compuesto antes de llegar las noticias del saco, y segundo, se componga y circule la glosa. Puesto que por evidencia interna del manuscrito 6.193, esta parte de la *Crónica* está escrita a vuelapluma, la versión de Gayangos necesariamente ha sufrido retoques posteriores, y para peor.

Otro punto importante, que demuestra una pérdida hasta de sentido por el alejamiento de la versión original que escribió el bufón, es el comentario que hacen los caballeros que van sobre Toledo bajo el mando del prior de San Juan, don Antonio de Zúñiga: «O Castillo de San Servando, pluguiera a Dios que mi madre no tobiera más de a mí» (p. 82), parodiando el romance del castillo de Montanges. (Véase nota 131 del texto.) En la versión de Gayangos, dicen, «O Castillo de San Servand, pluguiera a Dios que mi *padre* no me *engendrara* a mí» (BAE, XXXVI, 14), frase de sentido análogo, pero que no se hace eco del romance. Evidentemente, el copista o quien fuese no conocía el romance y perdía por completo la alusión graciosa al mismo.

El esperanzado fin de esta edición es proveer al estudioso con una versión adecuada de la obra de entretenimiento del siglo XVI que ha sido peor editada desde un comienzo. De paso se espera que esta edición también contribuya a arrojar un poco más de luz sobre el fondo intelectual y social del período.[95]

94. El texto referido se encuentra en R. Foulché-Delbosc, «Les cancionerillos de Prague», *RHi,* LXI (1924), pp. 575-578.
95. En forma indirecta llegó a mi conocimiento el hecho de que el ilustre y difunto hispanista norteamericano Hayward Keniston preparaba una edición de la *Crónica* de don Francesillo en el último período de su vida. No he podido obtener más datos al respecto.

«CRONICA BURLESCA DEL EMPERADOR CARLOS V»

Según el manuscrito 6.193
de la Biblioteca Nacional de Madrid

Prohemio

Necesario y cosa razonable es a los hombres buscar maneras de vivir. Enjenplo nos dan las animalias y aves en la provincia de Vizcaya en un lugar llamado Oñate; se criaba muchas aves cada año y muchos cernícalos; y sintiendo por el mes de agosto que el señor [1] de la tierra las tomaba para comer (por no tener demasiados cabritos o capones), las dichas aves ocho días antes del mes se ausentaban de allí. En esta nuestra región de España, en un lugar llamado Toledo, estaba un caballero que se llamaba don Pedro de Ayala,[2] el cual criaba muchos perros de caza, y tantos, que si de comer les diera no bastara su renta; y como necesidad que es maestra de todas las cosas les costriniese, cuando sentían que las ollas de sus vecinos estaban me [3] cocidas, y así satisfacían su hambre. Sócrates escribía al conde don Fernando [4] a la Coruña, diciéndole que no se maravillase de las animalias hacer esto, que escripto está: por vivir, así que en tiempo de Cicerón, había un caballero llamado don Pedro de Sotomayor,[5] hijo de la condesa de Camiña, que había muerto a su madre por comer, y pensándolo tener, por el mismo delito le fue quitado. Así que muchas cosas nos da Dios Nuestro Señor a entender para que vivamos o para que nos dejen las gentes vivir. Por ende, S. C. C. Majestad, pues que veis los inconvenientes que del no tener se siguen, menester es que los perros de Bambri,[6] y aun al mesmo Bambri, que parece hecho de cera de sellos de cartas o paño de grana vieja, sea alimentado. Va olvidando los servicios de Boborrita de los órganos de vuestra Majestad.

*Capítulo primero cómo el rey don Carlos
vino en España*

En el año de la Encarnación de nuestro Señor Jesucristo de 1516, así estando el rey católico don Fernando [7] en la cibdad de Plasencia, adoleció de grave enfermedad y partióse para Santa María de Guadalupe; y en el camino en un lugar llamado Madrigalejo,[8] pobre y destronado, la enfermedad agravós [sic] de tal manera que dio el ánima a Dios que la crió, después de haber recibido los santos sacramentos como fiel cristiano. Y después de su santo fallecimiento, gobernó el ilustrísimo y reverendísimo cardenal de España,[9] arzobispo de Toledo, que parecía madre de don Alonso de Fonseca,[10] arzobispo de Toledo que hoy vive, o galga envuelta en manta de jerga.[11] Tovo las Españas en paz, haciendo mucha justicia, y tovo la gobernación dellas hasta la venida de su Majestad. Murió este reverendísimo Cardenal de placer que hobo de la venida de musior de Xebres.[12] Tovo por compañero en su gobernación y vida al muy reverendo obispo de Ávila, don frey Francisco Ruiz,[13] hombre muy discreto, gran servidor de su Majestad, el cual obispo parecía mortero de mostaza. Este Cardenal fue de buena vida, honesto, amigo de justicia, quiso mucho al Emperador, tovo por pariente al adelantado de Cazorla,[14] y fue tan pesado en la muerte y en la vida que quisiera más tener diez mil ducados de pensión sobre su arzobispado. Aqueste Adelantado pareció sollo [15] dañado presentado al conde de Coruña,[16] o frey Severo,[17] italiano, mostrando el Terencio a los nietos del duque de Alba.[18]

[Capítulo ii] [19]

Aqueste rey don Carlos, habiendo consideración a las gentes de España lo mucho que le deseaban ver, deliberó de pasar la mar aunque el tiempo era contrario y peligroso; y como Dios viese la rectitud y limpieza de su corazón,[20] el mar le fue tan próspero ca en poco tiempo le pasó y desembarcó en un lugar de Asturias llamado Villaviciosa; al cual lugar fueron de todas las Españas muchos señores, caballeros y gentes; y de los primeros que al Rey llegaron fue uno llamado don Francés de Viamonte,[21] natural de Navarra,[22] y le dixo: «Señor Rey, yo soy vuestro capitán de hombres de armas y no tan ruin como el duque de Béjar,[23] y más hablador que Meneses de Bobadilla,[24] y quería medrar en poco tiempo». Y aunque el Rey era de poca edad, respondióle asaz discretamente, diziendo: «Un refrán tenéis en Castilla que dice, *por mucho madrugar,* etcétera».[25] Este don Francés parecía pastelajo de banquete enharinado o buey blanco en tierra de Campos. Murió en Pamplona de hambre después de haber gastado lo que le dieron de rescate por el capitán M. Asparros.[26] El Rey se partió deste lugar para un lugar llamado Ampudia, y allí vino a él don Pedro Manrique, marqués de Aguilar,[27] y le dijo: «Señor, yo soy natural de las Españas, y los del linaje de adonde yo vengo siempre fueron leales a la corona real y más yo que ninguno. Y esto digo porque he sido mártir con otros que han sido confesores [28] por Vuestra Alteza. A mí me llaman por sobrenombre Tocino,[29] y parézcolo. Tengo un monte en Aguilar adonde Vuestra Alteza matará muchos puercos». El Rey le demandó cuenta del monte y el Marqués le dijo: «Señor, yo maté el otro día un puerco muy grande y halléle entre las dos espaldas un encina de dos brazadas».[30] El Rey se maravilló desto que el Marqués dijo, y díjole: «Marqués, mentira parece ésa, ¿cómo pudo ser?». Y él, medio riendo, dijo: «Señor, habrá tres años que andando a monte un mi criado le dió una lanzada, y era en tiempo de bellotas, y el puerco se revolvió en el suelo y metiósele una bellota por la herida, y con la tierra que cogió y con el calor que él tenía se le crió esta encina». Xebres y musior de Laxao [31] y Simonete [32] y Xiletes y musior de Bursa [33] se miraron unos a otros riéndose, y el dicho Marqués se rió a vueltas. Este Marqués fue leal a su Rey, pasó con él en Alemania como adelante se dirá.[34] Hizo grandes gastos en su servicio. Parecía panadero del alcalde Briviesca,[35] o guarnicionero rico. Fue de mediana estatura, tovo un hijo llamado don Alonso Manrique,[36] amigo de solano, liviano de cabeza, buen caballero; nunca se halló con 20 ducados. Este Marqués fue gastador, dio el ánima a Dios llamando un halcón con un señuelo. Fue enterrado en un baúl viejo de don Francisco de Mendoza, el hijo del Patriarca.[37] Fue llorado por Sancho Bravo [38] y plañido por la marquesa de Denia [39] y por sus cazadores de don Alonso de Azevedo.[40]

Capítulo iii

El Rey partió para Valladolid, donde fue recibido con muchas alegrías y solemnidad como a tal Rey convenía. Llegaron allí por le besar las manos cuantos grandes y caballeros en sus reinos habían, los más dellos con intención de ser muy aprovechados. Y como el corazón de los Reyes está en la mano de Dios, los más de sus pensamientos salieron en vano; aunque algunos dellos metían cisma entre el Emperador y otros, pensando de los heredar y echar de la tierra. Y el Rey, que entendía bien la voluntad de cada uno y sus intenciones, con callar y disimular los confundió.[41] Entre los cuales, iba a medianoche don Bernardino de Mendoza, conde de Coruña, y decía al Rey los pleitos que traía con el duque del Infantado;[42] y que si Su Alteza quisiese, que él ternía manera para meter gorgojo o polilla en el real de Manzanares. Musior de Xebres, que bien entendía toda cosa, dijo al Conde: «Al vanir [sic] portugués, o hombre que está obligado a dar terneras en Zaragoza, el diablo os enporte, *en anplius noli parlare*». El duque de Béjar vino a la villa por besar las manos al Rey, acompañado de muchos de sus parientes y criados,[43] todos bien guarnidos de brocados y otras cosas que menester les fueron. Iba con él don Francisco de Zúñiga, conde de Miranda,[44] el cual parecía cordero mamón de Hontiveros; el prior de San Juan, su hermano don Antonio de Zúñiga,[45] que parecía ginovés cargado de debdas; el conde de Aguilar,[46] que parecía galgo que llevaban a caza por fuerza; y otros muchos caballeros que sería prolixidad contallos. Y llegado al Rey, díjole: «Señor, para el Cuerpo de Dios[47] yo soy natural de Castilla y traigo a Juan de Bracamonte,[48] mi alguacil mayor de la chancillería de Valladolid; y querría acuestas a don Juan de Lanuza,[49] visorrey de Aragón, y tengo las narices de la Costanilla de Valladolid,[50] y donde yo desciendo siempre fueron leales a la corona real; si no, lean las escrituras de mosén Diego de Valera,[51] y allí lo verán». El marqués de Villena[52] llegó con mucha gente de sus debdos y amigos; el cual Marqués, por su enfermedad, iba en una silla de caderas, un paño de lienzo blanco[53] al pescuezo, y un bonete que dicen que fue de Laín Calvo,[54] unos zapatos de fieltro, un cincho ancho de cuero de vaca que fue del suegro del conde Hernán González, un jubón de raso verde que fue con un collar del tiempo viejo que le llegaba por encima del colodrillo, con más de 22 puntadas, engrudado al modo que hoy se usan los paveses en España. El dicho Marqués parecía pato cocido o liebre empanado. Después llegó el gran duque del Infantado, con dos asturianos vasallos, los cuales iban en piernas haciendo penitencia por Bellido Dolfos,[55] con mucha caballería de su casa, los cuales contaban el tiempo que en la Corte estovieron, y el grande estado que el Duque tenía, y como el conde de Saldaña[56] era buen caballero de la brida, y como Guadalajara era el menos costoso del reino. Este gran Duque siempre sirvió y siguió a la corona real y persiguió a los de Madrid porque le entraban sus términos. Don Iñigo de Velasco,[57] condestable de Castilla, llegó a besar las manos al Rey, con muchas gentes y caballeros muy honrados, y dijo al Rey: «Señor, yo parezco preboste de Bilbao y el conde de Haro,[58] mi hijo, es cierzo; y mi yerno el conde de Oñate, regañón o milano mudado en casa de Sotomayor el de Medina. Bustillo es mi criado y es a cargo de Dios de 10.000 cálices y frontales. Julián de Lezcano[59] es grande de cuerpo y largo en contar cosas, sabe

Dios lo que pasó con él. El conde de Siruela [60] es mi sobrino, reza más *Magníficas* [61] que don Antonio Manrique,[62] yerno del adelantado de Castilla,[63] el cual conde parece monjuela azotada».

Y el duque de Alba llegó al Rey con muchos caballeros y díjole: «Señor, yo soy grande de ánimo y corto de grebas, más redondo que un ducado de a dos; tengo por hermanos al comendador mayor de León,[64] porqueroncillo del rey David, y a don García de Toledo,[65] señor de la Horcajada, que parece ensalmador de piernas quebradas, buen caballero y ruin jinete». El Rey le dijo, «Muchas gracias, que de todo estaba informado».

Don Fadrique Enríquez,[66] almirante de Castilla, se llegó al Rey muy acompañado y dijo a Su Alteza: «Señor, cuanto a lo de Dios soy hombre, y cuanto a lo del mundo no lo parezco, y lo más del tiempo ando debajo de la tierra como topo. Tengo dos hermanos, el uno llamado don Fernando Enríquez,[67] que parece mercader de gengibre, y el otro es el conde de Ribadavia,[68] que parece gavilán fiambre o viento del regidor de Segovia. Tengo una hermana que se llama doña Teresa Enríquez,[69] que saca cada año 6.000 ánimas de Purgatorio y mete a su hijo el adelantado de Granada,[70] y doce nietos, en el Infierno». El Rey le dijo: «Almirante, sois muy discreto, y dad gracias a Dios que os lo quitó de las faldas y os lo puso en las mangas».

Don Juan de Acuña,[71] señor de Gemas, natural de Zamora, hijo de ganga [72] y rocín de albarda, llegó con don Alonso de Fonseca, arzobispo de Santiago, y dijo al Rey como mejor pudo: «Señor, éste es el arzobispo de Santiago, y yo soy su debdo y criado; y si alguno dijere que Luizarazo [73] está tan delgado como el Arzobispo mi señor, yo me mataré con Ruy Díaz de Rojas,[74] el cual parece bocina quebrada y (cuando yo hablo), chirimía que la tañen a su cabo».

Don frey Álvaro Osorio,[75] obispo de Astorga, llegó a besar las manos a Su Alteza y dijo: «Señor, yo soy de la Orden de Santo Domingo, y si pudiese traer roquete y jugar a la pelota, yo pornía sobre mi obispado doscientos ducados de pe[nsión para] los deanes de Burgos[76] y Plasencia.[77] Esto así pasado, el Rey mandó llamar procuradores de todos sus reinos; y venido, fue por todos jurado por Rey con gran so[lemnidad], que antes ni después no fue vista tan gran fiesta.

Y esto fue por el mes de diciembre del año de 1518 años; y como el tiempo era fortunoso[78] de aguas, los lodos eran grandes. Fueron con el Rey a pie todos los grandes y prelados del reino hasta palacio, todos muy ricamente guarnidos, entre los cuales iba el marqués de Ayamonte,[79] asido de la mano de don Francisco de la Cueva, duque de Alburquerque.[80] Y como el Marqués era corto de vista, metió al Duque por un tremedal que le llegaba hasta las cinchas. Desto el Rey se rió mucho, y por el placer que hobo, hizo Marqués a este conde de Ayamonte, y al duque de Alburquerque tiró 20.000 de juro[81] que tenía sobre la villa de Almazán. Y musior de Laxao, que allí se halló, dijo que este Marqués y Duque parecían, metidos en el lodo, osos macho y hembra que se andaban por asir. Y después desto, el Rey mandó despedir las Cortes y cada uno se fuese para su casa.

En este año acaeció una cosa admirable:[82] que el conde de Orgaz,[83] por sacar uso nuevo en la Corte, mandó a sus oficiales que quitasen las pepitorias de los miércoles en la noche e hiciesen almidón, que era más sustancial.

Capítulo iiii

El Rey partió de Valladolid y llegó a Aranda de Duero; y de allí envió al ilustrísimo señor Infante, don Fernando su hermano,[84] a Alemaña, y dióle los ducados de Austria y Tirol y Brabante.[85] Y tomaron residencia a Pero Núñez de Guzmán,[86] caballero de Calatrava, su ayo, en qué había gastado las despensas que el Rey nuestro señor daba al dicho Infante; y hallóse que lo más del tiempo le daba a comer arroz sin grasa y gallinas viejas y fruta no madura; y que demás desto no le tenía dada comisión para que diese a ninguna persona nada, si no fuese cualquier jubón raído o gorra comenzada a raerse; y que si caballo quisiese darle, que fuese con 4 cuartos como casa. Y desto el Rey con enojo mandó dar al dicho ayo 21.000 de juro al quitar; y no 15 días pasados, el Rey mandó al Clavero quitar el dicho juro. Y este Clavero parecía gamo doliente o padre de confesión.

Y don Alonso Suárez,[87] obispo de Mondoñedo, murió en Valladolid contra su voluntad, y al tiempo del expirar, renegó como moro por no poder llevar sus dones a la otra vida. Fue enterrado entre Simancas y Valdeastillas,[88] en una lanza de armas, y veníale ancha, según lo poco que comía en este siglo.

De Aranda se partió el Rey, y con él iban muchos grandes y prelados y caballeros, los cuales eran: el conde de Benavente,[89] el secretario Villegas,[90] y un solicitador del marqués de Priego[91] (y este conde de Benavente a la sazón era lapidario o compañero de micer Enrique Alemán);[92]

el duque de Béjar (lo que parece adelante se dirá); don Alvar Pérez de Osorio, marqués de Astorga,[93] que parecía mora regocijada en noche de Navidad; don Juan de Mendoza, conde de Monteagudo (que después fue llamado el Bello Malmaridado,[94] y esto se llamó porque tovo concordia con su mujer); este Conde parecía perro ahorcado o borceguí viejo de escudero pobre; don Fadrique de Portugal,[95] obispo de Sigüenza, buen caballero más cuadrado que el Génesis, parecía ayo de la marquesa del Cenete,[96] o ubre de burra rucia. Y por evitar prolixidad el autor, no más acordándos de muchos dichos de filósofos antiguos, entre los cuales dice Boecio, *De consolación*: que a los Reyes les debemos obidiencia y amor y fialdad, y que las leyes divinas y humanas se conciertan en esto. Aunque el teólogo y gran profeta Bartolomé de Albiano[97] y Platón y Juan Jordán y Diego García de Paredes[98] dicen: «*Maledictus homo qui confideit in principibus*,[99] y más si tienen al hombre condenado a muerte o le deben algo».

El Rey entró en Aragón y fue en la cibdad de Catalayud recibido con gran placer y alegría; y yendo por la calle el Rey iba descuidado, abierta la boca; y llegó a él un villano, y díjole: «Mosén, cierra la boca, porque las moscas deste reino son traviesas».[100] Y el Rey le respondió que le placía (que del necio el primer consejo)[101] y el Rey le mandó dar, porque era pobre, cien ducados. Y el Rey se partió para Zaragoza, y saliéronle a él y a lo recibir los grandes de Aragón: don Alonso de Aragón, arzobispo de Zaragoza, hijo del Rey Católico. Y este Arzobispo parecía lobo asado o labrador espantado en fiesta de caballeros. Fue limosnero, liberal, discreto, valiente, amador de justicia y de su Rey; y murió como fiel cristiano.[102] Lloróle don Martín de Urías,[103] señor de Argavieso, con un ojo (que no tovo más).

El conde de Miranda le salió a recibir con su casa y parientes, y llegó por le besar las manos. Y el Rey le dijo: «Conde, parecéis podenca sentada que se está riendo».

Con el Justicia de Aragón, luego llegó el conde Belchid,[104] y le dijo el conde de Benavente que parecía buharro con luto o almohada de paño viejo.

El conde de Fuentes [105] dijo al Rey: «Señor, a mí me llaman de Heredia, y soy el más desheredado que hay en estos reinos, y demás desto estoy empeñado. Yo [y] mi hijo parecíamos ansarones que venden en plaza, según escribe el hijo de mosén Jaime de Albión,[106] que fue llamado burro espantado».

Entrado el Rey en la cibdad, dende a pocos días mandó hacer Cortes en este año de 1518 años; y en ellas hobo muchos debates y dilaciones y greuges,[107] que más parecían herejes. El arzobispo de Zaragoza trabajó cuanto pudo por concertar las Cortes. Luego fue jurado el Rey, e hiciéronse muchas justas y torneos y juegos de cañas, del placer que hobieron. Todos los vestidos daban a los albardanes, lo que hoy por los pecados de las Españas no se hace ni hará.[108]

Su Alteza, acabadas las Cortes, se partió para Barcelona, donde fue recibido como en las otras cibdades. Y allí le vinieron nuevas de como su agüelo el emperador Maximiliano [109] era muerto este año de 1519, y le habían elegido a él por Emperador. E hizo Cortes, y dejó en los reinos de Aragón y Cataluña seis veces más que le dieron.[110] Volvió en Castilla más suelto que un venado que no le embarazaba el dinero,[111] y vínose a Burgos, y de allí a Valladolid, y de Valladolid para La Coruña el siguiente año para ir en Flandes y en Alemaña; porque los del Imperio le habían enviado a requerir que se fuese a coronar. Su Alteza no lo podiendo excusar, aderezó su camino.

Y como los españoles sean bulliciosos y amigos de novedades,[112] algunos comenzaron a poner cisma en la tierra y a alborotarla, perdición que adelante se dirá. Job no de balde lloraba diciendo: «*Dies magna et amarga*»,[113] que quiere decir, «grandes días vernán y amargos». Maestre Liberal,[114] filósofo de la ley de natura,[115] decía en la metafísica, «*Mulieres* de España, ¡bienaventuradas las que no tovieran seso![116] que tiempos vernán que verés a los del Consejo estar en Ruyseco,[117] secarse os han los ánimos, y robarán al doctor Tello,[118] y derribarán las moradas de don Rodrigo Mejía el mozo;[119] y hacerse han estragos en las cibdades de Úbeda y Baeza, y Plasencia se levantará, y Rengifo,[120] corregidor della, no lo podrá remediar». Aristótiles, famoso filósofo, dice: «*Multa discordia abebitis declaro*», y dice, «en nuestras casas o tierras habrá discordia entre don Alonso de Zúñiga y Acevedo[121] y el conde don Fernando, y concordia entre el Condestable y duque de Nájera».[122] Tito Livio,[123] en las *Décadas* de don Gutierre de Fonseca,[124] vecino de Toro, dice que lo mejor de todo es a los hijos de hombres ahorrar dineros y comprar heredades; y los que al[125] quisieran, verán por sus casas al alcalde Ronquillo,[126] y Briviesca, el cual parece torre de Carmona derribada en tiempo de terremoto.

A 16 de abril del año 1520, estando el Emperador en Galicia, en la cibdad de La Coruña, le vinieron nuevas cómo en Castilla algunos della tenían voluntad de alborotar la tierra, pensando más en sus intereses que en el servicio de Dios, ni en el provecho del reino. Y de secreto movieron los corazones de los movibles y livianos. Y el

Emperador oyó bien lo que dicho es, y confiando en los grandes de Castilla [127] y caballeros que le guardarían la lealtad debida, se embarcó, y con él don Fadrique de Toledo, duque de Alba, y sus [hijos][128] y nietos y parientes y criados. Y en Flandes y en Alemaña hizo grandes expensas, y por esto el Rey se lo agradeció y pagó con crecidas mercedes. (Este Duque, y don Pedro de Toledo,[129] marqués de Villafranca, y don Fernando de Toledo,[130] comendador mayor de Alcántara, sus hijos, se hallaron con Su Majestad en todas las guerras que hizo al rey de Francia en Flandes, donde mostraron el amor y voluntad que tenían a su servicio.)

Y desde allí el Emperador se fue a Alemaña, donde recibió la corona.[131] Y en tanto que Su Majestad allí estaba, muchas gentes bárbaras, así caballeros como oficiales con sobrada cobdicia, pensando tener parte en el reino lo alborotaron, acabdillando las más gentes que pudieron. Y la razón que daban en todo ello era «muera él que dijere mal de la mula del corregidor»; [132] y con estas necesidades y otras tales hicieron gran daño y estrago en la tierra, matando y robando muchas gentes, quemando los lugares, deshonrando las mujeres casadas y doncellas.

Y porque serían largos de contar los daños y robos y muertes que entonces se hicieron, se pasa adelante para contar las grandes hazañas que don Antonio de Zúñiga, prior de San Juan,[133] hizo en servicio de Dios y deste Emperador, y cómo tovo cercado a Toledo en el corazón del invierno, y de las grandes embajadas y pleitesías que con los de la cibdad tovo, a las veces atrayéndoles por bien y otras por mal. Peleó muchas veces con los de la cibdad y venció a don Antonio de Acuña,[134] obispo de Zamora, capitán general de las Comunidades, de revoltosa memoria.

Y el dicho Obispo, viéndose vencido, se iba a Francia. Y en Navarra fue preso por don Antonio Manrique de Lara, que fue avisado de su pasada y envió apresalle a un su criado, llamado Perote [135] (hombre de deleznable seso), el cual espió al dicho Obispo y prendióle. Y el Duque le tovo preso en Navarrete hasta que vino Su Majestad y se le entregó, como adelante se dirá.[136]

Luego que los alborotos y escándalos se extendieron por la tierra, el Consejo Real envió a Antonio de Fonseca,[137] capitán general del Emperador, porque era muy esforzado y de gran experiencia. El cardenal de Tortosa [138] habló con él en secreto, rogándole que si por bien pudiese hacer las cosas no las hiciese por mal. Y luego se partió el dicho Antonio de Fonseca, con gentes de armas y soldados, y llegó a la villa de Medina del Campo, por tomar el artillería que allí había. Pero los de la villa se hicieron fuertes, y Antonio de Fonseca les envió a requerir que estoviesen en servicio de Dios y del Rey. Mas como los que se han de perder, lo primero que Dios hace es cegarles los entendimientos,[139] por su obstinación los de la villa nunca quisieron concierto ninguno. Antes sacaron la artillería del Emperador al campo y quebraron lo más della; y mataron y robaron a todos los que conocieron aficionados al servicio del Rey. Y como Antonio de Fonseca esto viese, entró la villa por fuerza, y algunos de los soldados pusieron fuego a la cibdad [140] por muchas partes, de manera que lo más della se quemó. Y dello don Antonio de Fonseca hobo gran pesar.

Y de allí adelante se endurecieron los corazones de los duros, de manera que todos los más de España que tenían la voz de la Comunidad le siguieron hasta Portugal, adonde el dicho Antonio de Fonseca se fue. El cual fue del Rey [141] bien recibido, y díjole: «Antonio de Fonseca, vos sois buen caballero y mucho os debe el Emperador nuestro hermano. Y demás desto, parecéis carnero viejo guardado para casta». Y él tomó licencia del rey de Portugal, y embarcó para Alemaña, donde fue muy bien recibido de Su Majestad. Y en sus andanzas gastó tanto que empobreció a sus hijos.

El Prior, viendo el gran daño que recibían los suyos por todas partes, y más con la gravedad del invierno, acordó de salir contra los de Toledo a quitalles una cabalgada que traían. Y así se volvieron los unos con los otros, de tal manera que algunos caballeros, de los que con el Prior iban, volvieron el rostro hacia solano, y hasta ahora huyen (el autor dice que hacia Carmona). E iban cantando: «Oh, Castillo de San Servando, pluguiera a Dios que mi madre no toviera más de a mí».[142] El Prior, viendo estas cosas, cómo iba perdido todo, sacó el espada y puso las piernas al caballo, hiriendo y matando, aventurando la vida por la honra.

Y halláronse con él don Pedro de Zúñiga,[143] hijo del duque de Béjar, el cual parecía garza de morada en el río de Dueratón; y don Pedro de Guzmán [144] peleó valientemente y fue preso por los de Toledo con 17 heridas. (Este don Pedro de Guzmán dicen que parecía quebrantahuesos o contino [145] del conde de Marialba en Portugal.) Don Pedro de Zúñiga, señor de Aldehuela, y don Pedro de Zúñiga, su tío,[146] se hallaron en lo duro de la batalla de tal manera que bien fue menester. (Este don Pedro de Zúñiga, señor de Aldehuela, parecía ansarón con modorra en ejido en aldea; y su tío, bofes de asadura de buey.)

Y como la cibdad viese la gran perdición, luego se dieron al servicio de Su Magestad, y el Prior entró en la cibdad y apoderóse della. En esta batalla fueron hallados muchos de los que murieron sin prepucios y otros con potras. Fueron hallados por Moyano, menestral del diablo.

Luego que el Prior hobo allanado la cibdad, rogó de parte de Su Majestad al reverendísimo don Gabriel Merino,[147] arzobispo de Bari y obispo de Jaén, que entendiese en la gobernación de la cibdad, y ansí se hizo. Y dende a pocos días (con trato que hicieron los comuneros secretamente) se levantasen contra los que tenían la voz del Emperador. Y luego este coronista don Francés fue armado, y con él el arzobispo de Bari y otros muchos caballeros, y peleáronse tan duramente que el coronista daba al diablo la guerra. (Este don Francés parecía, armado, hombrecico del reloj de San Martín de Valdeiglesias;[148] y el arzobispo de Bari, anguilla recién sacada del río, o rocín con desmayos.) Otro día siguiente fueron ahorcados muchos del pueblo, y el temor de la cibdad fue tan grande que rogaban a la tierra que se abriese y los tragase. Por esto decía Job: *«Dómine quia ventus est vita mea»*,[149] y el salmista, *«Celi sunt movendi»*, y el profeta en otra parte, *«seculuz per ignem»*.

El duque,[150] de los nazareos (frontero de Los Cameros) decía en sus *Etimologías,* que cosa vergonzosa era a los hombres hacer cosas torpes; que aun a él se le acordaba que, jugando con el Emperador Carlos a la pelota, se le había salido por la martingala[151] un compañón que parecía cabeza de labrador con cabellera. Y que esto así sea.

Deste arzobispo de Bari se cuenta que se halló en la batalla, presuponiendo la vacante de sus iglesias por el servicio de Su Magestad y honra de España, y allí le mataron tres acémilas y un macho bayo. Y el caballerizo deste Arzobispo a grandes voces decía: «Nuestro señor reverendísimo, ¡que matan el macho que aun ayer le acabaron de herrar!». Y el Arzobispo le dijo: «Bestia, *laxa far* a éstos, que después haremos nosotros».

Estas cosas así pasadas, el reino de Galicia se comenzó no menos a endurecerse que los otros pueblos, y como los gallegos sean los más dellos de la gobernación del ladrón que desesperó,[152] comenzaron apellidar lo más que pudieron. Escrito está por Aguayo,[153] tuerto y de Córdoba, y por Séneca, que decía que los hombres se deben guardar de gente que anda en piernas y son amigos de pleitos y andan siempre envueltos en ellos. Y como don Alonso de Fonseca, arzobispo de Santiago, estuviese en la tierra y no en el Cielo, tovo tales maneras que, gastando de lo suyo, los detovo hasta que juntó sus gentes. Y desque los tovo juntos, metió la mano en los negocios de manera que allanó la tierra a pesar de gallegos. Este Arzobispo sirvió a Dios y a Su Majestad; fue más alto que Gonzalo Barreto [154] y más delgado que el gallo de la Pasión; parecía albornoz mojado colgado de la capilla, o caída, en monesterio de beatas. Fue discreto y valiente, quisiera que el adelantado de Cazorla no fuera vivo por proveer del adelantamiento al obispo de Cibdad Rodrigo,[155] o a Rodrigo Ponce, el de Toledo. Fernando Osorio,[156] criado de este Arzobispo, fue clérigo y capellán del Emperador, y cada vez que había vacante de algún obispado y Su Majestad salía a la misa,[157] hacía más reverencias que el duque de Traeto.[158]

Capítulo v

En el año de la Encarnación de Nuestro Señor de 1521 años, el Condestable y Almirante, gobernadores destos reinos, viendo que el prior de San Juan había sosegado el reino de Toledo y desterrado al obispo de Zamora, colérico adusto, apellidaron las más gentes que pudieron y con algunos altos hombres fueron a sitiar la villa de Tordesillas.[159] Eran los altos hombres los siguientes: el marqués de Astorga, el conde de Miranda, el conde de Alba de Liste,[160] el conde de Haro, el conde de Oñate, don Pedro de Bazán,[161] Alonso Rodríguez de Fonseca, de Salamanca, y don Alonso de Zúñiga y Azevedo. Y fueron de los primeros que la villa entraron, maguera que asaz estovieron dentro de la villa peleando. Don Diego Enríquez, conde de Alba, peleó con los suyos esforzadamente. El conde de Oñate otrosí peleó con gran esfuerzo, pero el que más sirvió a Su Majestad fue el conde de Haro, que aunque el tiempo era muy caluroso, él templó con su frialdad [162] toda la gente, de manera que lo pudieron soportar, con el frescor que dio en el real y en la gente. Este dicho conde de Haro parecía de casta de halcones y sobrino de garzota blanca. Este Conde fue buen caballero esforzado y franco, sino que no sé qué amor se tenía con los castellanos,[163] no de carne y hueso sino de oro. Algunos dicen que la causa era porque los hizo el rey don Enrique el Doliente, y de allí le vino parecer doncella flamenca. Don Alonso de Zúñiga y Azevedo, sobrino del arzobispo de Toledo, con los caballeros de Salamanca entró en la villa. Y a este don Alonso se le ha de tener en mucho, que este día llevaba la cabeza desarmada; y la causa fue no hallar halmete donde meter las narices,[164] y metiéronselas por seguridad de su persona en un fundo de un hierro de lanza.

Sabidas esta alteraciones por todo el reino, los moradores de la cibdad de Granada, como los más fuesen azareños y mudables, y de la casta de Mahoma, alborotáronse con pensamiento de reedificar su malvada seta y robar a los cristianos. Y esto se hiciera así, si no fuera por el seso y discreción de don Luis de Mendoza,[165] capitán general y marqués de Mondéjar; el cual con su gran saber de tal manera templó los ímpetus e insultos de aquellas gentes que los sosegó y defendió que no se alborotasen, gastando en ello mucho de lo suyo. Este Marqués fue devoto, liberal, parecía canofístula en pie. Rió pocas veces, regañó muchas. Tuvo cuatro hermanos, los dos más altos que él siete palmos. Tovo la Marquesa, su mujer,[166] cinco dueñas de a setenta y dos años, y lo más del tiempo las tenía entre paja [167] porque no se pudriesen.

Luego que la villa de Tordesillas fue tomada como habéis oído,[168] los altos hombres que allí se hallaron fueron por besar las manos a la Reina nuestra señora.[169]

Y otro día entraron todos en consejo de lo que harían. Y estando allí le envió don Álvaro de Zúñiga, segundo deste nombre, duque de Béjar, a decir con un su criado que, a su costa, él quería allanar las cibdades de Ávila y Salamanca y Plasencia y Cibdad Rodrigo y Cáceres. Y los gobernadores [170] le respondieron que se le agradecerían mucho más que se estoviese ahora; que de otra manera se entendería en el negocio y se le haría saber. El Duque, que bien entendió el negocio, dijo con gran enojo: «¡Velasco es un lugarejo de 17 vecinos a par de Bañares, y Medina de Rioseco parece burra atada en prado!». Este Duque envió a los gobernadores y al cardenal Adriano, que fue Papa, 10 ducados en nombre del rey Carlos; y por la sazón que tovieron cuando llegaron, se acabó de allanar el reino. Este Duque fue buen caballero, parecía ayo de Nuño Rasura.

Dende a 4 días, vinieron nuevas a los gobernadores y a los altos hombres que con ellos estaban, de cómo los capitanes deshacedores de la Comunidad se ayuntaban, y querían ir a Toro para llevar sus propósitos adelante. Y los gobernadores con todas las gentes salieron a ellos al camino, y estuvieron gran rato pensando qué harían. Y muchos eran de voto que se tornasen a Tordesillas y los dejasen ir. Y allí habló el Condestable, bien oiréis lo que dirá:[171] «Señores caballeros, hoy es nuestro día, y demás desto parezco menestril alto extranjero que vino con el duque del Infantado». Y el Almirante dijo: «Cada uno apreste las manos y el que se quisiera volver, tome el camino, porque hoy haremos lo que cras[172] no podremos. Cada uno dé de las espuelas a su caballo hasta entrar por los enemigos, que bajos son, de condición vil, y no de tanta orden como los jerónimos; y yo que estoy armado parezco cascabel plateado,[173] y si por caso en la batalla me perdiere, no me busquéis hasta que llueva, como alfiler». Este Almirante fue buen caballero esforzado, animoso, parecía higo cocido en agua de dolientes o mono servante.

Y así fueron en pos de los enemigos, y alcanzáronlos cerca de un lugar llamado Villalar, y allí fueron desbaratados. Y los que en Tordesillas prendieron fueron nueve procuradores de cibdades, los cuales murieron en Medina degollados, como adelante se dirá. Mas si su voto dellos se tomara, no los degollaran, según escribió el doctor Zúñiga,[174] que después murió en Portugal.

Pasado esto, los gobernadores hovieron nuevas como el rey de Francia [175] enviaba muchas gentes sobre Navarra, y que habían tomado a Pamplona y apoderádose della. [Y viniéro]nse a Estella, y corrieron toda la tierra hasta venir a poner cerco sobre la cibdad de Logroño; y que los de dentro como buenos se defendieron. Y como esto fue sabido por los gobernadores y caballeros, fuéronles a socorrer, y los franceses se retrujeron hasta una legua de Pamplona. Y allí llegaron los gobernadores, y pelearon con ellos y venciéronlos; y murieron más de 400 hombres dellos, y de los nuestros apenas murieron 20 personas. Y aquella noche reposaron con gran alegría. En esta batalla se halló el duque de Béjar con 500 hombres de armas, según escribió Garci Alonso de Ulloa [176] en la *Primera* y *Segunda*.

Allanado el reino, las gentes, así por estar a boca de invierno como por descansar de los trabajos pasados, se volvieron a sus casas. Y los gobernadores rogaron al conde de Miranda, doctor en leyes, que aceptase de ser visorrey de Navarra, porque no hallaban quien mejor lo toviese por su gran esfuerzo y saber. Y viendo que servía al Emperador, aunque por otra parte vía el gran daño que por ello le podía venir, acordó de lo hacer. Y luego que en Navarra entró, fue sobre el castillo de Amaya, y tomóla por fuerza. Y este Conde fue uno de los primeros que subió por el escala armado en blanco, y parecía en el escala cordero colgado y envuelto en el redaño.

Estas cosas sosegadas, los grandes del reino enviáronle muchas veces a suplicar al Emperador que se viniese a estos reinos. En este tiempo se alborotó el reino de Valencia con mano armada, con apellido de Germanía, e hicieron tales estragos y males que serían largos de contar. Y si no fuera por don Pedro Fajardo,[177] marqués de los Vélez, que atajó el cáncer, grandes y crecidos males se hicieran. Este Marqués, así por esta guerra como por haber ido a la guerra de Pamplona, vino a estado de tener vajilla de a dos maravedís el marco. Este Marqués parecía extranjero hundido de tiros y almireces, y sobrino de Agostín de Grimaldo, ginovés. Fue esforzado, liberal, tanto que don Fernando Chacón, su hermano,[178] quisiera que a ninguno diera nada sino a él.

Don Diego de Mendoza,[179] hijo del cardenal, en este levantamiento del reino de Valencia de adonde era visorrey, hizo hazañosos hechos, poniendo en aventura su persona, mujer[180] e hijos,[181] gastando asaz de lo suyo. Parecía a Torrejón de Velasco, o sobrino de la torre de Comares, o padre de don Francisco de Mendoza, obispo de Oviedo. Fue muy esforzado, liberal, y mejor casado que el conde de Monteagudo.

Don Rodrigo de Mendoza,[182] su hermano, marqués del Cenete, hizo cosas en todo este tiempo que más parecían alma del Cid Ruy Díaz que consejos de Fernando de Vega.[183] Sirvió mucho al Rey, tovo una hija[184] que sucedió en su estado, más redonda que tierra firme y más ancha que el campo de Josafat (adonde ha de parecer en carnes vivas Rodrigo de la Serna,[185] contador menor por Antonio de Fonseca).

Capítulo vi

Estas cosas así pasadas, y sosegadas las alteraciones, enviaron todos a suplicar a Su Majestad que fuese servido de venir en España, donde era tan deseado. Y él tovo por bien de lo hacer, y mandó aparejar las cosas necesarias al camino; y Su Majestad embarcó a 14 días de julio de 1522 años y vino a Inglaterra. Y fue bien recibido del Rey y de la Reina su tía,[186] y fueron hechas por su amor grandes fiestas y alegrías. Y allí estovo algunos días, adonde se movieron muchos casamientos de Jaques, de Marsilla,[187] con Juan de Aduza,[188] argentiel de Su Majestad. Y el dicho Jaques hacía este casamiento a fin de ser bien pagado cuando le librase en él. Este Jaques fue trinchante de Su Magestad menos tiempo que él quisiera, fuele dado de merced el Generalife, que es en la cibdad de Granada, y otras muchas cosas. Y vendió esta tenencia a un caballero natural de Ávila llamado Rengifo, el cual sirvió mucho al Rey en muchas guerras; aprovechó mucho en su hacienda, guardaba la fruta de las güertas desta tenencia mejor que el día de domingo;[189] estaba lo más del tiempo en el Generalife sentado en silla de caderas, vestido un sayo que fue de damasco. Dicen los oradores que este sayo se hizo en el año 13; y aunque el Generalife no es fuerte, él tenía en él dos perros bravos a modo de fortaleza, y un cordero. Tenía siempre vestido un zamarro viejo, el pelo afuera, y zapatos de venado, y un gorjal de malla, y guantes de becerro, y una buena cuchillada por la cara que le atravesaba el ojo izquierdo.

En este año don Beltrán de la Cueva, que fue después duque de Alburquerque, y el conde de Haro y don Pedro Girón,[190] y don Luis Fajardo,[191] hijo del marqués de Los Vélez, y un hijo de Bartolomé Díaz, platero que anda en Corte, y el conde de Saldaña,[192] y Alonso Mejía, hijo del doctor Mejía, vecino de Granada, y don Fernando Enríquez, hermano del Almirante, y dos hijos de Valencia, boticario, que se llaman Miguel de la Serba,[193] y Pedrarias, hijo del conde de Puñoenrostro,[194] y don Fernando de Mendoza, y el conde de Haro, y el adelantado de Granada,[195] y el marqués de Elche,[196] y don Gutierre de Cárdenas,[197] y don Luis de Rojas, y don Francisco de Zúñiga, hijo del conde de Miranda, y Rodrigo de la Hoz,[198] y don Fernando de Toledo, nieto del duque de Alba, y don Juan Alonso de Guzmán,[199] se juntaron en Chillón, 4 leguas de Santafimia. Y hablaron unos con otros, renegando como moros, diciendo que, como sus padres de quienes había de heredar, a cabo de tanto tiempo no se comedían a dejarles los estados. Y acordaron de suplicar a Su Majestad que, pues Dios no lo quería hacer, que Su Majestad los costriniese a ello.

Este bienaventurado Emperador, como fuese muy justiciero y amador de los suyos, oída su embajada, sabiendo la liga que habían hecho, por poner entre ellos concordia, mandó ir a don Hernando de Toledo, clavero de Alcántara,[200] y a don Alonso Manrique,[201] hijo del marqués de Aguilar, y al licenciado Santiago,[202] del Consejo Real, y a Juan Rodríguez, mancebo y a fray Bernardo,[203] siciliano, coronista de Su Majestad, y al arcediano de Moya,[204] (electo que fue de obispo de Cuenca, y nunca delectable porque su predecesor [205] no se comidió tampoco, como los padres destos señores), y a la condesa de Cocentaina,[206] y al obispo de Tuy,[207] y a maestre Luis Flamenco, y al doctor Palacios

Rubios,[208] y Antón del Río,[209] vecino de Yanguas, y a dos hermanos del conde de Teba,[210] y al alcalde Mercado,[211] que fuesen a estos caballeros y les dijesen que diesen causa o razón por qué hacían semejante alboroto y levantamiento contra sus mayores. Y que si tal la diesen, que no solamente les mandaría cortar las cabezas, mas que procederían contra sus bienes. Y como esto fue oído por estos caballeros, luego deshicieron la junta y liga que tenían [212] hecha, y cada uno dellos se quisiera ir a su casa si la toviera.

Capítulo vii

En el año siguiente de 1522 años,[213] este glorioso Emperador, con voluntad que tovo de hacernos bien y merced, pasó la mar y arribó en Santander. A do llegado, dende a pocos días fueron presos ciertos capitanes extranjeros que en su servicio habían estado, porque se pasaron al rey de Francia. Y Su Majestad mandó que les fuese guardada justicia, y así se hizo. Y otro día siguiente fueron degollados en la plaza del dicho lugar, y al tiempo de morir dijo uno dellos al alcalde Ronquillo, «Hiere arcaduz» que quiere decir: «Alcalde, pareces toro viejo enojado». Otro dijo, «vistanarra», que quiere decir: «Tiempo verná que la gente de Corte estará en Granada y ternán cámaras, y no hallarán posada sino por derecho».[214]

Su Majestad, con deseo de ver a todos y alegrar los tristes, acució su camino hasta llegar a Valladolid. Y allí vinieron por le besar las manos todos los altos hombres del reino, adonde fueron hechas grandes fiestas y alegrías. Y Garci Cocón [sic] y Diego de Valladolid,[215] del placer que hobieron, dieron la vara de brocado a 4 ducados menos; otros dicen que a seis, mas como quiera que sea, ellos no perdieron nada. Estando el Emperador en Valladolid, vinieron a él muchos prelados y religiosos, y suplicáronle con grande instancia que quisiese perdonar a sus súbditos las alteraciones y movimientos pasados. Y lo que a Su Majestad decían por las calles los niños era: «*Parce, Domine, parce populo tuo*».

Su Majestad, movido a piedad y teniendo ante sus ojos a Dios, y por otra parte viendo a don Alonso Téllez,[216] que parecía hijo de Zorobabel[217] o moro que ayunaba el Ramadán, mandó hacer en la plaza de la dicha villa un tablado muy alto de muchas gradas. Y en lo más alto estaba puesta su silla real, en que Su Magestad se sentó, y los de su Consejo en las gradas más bajas, y después todos los grandes y prelados de las Españas. Y Su Majestad mandó a don Álvaro de Zúñiga, duque de Béjar, que tomase la vara y estoviese en el tablado. Y él lo hizo así, y fue vestido desta manera: un tabardo frisado que le llegaba a la rodilla, y las mangas hasta el suelo, y unas botas borceguíes, y unas calzas de martingala, bigarradas, un bonete de lienzo colchado, unos guantes de nutria, una beca de raso aforrada en armiños. Y como Su Majestad viese así al Duque vestido, holgó mucho y díjole: «Pareces corregidor de Soria o protonotario inglés». Y luego que el Emperador fue en el tablado, mandó a Francisco de los Cobos[218] que leyese el perdón que hacía; y fue publicado por los reyes de armas como Su Majestad perdonaba generalmente todas las cosas pasadas, excepto lo que toca a tercera persona. Y demás deste Su Majestad mandó pregonar que en todas las cibdades y villas y lugares de sus reinos toviesen al doctor Beltrán [219] por gesto de perruna o esclava lora o purga vestida a puerta de boticaria; y que la casa de Francisco de la Serna,[220] de Valladolid, que está en la plaza, que fue derribada por comuneros, quedase por corraliza para encerrar los toros, y pasaje para la Calle Nueva. Y desto suplicó el dicho Francisco de la Serna como servidor leal, y dijo al Emperador: «*Nolite obdurare corda vestra*».

El siguiente año del 1522 en el mes de marzo, día de Corpus Cristi en la noche, vinieron a la villa 2.000 soldados por hacer alarde, con intención de robar la villa. Y con color y voz de decir «¡España! ¡España!» alborotaron el pueblo y otros muchos ladrones que se juntaron con ellos. Y todos los señores que allí nos hallamos [221] fuimos armados a Su Majestad para ver lo que mandaba; y mandaron a las Justicias que guardasen la villa de manera que ningún daño acaeciese, y así se hizo.

Y esa mesma noche don Juan de Zúñiga,[222] capitán de la guarda, andando por la villa con alguna gente (y como este don Juan sea largo de vista), pensando que iba por las calles daba con la cabeza en las paredes, y otras veces entraba por Esgeba [223] hasta la barriga. Este don Juan fue buen caballero esforzado, y sirvió y siguió a Su Majestad desde su niñez. Y desque fue grande le persiguió porque le diese de comer. Parecía dueña de la marquesa del Cenete o riñón de buey nuevo.

Esta dicha noche se encomendó la guarda de las sedas y paños a Pedro de Portillo,[224] y García Cocón y a Diego de Valladolid; y la de los dineros a don Alonso Niño,[225] porque no los echaba por el río abajo; y la guarda de las mujeres a don Bernardino Pimentel,[226] nuncio que Dios haya; y a Pedro de Bazán [227] se encomendó la plata de las iglesias, y él la guardó de tal manera que otro día siguiente no se halló nada en su poder (según escribe Juan Brida en sus 48 capítulos).

Este don Pedro de Bazán fue buen caballero, servidor de Su Majestad, bienquisto de todos; y sirvióle bien en las alteraciones destos reinos, especialmente en la batalla de Villalar. Y fue que, como Juan de Padilla,[228] le viese, enristró la lanza y fuése para [él], y el dicho don Pedro le dió tal golpe que le echó fuera de la silla. Y no podían conocer, según el talle don Pedro tenía, si era el culo o la cara. Y dende algunos años el dicho don Pedro murió como buen cristiano, y mandóse enterrar en una rodela, y de largo y de ancho no le sobraba ni le faltaba nada.

Otro día siguiente después de la alteración de la noche, fueron presos ciertos de los alborotadores, e hicieron dellos justicia. En estas alteraciones fue preso el conde de Salvatierra;[229] y por su devoción, cuando en la cárcel entró, llevaba puesto un papahigo de damasco. Y hasta que murió en la cárcel, nunca le tiró, y en su testamento mandó que con él le enterrasen.

Y después de lo susodicho, Su Majestad mandó llamar procuradores de Cortes para dar orden en el bien de todo su reino, y vinieron las personas siguientes: de Burgos, Pedro de Cartagena,[230] que fue casado con Villalba,[231] caballerizo de la jineta de Su Majestad, y García Ruiz de la Mota,[232] servidor de Su Majestad, y no dejó por ello de parecer maestro de tiendas de campo o descubridor de islas de especias; de Toledo, don Pedro de Ayala, conde de Fuensalida, que parece a San Miguel de Oñate o ayo de Francisco González de Medina, el grande espadabarte [233] (otros dicen que espadarte), y al mariscal Fernán Díaz de

Ribadeneira, que parecía zamarro viejo de Blas Caballero, canónigo de Toledo; de Ávila, a don Pedro de Ávila,[234] que parecía alcotán nuevo o seis maravedís de trementina colada, y Diego Rodríguez de Ávila, que parecía rana pisada o cucarro de alcornoque; de Valladolid el comendador Santisteban,[235] parlador *in magnam cantitate,* parecía mortero de barro por cocer, y a Juan Rodríguez de Baeza,[236] que parecía contador y secretario del adelantado de Canaria,[237] (que Dios haya), o acémila de embajador de Florencia. (Sirvió a Su Majestad en las alteraciones; fue buen caballero, leído, bullicioso en tanta manera que, una noche como viese a un capellán suyo durmiendo, se levantó de quedo y le hurtó una loba que tenía, y un breviario y las calzas, y cuando dió esta noche las dos horas, se lo había ganado el capitán Carranza,[238] el cual capitán parecía mulo viejo de aceitero.) De Segovia, Gonzalo del Río,[239] que fue llamado El Regidor, el cual fue infanzón del rey don Alonso deceno, y parecía arda desposada con el conde de Haro o cola de potro alazán; y a don Diego de Heredia, que parecía alcalde de la Mesta; de Sevilla, al duque de Arcos,[240] que parecía cuando hablaba gallina que quiere poner, y Garci Tello y Gómez Tello su hermano, y sus parientes (fueron buenos caballeros y sirvieron mucho a Su Majestad, ayudaron siempre con sus limosnas al coronista don Francés);[241] de Córdoba, a don Luis Méndez, que parecía mula plateada del Gran Chanciller,[242] o solicitador de Juan de Porras, el de Zamora (este don Luis pasó en Flandes a servir a Su Majestad, y tovo un hijo pequeño, y traíale los días de fiesta a la brida y entre semana a la jineta), y don Juan Francisco Pacheco, camarlengo de Su Majestad, hijo de don Alonso de Aguilar[243] (fue muy servidor de Su Majestad, tovo las quijadas más angostas que el muy reverendísimo arzobispo de Santiago, presidente. Fue muy animoso, parecía gato con tercianas, todas las veces que tovo asomadas con sus vecinos llevó lo mejor; fue gastador este buen don Francisco, cuando el Emperador entró en Córdoba, su ropa de carmesí aforrada en damasco blanco dio a este coronista don Francés); de Granada a don Alonso Vanegas,[244] buen caballero, servidor de Su Majestad, aunque parecía nalga de caballo alobadado [245] o cuero de aceite de enebro, el licenciado Pisa,[246] docto en letras, y hombre de buena vida y fama, tal que Su Majestad se sirvió dél en muchas coas. (Este licenciado parecía loba de jamelote vieja o albacea del conde de Oropesa.) [247]

Capítulo viii

Esto así pasado, como este esclarecido Emperador fuese tan justo y bueno, acordóse que el duque de Calabria [248] estaba preso en Játiva desde el tiempo del rey don Fernando el Católico; y habiendo consideración a los servicios que este Duque le había hecho en Valencia al tiempo de las alteraciones pasadas, mandóle soltar y que se viniese a su servicio, y porque había 10 años que el Duque estaba preso. Holgó de salir de la prisión, y dió gracias a Dios, y besó la tierra en nombre del Emperador. Y venido a la Corte, fue bien recibido del Emperador, y abrazóle con mucho amor. Y los que allí se hallaron fueron el arzobispo de Sevilla,[249] y Antonio de Fonseca, y el licenciado Mazuecos, y el aposentador San Vicente, y Samaniego, y el alguacil Esquinas, y Villarreal, regatón de la Corte, y Diego Macho, de en veces descanso y abrigo de don Pedro de Guevara [250] y de Rodrigo de la Hoz, alcaide de Monleón (el cual dio albricias cuando le dijeron que era muerto el maestro Mota,[251] que fue después obispo de Plasencia). Y a este ilustrísimo Duque mandó Su Majestad poner casa, y para las costas dello le mandó firmar sobre los gusanos de la seda de las Alpujarras 20.000 maravedís (y otros dicen que 30.000 ducados). Según parecerá por los libros de Juan de Arduza, argentiel de Su Majestad, este Duque, al tiempo de su deliberación, dio al alcaide de Játiva, por servicios que le había hecho estando en la prisión, dos varas y media de tafetán naranjado que había servido de amoscador 5 años. Y más, le dio un jubón de terciopelo verde que fue de un almohada de su sitial, y una *Décadas* de Tito Livio, y una corónica que fue del rey don Alonso su [bis]abuelo.[252] Y a suplicación de la mujer del alcaide, el Duque recibió un hijo suyo a bienes perdidos y espital perpetuo. § Así, muy poderoso Emperador, el rey Bamba, godo esforzado y piadoso a los buenos, feroz y espantable a los malos, gratificador de los servicios que le hacían y por el contrario a los otros, había dos criados, Pablo y Teseno llamados, a los cuales, con grandes mercedes que les hacía, se levantaron contra él, invocando a los de Gibraltar, Soria, Dinarmacha [*sic*], Galisteo, Simancas, Guadix, Baeza, la cibdad de Orduña y tierra de Olmedo, y las nueve aldeas de Ávila, y Torremenga; y pasaron que es la vera de Plasencia, y en la villa de Hariza que es frontera de Aragón. Hicieron grande estrago en todo el reino, matando y robando.

Y como por el Rey fue sabido, acaudilló las más gentes que pudo, y de los hombres de armas dio cargo a don Beltrán de la Cueva,[253] hijo de don Juan de la Cueva (difunto); y de los jinetes a Rodrigo de la Rúa, contador por Antonio de Fonseca, porque era hombre ligero y usado en silla de caderas. Y los soldados encomendó a los Vozmedianos[254] y al conde de Medellín.[255] Y a Rodrigo de Portillo,[256] mayordomo de Valladolid, huésped de Moquero, mandó que toviese cargo del artillería. Y a don Luis de Ávila,[257] y a los hermanos de don Pedro Portocarrero,[258] y a don Felipe de Guzmán,[259] y a don Álvaro de Zúñiga, y a don Bernardino de Arellano, comendador de Ciclavín, y a don Alonso de Castilla, sobrino del sacristán mayor[260] (camello presentado al papa Urbano quinto), y a don Bartolomé de la Cueva,[261] mandó que recogiese [sic] el campo, y cuando no hallasen qué robar, que robasen el reino porque no muriesen de hambre.

Así que, esclarecido Emperador, si os acordiades destos ejemplos, conviene que perdones al arzobispo de Toledo, y al duque de Béjar, y Alba, y al arzobispo de Bari, y al Confesor,[262] y al Gran Chanciller, si algún día vinieren al Consejo, muy presumiendo y por otra parte hinchados. Y demás desto, Dios y Vuestra Majestad perdone a estos caballeros quienes comigo lo hacen ruinmente.[263]

Capítulo ix

En el siguiente año de 1523 años, el ínclito Emperador tomó su camino para Burgos,[264] y de allí se partió para Pamplona. Y mandó llamar algunas gentes y hombres de armas; y todos vinieron para la cibdad de Logroño. Y a los grandes que allí estaban, dijo como ya sabían, cómo, estando en Flandes (puede ha 8 años), habiendo acabado la guerra con venecianos y habiendo tomado al rey de Francia las cibdades de Susa y Tornay y otras villas y lugares, por la misericordia divina y con ayuda de los españoles y flamencos (que se mostraron más esforzados que este coronista).[265] Y que Su Majestad siempre había requerido con la paz al rey de Francia, por excusar daños y muertes, y por no desasosegar sus reinos y excusarlos de gastos y trabajos; y que nunca el rey de Francia había venido en cosa dello; y que Nuestro Señor, Dios, como sea verdadero juez y escudriñador de los corazones, permite que a los duros de cerviz y no obedientes a sus mandamientos no sólo pierdan lo deste mundo, mas las honras que tanto procuraron. Y así dando este invictísimo Emperador cuenta a todos de las cosas pasadas, dijo a los grandes que allí estaban, que ya sabían cómo, estando en estos trabajos y guerras que dicho es, después que los gobernadores y caballeros que la vencieron cerca de Pamplona se hobieron tornado a sus casas, el rey de Francia había tomado la villa de Fuenterrabía.

En la cibdad de Tornana había un filósofo llamado Catón, del talle del conde de la Gomera.[266] Este filósofo tenía un ayo que andaba tras él dotrinándole, como por nuestros pecados lo hace hoy Meneses de Bobadilla al dicho conde de la Gomera. Otrosí en Apolonia hobo un hombre justo y recto; y sus vecinos, por envidia que le tenían por su buen vivir, se levantaron y le tomaron cierta ropa blanca que tenía. Y como Dios a los suyos no olvide, este buen hombre, como se viese robado sin causa, con el enojo que tuvo, luego salió a la calle y dijo: «¿Está allí el duque de Traeto?». Y dijéronle: «Sí». «Decilde, pues, que parece sanapotros húngaro o entallador viudo.» Así que, invictísimo César, las mercedes y dones que [267] Dios dio a mosior de Laxao no hay por qué le pese dellas a Miguel de Herrera,[268] alcalde de Pamplona, ni a Millao,[269] ni a don Iñigo López de Mendoza, que parece [más bascosidad], según escriben las monjas de San Quirce de Valladolid [270] en sus *Etimologías* (las cuales importunaron tanto al conde de Benavente pidiéndole, que le cansaron ser prodigioso como fray Magistro Gallo, mayordomo del dicho Con[de]).

Sin finis, escribía que escribió a los de Amusco y a los de Azpeitia. Esto escrito está, muy ínclito Emperador, en el libro de los Macabeos [271] de la Costanilla de Valladolid que Iñigo López [decía] a los Vozmedianos de Madrid: «Yo parezco por una parte la torre San Telmo que está en el Peñón de Vélez, llena de baratijas, y por o[tra] parte parezco hijo bastardo de la reina Germana,[272] que me hobo en la marquesa [del] Cenete».

Y en el tiempo que don Juan de Fonseca,[273] obispo de Burgos, de revoltosa [me]moria, usó traer el bonete sobre los ojos y descubierta la cara, porque no pensase Juan Rodríguez de Fonseca, el de Badajoz, su primo, que era el dicho Obispo escuerzo hinchado, o banco del adelantado de Cazor[la] (criado que fue del rey Bamba, que Dios perdone).

Cesárea Católica Magestad, escrito está en el *Levítico* y en el *Libro de los Reyes* que el rey Salomón, estando en la cibdad de clavos [274] y pimienta, en la provincia de Clavizundas, le vinieron avisos como un su cabo llamado Arbuto Jacobeos, natural de Tordehumos (que es al [seten]trional), estaba cercado de los samareos y saduceos,[275] que se que[rían] levantar con la tierra; siendo ingratos a los beneficios que habían recibido de don Diego Colona,[276] almirante de las Indias, cuando en un cerco les había socorrido con diacitrón y mermeladas. Y como por el rey Salomón fue sabido, envió sus mandamientos y apercibimientos a la Costanilla de Valladolid, y a las Cuatro Calles[277] de Toledo, y a Sevilla a la Puerta de Minjoa,[278] y a las villas de Almazán y Soria, porque allí quería hacer cabos de escuadras levitenses. Y que fuesen sobre la cibdad y la provincia, y les mandó que la entrasen por fuerza de armas y descapillasen cuantos que en ella hallasen. Y la villa se entró, y no descapillaron a ninguno, porque ya estaba hecho.[279]

*Capítulo [x] cómo el Emperador salió
de Valladolid por causa de sus cuartanas,[280]
y se fue a Tordesillas,
y cómo desposó a la infanta doña Catalina
con el rey don Juan de Portugal[281]*

El César Emperador se partió para Tordesillas en dos de agosto de 1524 años, y fueron con él muchos grandes y perlados destos reinos, adonde estuvo algunos días. Tratóse y celebróse casamiento con el serenísimo don Juan de Portugal con la excelente doña Catalina,[282] hermana del César; y después de acabados los tratos se desposó don Pedro Correas,[283] embajador del señor rey de Portugal, con la señora Infanta. Su Majestad mandó a don Alonso de

Fonseca, arzobispo de Toledo, que les tomase las manos, y fue fecho. Y el dicho Arzobispo estaba vestido de [grana], yera luengo delgado. Y díjole este coronista que parecía grullo desollado, y desto rió mucho mosior La Trullera.

El dicho Arzobispo dijo a la serenísima Infanta si había dado palabra alguna otra de casamiento; o si alguno otro lo sabía, que lo dijese so pena de descomunión. Este coronista don Francés, como fuese celoso del servicio de Dios y temiese sus mandamientos, dijo que él sabía que la señora Infanta había dado palabras de consentimiento de casamiento a Gonzalo del Río, regidor de Segovia, criado que fue del rey don Fruela. Y como el alto Emperador lo oyese, y los grandes que allí estaban fueron turbados, allí Su Majestad mandó llamar tales personas que toviesen y determinasen.

Y luego fueron llamados las personas siguientes: el abad de Nájera,[284] y el capitán Corbera, el dean de Plasencia, y Juan Carrillo de Toledo,[285] el secretario Villegas, frey Pedro Verdugo[286] de la orden de Alcántara (que pareció caballerizo de Meneses de Bobadilla, confesor del adelantado de Cazorla). Y visto por ellos, dieron esta sentencia: «De nos, los jueces árbitros, descomponedores razonablemente graves, debimos de hallar y fallamos que el dicho casamiento no vale ni es validero,[287] ni debe valer nada, y lo apartamos y anulamos; y decimos que por cuanto la muy alta infanta doña Catalina es mochacha y de poca edad, que las palabras que de casamiento al dicho Regidor no son valideras. Y también que la dicha Infanta parece paloma blanca duenda, otrosí que el dicho Regidor no puede ser casado porque en las corónicas antiguas dicen que el dicho Regidor fue desposado con doña Sancha de Lara, madre de don Vela y tía de Pero Bermúdez; y esto fue en tiempo que la hija del conde Fernán González quiso entregar la villa de Santisteban de Gormaz al rey Almanzor».

Su Majestad Cesárea se partió a la villa de Madrid; y era por el mes de noviembre, y hacía muchas aguas; y como pudo,[288] llegó a la villa. Y fue recibido con muchas alegrías y placeres. Y Su Majestad, aunque cuartanario, se alegró por dar placer a sus vasallos, y cuando entró por la villa se iba riendo; aunque después de entrado en el alcázar lo pagaron los de la cámara, porque a todos los apaleó.[289]

La historia vuelve a contar cómo la serenísima reina de Portugal se partió de Tordesillas para Portugal. Y Su Majestad dejó mandado que fuesen con ella el ilustrísimo duque de Béjar, porque en verdad le quería bien y le tenía por bueno. (Aunque se hallaba que este Duque, jugando un día con la reina Germana a la primera,[290] jugando el Rey Católico, y como el Duque no supiese el juego tomó por amostrador a don Pedro de Zúñiga, hermano del conde de Miranda. Y la Reina tenía cuarenta y dos puntos y el Duque no tenía nada. Y el dicho don Pedro de Zúñiga, que amostraba al Duque, envidó de falso a la Reina docientos ducados, y la Reina y los demás jugadores se echaron. Y el dicho don Pedro, con gran risa y placer, dijo al Duque, «Señor, de falso, sin tener nada, ¡les hemos ganado!». Y el Duque le dijo: «Nunca plega a Dios que yo, con ruindad, ni de falso, yo gane a nadie sus ducados, y lo que han perdido bien lo pueden tomar». Bien se cree que esto de los ducados no los volviera Diego de Cáceres, el de Segovia, ni el Pitirrey de ingente memoria.)

El reverendísimo don Fadrique de Portugal,[291] obispo de Sigüenza, y la ilustrísima doña Ana Enríquez,[292] marquesa de Denia, nombraron para que sirviesen a la Reina y la acompañasen hasta la raya de Portugal. Y a la Marquesa mandó Su Majestad que con la señora Reina entrase en Portugal y estuviese lo que le pareciese, y al Duque también que se volviese desde la raya; y al alcalde Leguízamo,[293] asimismo entrase en Portugal por embajador. Y Alonso de Baeza,[294] que entendiese en aderezar todo lo que fuese necesario para el camino: que ninguna dama ni dueña ni moza de dama fuese osada de llevar mula castaña. Y así se hizo, salvo que Sancho Cota,[295] secretario de la reina de Francia,[296] llevaba un macho bermejo que fue del prior de San Juan, Hernán Rodríguez,[297] que estaba enterrado en Castronuño en la iglesia de San Juan. Este Alonso de Baeza dio buena cuenta de todo lo que fue mandado; y demás desto, parecía socrocio del pagador Noguerol[298] y sobrino del doctor Villalobos,[299] y del marqués de Moya[300] cuando se hizo tercero.

*Capítulo [xi] de lo que en el camino
de Portugal acaeció, y cómo el coronista
iba con la serenísima reina de Portugal;
y porque a todos sea enxemplo, oiréis
el prohemio siguiente*

Los filósofos antiguos, los romanos modernos, viéndose cercanos a la muerte, llamaron, de compasión que hovieron, al alcaide de los Donceles,[301] bisagüelo del Duque que hoy vive,[302] y no de balde. Se quejaba el prior don Diego de

Vera;[303] grandes misterios tempestuosos escriben los platonistas y agramonteses [304] (según dispone Cicerón en una comedia que escribió a los de San Helices, de los gallegos); que con la influencia vandálica distila sin piedad en las ancas temerosas de don Francisco de Mendoza, que después fue obispo de Oviedo.

¡O, Señor, cuán altos son tus misterios! ¡Y cuántos límites pusiste a Pedro Hernández de Córdoba,[305] gran decidor *de antiquitate,* como lo afirma Hernán Mejía de la Cerda [306] en una comedia que hizo a los de Montoro y Villaturbia!

En el año del nacimiento de Nuestro Señor Jesucristo de 1525 años, la serenísima reina de Portugal, vuestra [307] cara y amada hermana (¡y tan cara! como constatará por los libros [308] de Alonso de Baeza, según escribe en sus homelías), yéndose a casar con el serenísimo rey don Juan de Portugal, partieron de la villa de Tordesillas, lunes a tres días del mes de enero, con tal concierto que el maestro de Roa, concertador de piernas y brazos, no se obligara a concertallos. Y la señora Reina llegó a Medina del Campo, donde Su Alteza quisiera comprar tres onzas de ámbar porque era feria, si no le fuera a la mano la marquesa de Denia, que como todo lo sabía le dijo: «Señora, tenéis de aquí a Badajoz cincuenta y siete leguas, y queréis gastar lo que lleváis para la dispensa».[309] Desto se enojó la Reina, y como era muchacha y con gran mesura, le dijo: «Marquesa, *vade yn pace et anplius noli parlare*».

Esta señora Marquesa fue de linaje de los reinos de Aragón, discreta, liberal, y de grande ánimo y de buena razón, hermosa y graciosa. Murió de romadizo ordinario. Quiso mucho a don Enrique su hijo; quisiera le hacer Maestre si pudiera. Y nunca esta Marquesa caminó sin doña Ana su hija; la cual Marquesa y su hija no tenían tanta vista como el conde de Altamira.[310] Y en su vida siempre trujo alcorques de seda, ayudó a acrecentar su casa, quísose ahogar por ir a Las Garrobillas (lugar de sus pasados), y en fin murió por le ir a ver. Su muerte fue en Calabazanos, una legua de Palencia. Fue enterrada en el monesterio de La Espina, fue plañida por doña Ana, su hija, y por Pedro de Arahoz, su criado. En el planto decían: «Marquesa, *oculos a nos converte*». Sobre su sepoltura fue puesto un rétulo que decía: «Dejar el hombre su casa y reposo, duro preceto y grave trabajo». Falleció año de seiscientos y doce.[311]

Capítulo [xii] cómo la Reina partió de Medina del Campo y fue a Madrigal por ver las hijas del Rey Católico su agüelo, que estaban en el monesterio de Santa Clara [312]

Sábado siguiente Su Alteza partió de la villa de Medina, y con ella el reverendísimo y cristianísimo padre don Fadrique de Portugal, obispo de Sigüenza; que tenía gesto de apóstol contento, y llevaba sus treinta y cuatro caballeros sigüenzanos, todos de espuelas doradas de a dos palmos y tres dedos, a modo del tiempo viejo cuando los alárabes señorearon las Españas (y quisieron decirlo oradores y coronistas filósofos que estas espuelas fueron sacadas de unas sepolturas antiguas que están en el monesterio de Santa

María de la Retuerta y Valbuena, del rey Bamba y de don Nuño Cisterno y de Gil Díaz, sobrino de doña Jimena, mujer que fue del Cid Ruy Díaz). Este Obispo fue de linaje de los reyes de Castilla y Portugal, hombre de buena conversación, discreto y liberal, y amador de los suyos y ajenos. Tuvo en justicia a sus súbditos y fue más ancho que luengo. Murió luchando con un buey;[313] cayó en una barranca, y por valerle uno de los suyos (que se llamaba Pedro de Güerta, vecino de Molina, que era más ancho que una aceña), este caballero y el buey cayeron encima del Obispo. Y el Obispo dijo al tiempo de expirar: «¿Quién trajo a este buey y asno sobre mí?». De allí fue sacado en Lagunilla, aldea de Montemayor, y después fue trasladado en la villa de Santisteban de Gormaz; y al tiempo que le llevaron reventaron trescientos pares de bueyes. Dio el ánima a Dios como buen cristiano, después de haber recibido y recabdado las rentas de su obispado.

Capítulo [xiii] cómo la señora Reina salió de Madrigal y se despidió de las religiosas, y de lo que al tiempo de la partida sucedió

El lunes adelante del dicho mes Su Alteza salió del monesterio que había ido a ver a las hijas del Rey Católico; donde fue festejada de muchos buñuelos y frutas de sartén que las monjas acostumbran dar, y fue servida de muchas alcorzas para cuando pasasen las Barcas de Alcoñeta. Y éstas se dieron a guardar a su camarera mayor doña María de

Velasco.³¹⁴ Y quieron decir que Juan Velázquez, comendador de la orden de Calatrava, hijo desta doña María, hurtó harta parte destas alcorzas.³¹⁵ Como quiera que sea, ellas no parecieron, de lo cual la marquesa de Denia hobo harto enojo, tanto, que mucho tiempo le duró.

Y por esto que las monjas le dieron, le demandaron a la Reina, por manera de limosna, treinta y nueve zamarros y treinta y tres pares de chapines, y cinco espaldas de carnero, y dos arrobas de aceite para la Cuaresma. Al tiempo que la Reina se despidió, lloraron tanto las unas con las otras que fue cosa de admiración.

Hallóse al tiempo del planto un caballero mancebo de la orden de Santiago, que se llamaba don Miguel de Velasco,³¹⁶ criado para sahumarse ³¹⁷ el año de 26, que pronosticó Pedro Mártir,³¹⁸ y el conde de Palma.³¹⁹ Y como este don Miguel fuese de noble condición, lloró tanto, que si no fuera por un su hermano llamado Juan Velázquez (al cual dijo este coronista en presencia del Emperador: «Labrador con espíritus o sabueso que roía güeso») consolábale diciendo: «*Frater meo,* mírame el gesto que le tengo como calavera del rey Alimaimón,³²⁰ Rey que fue de Toledo, o de potra sacada en cárcel, y mirándome acordaros heis que habéis de morir». Y ansí cesó el planto. (Otro día siguiente, veinte y siete del dicho mes, este don Miguel vino a palacio de Su Alteza con un zamarro ceñido y un bonetillo de grana, y fue dicho por el autor que parecía cura del ánima de Antonio, arriero de Su Majestad, o de Peti-Juan,³²¹ flamenco).

Estas señoras monjas murieron de hambre y mataron muchas gentes con importunidades. Y al tiempo que murieron decían: «Sicio». [*sic.*]

Este caballero don Miguel de Velasco fue de altura

de picota, liberal si tuviera de qué; murió de pasmo en una aldea que se llama Holguera, en tierra de Galisteo. No le quisieron dar sepoltura en la iglesia ni en cementerio, porque era grande; fue enterrado en el campo en concordia de todos los pueblos. Este don Miguel parecía hijo de caballo de la brida del nuncio del Papa.

Capítulo [xiv] cómo la Reina llegó a Peñaranda, y cómo Juan de Bracamonte,[322] señor de la villa, y los suyos, salieron al campo para besar las manos a Su Alteza, y de lo que en recibimiento pasó

La Reina llegó a Peñaranda. Salióla a recibir Juan de Bracamonte, señor de la villa, y los suyos, que eran cuatro criados que iban a la jineta, con caparazones de paño azul con franjas de brocatel. Entre los cuales iba un paje de lanza con un tahelí, y una porra de armas, y un almaizal ceñido. Y cuanto un tiro de ballesta, arremetieron todos diciendo a grandes voces, «¡Peñaranda, Peñaranda!». Y con el tropel de los caballos, las mulas se espantaron, y Reina cayó en un charco, y la Marquesa quedó colgada un pie en el angarilla. Y como estuviese ansí, decía con la rabia de la muerte: «O, mi hijo don Enrique, ¡nunca haya pesar de vos!». Y por esto Pedro Correa, embajador del rey de Portugal, se enojó y dijo con ira al dicho Juan de Bracamonte: «¡Tiraybos muyto en mal hora, caballero sin concierto y mesura! ¡Rogavos a o demo que yo bos tome en Setubal un desventurado!». Y luego esto dicho, se metió en medio don Jorge de Portugal,[323] habitante en Sevilla, diciendo: «Por esta cruz, don Bracanada, si mi padre don Álvaro fuera vivo yo os hiciera quitar el mercado de Peñaranda».[324]

Este caballero embajador pareció maestro de hacer imágenes de pincel. Murió de enojo porque vido tropezar su mula, porque le había costado cuarenta y dos ducados. Deseó acabar negocios de Castilla. Fue enterrado en un cañaveral, y después depositado en las Alpujarras, y dende algunos días fue llevado por el estrecho de Gibraltar a enterrar a las islas de Canaria. Y sobre su sepoltura se puso un epitafio que decía: «Ollos morenos, cuando nos veremos».

*Capítulo [xv] cómo la Reina partió
de Peñaranda
y vino a la villa de Alba de Tormes,
y de cómo fue recibida*

A doce días del mes de enero del dicho año, la Reina llegó a la villa de Alba de Tormes, donde fue recibida con mucho placer del duque de Alba y sus criados y parientes. Y en el recibimiento hobo diez y siete albardanes baladíes,[325] envergonzantes desvergonzados, entre los cuales iba uno dellos diciendo: «¡Viva el duque de Alba, nuestro señor!» (que parecía anadón reculo).

Fueron hospedados y dado todo lo que obieron menester; tanto, que las mozas de cámara decían: «O, ¡Jesús, si no pasásemos de aquí!».

Este duque de Alba fue buen caballero; tubo talle de barriga por cocer, o de calabaza a la jineta, cortado el pescuezo. Fue de linaje de los reinos de Aragón, muy franco y animoso y buen cristiano.[326] Tubo las grevas cortas y muchas. Murió este duque en Pamplona año de trece;[327] fue enterrado en un pipote de lenguados de don Antonio de Fonseca, y colgado en Roncesvalles cabe la porra de Oliveros.[328] En su sepoltura tenía un rótulo que decía: «Duque de Alba, *non dormite*».

*Capítulo [xvi] cómo la Reina vino
a La Calzada, aldea de Béjar,
y cómo el duque salió al dicho lugar
para yr con su Alteza hasta Portugal,
como por el Emperador le fue mandado*

Jueves, seis días del mes de enero, año de 1525 años, llegó la reina de Portugal a La Calzada, teirra de Béjar, y allí el duque vino con muchos de los de su casa y caballeros y criados, por besar las manos a la Reina, para yr con ella a Portugal como le era mandado.

Otro día viernes, su Alteza, con los dichos señores, se partió del dicho lugar de La Calzada. Y el tiempo fue tan contrario que cuando a Las Barcas llegamos,[329] más parecíamos rebusca de los de Egito que gentes que íbamos a bodas; porque unos hablaban latín y otros romance, pues hebráico no faltaba quien lo entendiese.[329]

Su Alteza y los dichos caballeros llegaron a la ribera del Tajo do dicen Las Barcas de Alconeta; y tres leguas antes nos tomó tal agua con tan gran tempestad de aires y truenos que pensamos ser perdidos; de donde redundó en algunas damas mucha correncia de cámaras, en tanta manera que dende a dos días Elvira Dávila, dama de la Reina, estando en presencia de todo el pueblo, soltó un tronido de manera de escopeta mojada la pólvora. Y doña Margarita de Tovar, dama también de la Reina, dijo: «Santa Barbara,[330] ¿qué es esto? ¿El mundo quiere perecer?». Y con esto, se alborotaron todos; y por evitar escándalos y sosegar las gentes, dijo esta señora en alta voz: «Reposáos, señores, que no es lo que pensáis, que yo daré el dañador».

Este duque de Béjar fue buen caballero de linaje de los reyes de Navarra, buen cristiano y amador de verdad. Fue leal a su Rey; meneábase mucho; traía de camino dos pares de borceguíes, y botas encima, y balandrán con muceta, al modo que hoy le traen los abades de San Millán de la Cogulla.[331] Juraba siempre: «Juro a Dios y para el cuerpo de Dios». Murió en Santarén de una enfermedad, y vino acabársele el dinero después de haber acabado al comendador Moscoso, año de novecientos y tres, cuando el rey don Rodrigo perdió las Españas. Este Duque hobo la contaduría mayor por renución [sic] de Diego Arias,[332] a pesar del conde de Puñoenrostro. Fue su confesor el obispo don Pablo;[333] fue sepultado en Gibraltar; mandó poner sobre su sepoltura una letra que decía así a la marquesa de Ayamonte, su cuñada:[334] «*Domina, tu cis quia amo te*».

Católica Majestad, grandes avisos y amonestaciones son las que hace Nuestro Señor a los cristianos, y más aquéllos que más cerca son. Enjemplo tenemos de Tobías, estando en Barcelona tratando un casamiento de una hija de don Berenguel de Busa, capitán que fue de las galeas: le vinieron nuevas que había de ser casada comiendo un poco de azúcar rosado y bebebiendo [*sic*] agua de endibia.[335] Dígolo por el pasar de las Barcas de Alconeta.

Fue así que la Reina, con los dichos señores, la víspera de San Sebastián llegamos al río. Iba en una mula rucia del doctor Ponte.[336] Y no dos horas antes la marquesa de Denia se hobiera ahogado en un riatón donde prometió, si Dios de allí la sacase, de querer bien al marqués de Aguilar, su consuegro, y de obedecer los consejos del conde de Miranda. Y fue que la Reina y todos los que allí estábamos a la orilla del río, desde las diez de la mañana hasta las cuatro de la tarde; teniendo consejo si pasarían el río o no, porque venía muy grande. Y cada hora se recrecían aguas, y el río traía muchas maderas, y parecían algunas al adelantado de Cazorla y a don Juan de Fonseca.

El voto vino al duque de Béjar, el cual dijo que Su Alteza era Reina y señora de las Monas [337] (de donde fueron naturales el conde de Siruela y el almirante de Castilla y don Alonso, hijo de Alonso Téllez) y que mirase Su Alteza que se iba a casar, y que él iba acompañarla y servirla, y si este negocio se errase y Su Alteza se ahogase, lo que Dios no quisiese, que a él echaría la culpa el rey don Donís de Portugal (que había doscientos años que murió). Y que aunque Su Alteza no pasase, él quería pasar el río si Su Alteza lo mandase. El obispo de Sigüenza muchas veces se allegaba al voto del Duque, otras veces rabiaba por nadar.

Doña María de Velasco, mientras estos señores se determinaban en lo que harían, estuvo sentada en una peña, que parecía buharro mojado, llamando a sus hijos. A los cuales, llorando, habló desta manera: «Hijo don Miguel Absalonazo *fili mi,* talle de quebrantagüesos, cuando vuestro padre muriera, sól a vos me encomendó; y que os hiciese de corona, y os diese un zamarro. Y vos, Juan Velázquez, mi hijo, allegador de mi hacienda, ruégoos por amor de Dios que no me desnudéis, ni juguéis mis vestidos.[338] Y si así lo hacéis, Dios os ayude, y si no, seáis maldito». Destas fueron tantas las devociones desta doña María de Velasco, que llamaba con las ansias de la muerte a Santo Toribio de Liébana,[339] y el salmo de *Quicunque vult,*[340] y llevaba consigo cuatro libros por estomaticón. Esta doña María fue apodada por el ilustrísimo coronista que parecía mula de los atabales de Guadalupe. Murió de pesar de pagar los casamientos de sus hijas. Fue enterrada en Garnica y trasladada en La Hinojosa, fuera de Cibdad Rodrigo. Pusieron sobre su sepoltura un rétulo que decía: «*Mulieres* de España, *nolite flere super me sed super filios meos*».[341]

Capítulo [xvii] de la diferencia que hobo
sobre la pasada del río,
se volverían atrás o no

Este concierto de entrar en el río no se podía hacer, porque el duque de Béjar temía de dar mala cuenta de lo encomendado, y el Obispo, como dicho es, tenía el parecer del Duque las más veces. Y en este medio se recrecían más aguas, así del cielo como de la tierra, estando a la orilla del río. La Marquesa, que vio que no se concertaban, como matrona romana se metió en una barca por lo más áspero del río; y muchas damas con ella, y asimismo Pedro Correa, embajador del rey de Portugal, al cual se encomendaban muchas dellas pensando si era San Telmo.[342] Y algunas hacían votos de deshonrar a sus padres y dar mala cuenta de sus honras; otras prometían de guardar la orden de la Caridad que dejó constituida fray Alonso de Mela [343] en Durango.

El dotor Frías,[344] embajador, viendo el peligro tan grande, dijo que cuanto al mundo él era odre de viento; y que lo cortasen los piezgos, que eran brazos y piernas; y le dejasen ir el río abajo hasta Santarén, a dar las nuevas al Rey. Este dotor Frías fue buen caballero, animoso (porque el ánimo no le cabía en el cuerpo, según le tenía lleno de tripas); buen cristiano; y de mediana estatura, a modo de rodela embarnizada. Pareció yerno de la hada Morgaina.[345] Tuvo mucho seso, porque tenía la cabeza más grande que una tinaja; era ancho de lomos. Los coronistas quieren decir que Troya se fundó sobre él la primera vez. Fue moreno de la cintura abajo y parecía negro de la cintura arriba. Todas las veces que descargaban almofrejes, las gentes pensaban que era él. Murió de enfermedad de gota, y acudióle mal de ijada, y soltó un trueno que derribó el carillo izquierdo a Juan de Vozmediano. Y al tiempo de su muerte mandó que le leyesen el blasón de sus armas, que decía: «Faria, que non faría cosa que non devría». Murió en Vela, tierra del Marqués desa villa,[346] y fue enterrado en una nasa que hacía trescientos cahices [347] de trigo; otros dicen que en el celemín de Ávila, ques entre El Herradón y El Berraco, y aun le sobraban algo de las antífonas. Fue puesto sobre su sepoltura un rétulo que decía: «*Saturamini corvis de nalguis meys*», que quiere decir, «Corbejonazos, hermanos del duque de Alburquerque, hartaos destas mis nalgas».

Desacordados de entrar en Las Barcas, a lo que allí estaban, dijo el duque de Béjar: «Juro a Dios y para el cuerpo de Dios, y por los huesos de mi bisagüela doña Isabel de Guzmán, que yo sea el primero que pase el río». Vista la determinación del dicho Duque, don Pedro de Zúñiga (con el amor y fidelidad que a su padre tuvo), hincado de rodillas dijo con gran devoción: «*Pater, si posibile est, transeas a me oficio e ducatis beatris*. Yo quedo más pobre que don Pedro de Mendoza, el de Guadix». Este don Pedro de Zúñiga fue buen caballero, honesto como su padre. Traía de camino dos arcas vacías y una acémila aguada. Murió en Almazán de compasión de ver al conde de Monteagudo estar bien con su mujer. Fue enterrado con los duques de Bretaña; fue depositado en la Merced de Segovia con Diego Arias, su agüelo.

Y como el alcalde Leguízamo era vizcaíno, acordó Dios de tentarle como a Job. Fue que el río le llevó sus acémilas, y cuando se lo dijeron, con ánimo que bien pareció ser mi debdo,[348] dijo en vascuence: «Aydado achuna»,[349] que quiere decir: «¿Qué cuenta daré destas cosas a la casa de Leguízamo?». Este Alcalde fue caballero vizcaíno; hablaba vascuence en días feriados; discreto, valiente de corazón; tenía la color de aceituna; justiciero, y tanto, que algunos pesaba dello.[350] Murió en Tarragona de pesar que hobo de unas nuevas que le dijeron que era muerto el alcalde Herrera.[351] Fue enterrado en un botijón de aceite; otros dicen que en una maleta de Garibay, su criado.

Capítulo [xviii] cómo la Reina y todos los demás que allí estaban pasaron el río

La Reina y todos los señores que allí estábamos pasamos el río. Y como la mula de Su Alteza y las bestias de las damas no pudieron pasar, de una vez los galanes que allí se hallaron tomaron asnos y rocines y mulas, algunas dellas con albardas y otros en cerro, y cabalgaron las damas encima de las dichas bestias. Y como don Jorge de Portugal fuese buen jinete, decía a la dama que llevaba: «Tenedme, señora, que caigo, o me cagaré todo». Este don Jorge fue de linaje de los reyes de Portugal. Estragó muchos jubones de raso por sacar bocados en ellos. Fue el primero que inventó andar el camino apriesa; hombre de buenas costumbres (tanto, que el que en su casa no le llamaba «vuesa señoría»[352] y en la calle «su merced», era despedido). Fue buen cristiano; vivió honradamente; pareció esmaltador de rosicler. Tuvo delgadas las piernas de las rodillas abajo y las quijadas no gordas. Lavábanle la cabeza dos veces en la semana,[353] daba al barbero un veintén. Murió en la cibdad de Colonia y enterrado [sic] en la villa de Santander, y sus huesos llevados por un milano hasta María de Serra de Osa, ques en los Algarbes. Después hizo fuertes milagros.[354]

Don Pedro de Ávila llevaba una bestia menor, que en romance se dice asno. Y lleva una moza de cámara de la Reina que se llamaba Bocanegra; y el requiebro que le iba diciendo: «Noramal [sic] os conocí,[355] pues por Bocanegra me perdí». Este don Pedro fue buen caballero, discreto; amábalo su madre en tanta manera que le hizo estudiar siete años hasta que aprendiese a Juvenal y a Salustio, con el Catilinario; y por esta cabsa vivió doliente gran tiempo.[356] Dábale su madre almendras, de donde le redundó que las barbas le nacieron a manera de cabezas de ajos cocidos. Tuvo un hermano segundo, un poco menos alto que don Fernando de Córdoba, clavero de Calatrava; y la causa porque creció tanto fue porque desde niño parecía cigüeño blanco, que le cebaban de renacuajos y otras sabandijas que en los charcos y lagunas se suelen criar. Este don Pedro de Ávila murió de edad de doce años (otros dicen que de diez y nueve), y parecía de ochenta y cuatro años. Murió día de la Epifanía. Fue enterrado en el regidor de Segovia, y sobre su sepoltura tenía una letra que decía: «Regidor, *non te negabo,* a lo menos en color».

Don Álvaro de Zúñiga,[357] hermano del conde de Aguilar, llevaba a doña Margarita de Tovar, en un rocín de albarda, y decíale: «O Margarita de Tovar, in asno imos». «O, Saturno, no en balde te señaló natura.»[358] Este don Álvaro fue buen caballero esforzado,[359] y en las alteraciones de Toledo lo mostró bien; que muchas cosas hizo allí dinas de memoria. Y cuanto le duró la guerra y lo que vivió, tuvo gran voluntad de heredar a sus hermanos. Fue un tiempo sacerdote contra Dios y contra los estatutos de la Iglesia. Tenía desortijados los ojos. Nunca vez le vendieron que no se tornase a deshacer la venta por esta tacha de los ojos.[360] Vivió poco y alimentóse del juego de la pelota. Nunca cama ni caballo duró con él arriba de tres días. Murió en Valladolid envuelto en una manta de caballos; no se quiso confesar. Fue enterrado en un arrabal de Segovia que se llama Santa Olalla. Hallóse en un testamento que mandaba al duque de Béjar, su tío, todos sus bienes, que eran un guante de malla y unas grevas sin quijotes, conque pagase por él quinientos mil maravedíes de mohatras; y los males, que eran infinitos. Y a su muy caro y muy amado hermano, don Bernaldino de Arellano, comendador de Ceclavín, que (no habiendo en la encomienda pasas o almendras) les avezó a sus criados de este Comendador a tener dieta. Este don Álvaro de Zúñiga fue ahorcado en una encina y comido de grajos. Dejó por sus testamentarios al alcaide de Los Arcos, y el alma dejó encomendada a la marquesa de Aguilar,[361] su cuñada.

Don Félix de Guzmán llevaba en un pollino a doña Isabel de Mendoza,[362] y lo que le decía era: «Señor, muchos me dicen que paresco cazuela para el duque de Béjar, mi señor». Este don Félix fue caballero de buen seso; deseoso de tener hacienda, nunca la pudo haber. Murió sin testamento porque no tuvo de qué. Fue enterrado en la cibdad de Yucatán, porque decían que había allí oro, con una letra que decía puesta en la mano: «*Quia ventus es vita mea*».[363]

Don Diego López de Estúñiga,[364] hijo de don Francisco de Zúñiga, señor que fue de Monterrey,[365] como fuese devoto, hincado de rodillas en la orilla del río, decía en alta voz (palabras griegas por más devoción): «*Dómine,* Tú que libraste el pueblo israelítico del poder de Faraón, libra hoy este maestre Jacobano que parezco hundidor de campanas y esquilones». Este don Diego López fue buen caballero; devoto, y tanto, que traía de camino dos diurnales y diez y siete nóminas del dean de Córdoba, y la *Oración de la emparedada*.[366] Y porque no tropezase su mula, ayunaba los lunes. Murió en Carrión de los Condes. Fue enterrado en Nuño Pamo de Fontiberos, alcaide que fue de Las Gordillas. Dice el abtor que este don Diego pareció mayordomo de la Beata de Ávila.[367] Puso una letra sobre su sepoltura en lengua gótica que decía: «Estos caminos, ¡A! tan largos para mí, no solían ser ansí».[368]

Capítulo [xix] cómo la Reina llegó a Las Garrobillas día de San Sebastián, y holgó allí cuatro días

En 23 de enero en 1525[369] años, la serenísima reina de Portugal llegó a Las Garrobillas, una venta del conde de Alba de Liste, donde hallamos todo abrigo.

Otro día que llegamos a la villa, hobo en la iglesia principal sermón, y en esto vinieron los caballeros cigüenzanos con cadenas de oro y capas coloradas, al modo que andaban los godos. El abtor, como los vido, les conjuró que le dijesen quién eran; y con el recio conjuro, ellos dijeron que eran caballeros muertos que estaban depositados en San Pedro de Cardeña y en San Pedro de Arlanza, y que se llamaban don Ordoño, y Pero Bermúdez, y Antón Antolínez, y Nuño Gustos, y Laín Calvo, y las tablas alfonsíes, y Mudarra González, y Álvar Yáñez, y Esteban Domingo de Ávila (que fue en tiempo del rey don Alfonso de la mano horadada, de donde descienden los de la casa de don Pedro de Ávila), y Vitisa, y don Fruela, y un tío del conde

Fernán González, y un ama de casa del rey don Sancho el Deseado, que se llamó doña Teresa Sánchez, bisagüela de doña Jimena González, hija de los hijos de doña Sancha, que dicen «Mal amenazado me han».[370] Y no por ál venían acompañar al Obispo, sino porque se habían hallado con su agüelo deste Obispo en la de Aljubarrota,[371] y por la gran fama de su bondad. Parecían los dichos caballeros menestriles del conde de Osorno,[372] o secretarios del conde de Coruña; otros dicen que solicitadores de don Fernando de Galicia.

Los trabajos no acabados de pasar, don Jorge de Portugal, como fuese celoso de su patria, acabdillaba los más de los portugueses que podía, diciéndoles: «Amigos y señores, maguer que podáis pasar, mi parecer es que, por la honra de Portugal y porque estos castellanos vean que sois animosos, todos os estéis a la orilla del río de aquí a cuatro días; y si torzón os tomase, muy más honra sería». Y así fue hecho que el tesorero de la Reina no se tiraba de encima de un arca y se cree que debía de ser de las que el Cid empeñó a los judíos en Burgos.

Y en todo este tiempo el caballero Juan Rodríguez, mancebo, tuvo compañía a este tesorero; y a cuantos pasaban contaba la batalla de Toro,[373] y no sé qué padrón de piedra que tenía, y no dejaba contando esto. Las sus carrilleras se quebraban de frío. Este Juan Rodríguez, mancebo, fue buen caballero amador del servicio de Dios y del Emperador. Y estando la Corte en Burgos, pasó mucho tiempo en casa de Pedro de Cartagena.[374] Y por estar la posada cerca del río, le vino a este Juan Rodríguez correncia, de donde quedó trasijado y transitorio. Traía siempre un socrocio en la boca del estómago; fue enfermo los más días de los que vivió; y lo más del tiempo traía jamelote leonado. Pareció madre de licenciado, o hijo del pagador Noguerol. Comió azúcar piedra siete años por la salud. Murió en El Portihuelo a 27 de junio de 1531.[375] Fue llorado por Julián de Lezcano y comido de sus perros, y plañido por el dotor Azevedo, embajador del señor rey de Portugal. Y después fueron sus güesos trasladados en la villa de Comares, y sobre su sepoltura tuvo una letra que decía: «Triste es mi corpo en tierra aliena».

A diez días del mes de hebrero del año 1525, llegó la serenísima Reina a la cibdad de Badajoz. Y una legua antes de la cibdad salieron por le besar las manos el conde de Benalcázar,[376] que después fue marqués de Ayamonte (el cual venía para acompañar al duque de Béjar o por ganarle el rostro), como muleto nuevo, con muchos caballeros de Estremadura (por los cuales dijo el profeta: «*Yn consilio de ibsis non yntrabi*», que vuelto en romance dice: «si me muriere enterrarme héis»). Iban estos caballeros con cadenas, a modo de galgos fugitivos. Y más, llevaba este dicho Conde menestriles y atabales; y, como aquella jornada se acabó, estos menestriles se despidieron y por ello no murió de pesar la Marquesa, su suegra, que mucho amaba la honra. Don Jorge de Portugal, que era del Conde su sobrino [*sic*], llorando le dijo: «Señor sobrino, perdonadme que cada vez que se me membra, se vio mal, y de lo que gasto cuando hago algún jubón no puedo dejar de llorar». Y luego el Conde besó las manos deste don Jorge, y don Jorge le dijo: «Paz sea contigo». Estos caballeros que iban con el Conde, de Estremadura, el abtor no los osó apodar, porque fue informado que daban espaldarazos que quitaban la habla.[377] Este Conde fue buen caballero, y no tan liberal como el abtor quisiera. (El cual abtor quisiera mucho contentar al duque de Béjar.) Murió en la villa de Urliens, y sobre su sepoltura tenía una letra que decía al dicho Duque: «*Saltemibos amici mei*».

Y luego llegó don Juan de Guzmán,[378] sobrino del duque de Béjar, legua y media de Badajoz, y allegó por besar las manos a Su Alteza, con muchos caballeros honrados, aderezados al modo que andaban los romanos cuando con Julio César entraron en España. La Reina le recibió muy amorosamente. Entre los cuales iba un caballero antiguo de la casa de Niebla, que se llamaba Francisco Carrillo, y dijo a la Reina: «Señora, por vida de mi madre, que si don Juan os tomara en Sevilla, que os hiciera mil honras y servicios. Demás desto, si llegárades a tiempo que los atunes mueren, os diere un pipote de lo de la ijada». Este don Juan de Guzmán fue buen caballero, animoso y liberal, no tan alto como Francisco González el gran espadabarte,[379] ni tan ancho como el dotor Agreda. Murió de grave enfermedad de un divieso que le dio en El Espinar, tierra de Segovia. Fue depositado en el secretario Castañeda, y después llevado al monasterio de Pampliega. Tuvo sobre su sepoltura un rétulo que decía: «En la casa de mi madre hay más villas que mesones, *Domine, adjubame*». Tuvo por hermano a don Pedro de Guzmán, buen caballero esforzado y liberal. Pareció, además desto, braguetón del duque de Béjar, su tío.

Don Manuel de Sosa,[380] caballero portugués, capellán mayor que fue de la excelente y muy alta Reina doña Leonor, hermana de la Cesárea Majestad, fue de los que quedaron a la orilla del río con Juan Rodríguez, mancebo, como dicho es. Y como este don Manuel se viese par de el agua, enojado, prometió de nunca decir bien de Castilla. Y en lugar de decir sus Horas, decía de la batalla del Troncajo, y de no creer en *Deus* por cuatro años venideros. Y en seño desto dio con el breviario (que a caso tenía) en el río. Y dijo: «*Fazo* voto a *Deus* que por las necesidades de Martín Alonso, mi primo, de no rezar prima ni sexta por espacio quincuagésima años». Este don Manuel fue generoso. Vestía todos los inviernos recias lobas de jamelote, y sayos de sarga con mangas de contray. Fue dicho por el autor que parecía confesor de don Alonso Téllez. Murió de lástima que tovo de salir de Castilla. Fue enterrado en Oñate, y desenterrado por el Conde para dar de comer a unos cernícalos que criaba cada año.[381]

[*Capítulo xx*] [382]

La Católica Majestad del Emperador, estando en Madrid con cuartanas (como dicho es), le vinieron nuevas, este año de 1525, cómo el rey de Francia era vencido y preso por sus capitanes generales; y los más del reino de Francia presos y muertos; y la Reina entrada en Portugal. Y la prisión del rey de Francia fue en Pavía, adonde vino muy pujante y con pensamiento de enseñorearse de toda Italia; y los que esto pensaban hacían la cuenta sin la hornera.

Y como el bendito Redentor del mundo, juez de los corazones, viese la limpieza y retitud deste cristianísimo César, y llegándose a los que a Él se allegan, y cuando a Él le place, las fuerzas de los soberbios son derribadas,[383] tovo por bien de quebrar la soberbia de los airados corazones. Y así fue que, con el ayuda de Dios Todopoderoso, y con los buenos criados y vasallos que este César tenía, y con el grande esfuerzo y sufrimiento de Antonio de Leiva [384] (que a la sazón en Pavía era capitán de mucha gente) y con el gran esfuerzo y fidelidad y gana de servir a este Emperador.

Y halláronse con él: Carlos de Lannoy,[385] visorrey de Nápoles, criado de Su Majestad desde su niñez; el cual visorrey fue buen caballero, y junto con esto parecía zanahoria macho o palomazo duendo sobre güevos; y el nunca vencido marqués de Pescara;[386] y el ilustrísimo duque de Borbón,[387] que parecía caballero alárabe que vino en España en compañía de don Carlos el morisco; y Antonio de Leiva que pareció maestro de cirimonias del papa Calisto;[388] don Fernando de Alarcón;[389] y el ilustre duque de Traeto, que parecía mujer de sastre viejo, o hombre que hace ollas o barriles en Zamora; y Pedro Antonio Garrafa, conde de Policastro, el cual parecía avestruz despojado, o ángel hecho para llevar en procesión.

Estos señores, que dicho es, y otros muchos caballeros, se hallaron en la batalla de Pavía, y pelearon de tal manera con el rey de Francia y con sus gentes, que le prendieron a él y a muchos de su reino; sin la multitud que fueron muertos, como dicho es. (En este tiempo el coronista hizo un requirimiento a Su Majestad que mandase a Rodrigo Niño,[390] un caballero de Toledo, que no entendiese más en casamientos; y visto por la Cesárea Majestad que este abtor pedía justicia, mandó que así lo hiciese, so pena de perdimiento de ancas y aflojamiento de barriga.) Y junto con estos señores dicho, se halló el gran marqués del Gasto,[391] y no hizo menos que todos. Pareció aguilucho criado en Verona o pimpollo de palma nuevo.

Después desto, estando Su Majestad en la villa de Madrid el año susodicho, con sus cuartanas que no se la ha-

bían quitado, le vinieron las nuevas ya dichas de la batalla
y prisión del rey de Francia. Y averiguóse que el Rey llevó
a esta batalla todo lo principal de su reino, y demás desto,
cuarenta mil soldados con mucha artillería; e iba con él el
príncipe de Navarra.[392] Y como el ejército del Emperador,
que era en mucha cantidad menos, estuviese como cercado,
y estaban muy gastados por haber tenido todo el invierno
en el campo. Y como no tuviesen muchos dineros,[393] recre-
cióles torzón y cámaras, y a otros muermo.[394]

Y como se hallasen de la manera que dicha es, el ya
nombrado marqués de Pescara, y mosior de Borbón, y Carlos de Lannoy, y Alarcón, y el duque de Traeto, y el marqués del Gasto, y dos hijos de Gerónimo de Santángelo, y
un hijo bastardo de Álvar Pérez Osorio (que hobo en Juan
Gudiel, alguacil de Corte, el cual alguacil parecía carrera
de pesebres en el mesón de Valdeastillas, o mulo de albarda en que iba fray Alonso de Balisa). Los capitanes generales, todos juntos, una noche enviaron a tomar consejo
con Antonio de Leiva, que tenía la dicha cibdad de Pavía
por el Emperador, lo que se debía de hacer para echar el
rey de Francia de la tierra, o perdello todo.

Y fue así acordado que el ejército de Su Majestad saliese y se pusiese en armas, lo más secreto que ser pudiese,
sin hacer ruido. Y como los del ejército acometiesen, saliese el dicho Antonio de Leiva de la cibdad y diese en el
real de los enemigos. Y ansí se hizo este ardid. (Y en esta
batalla al coronista no se le entendía mucho, porque desde
la guerra de Jerusalén y del reino de Granada,[395] que por
los pecados de cuantos hijosdalgo somos se acabó, nunca
más el coronista tomó lanza en mano.)

Otro día siguiente, dos horas antes del hora, la gente
de Su Majestad fue armada, y ordenaron los señores suso-

dichos sus haces. Y como fuese sentido por el rey de Francia, mandó armar sus gentes. Y los del ejército de Su Majestad les apretaron de suerte que los franceses en poco tiempo fueron desbaratados y muertos y presos la mayor parte dellos, así mismo el rey de Francia (que fue dado en guarda al dicho visorrey); el cual pareció gallo morisco que otro gallo le había picado en la cresta.

El cual visorrey trujo al rey de Francia por mar y le pasó en Barcelona. Y por acatamiento del muy grande Emperador, y por hacer servicio a este rey de Francia, le recibieron con mucho placer; y él ninguno llevaba, según escribe el capitán Cabanillas [396] en sus cuentos o parlerías (el cual capitán pareció capón de Aranda de Duero, o estranjero que hace San Sebastianes de madera,[397] o macho de color capado).

Y como el Emperador fue avisado de todo lo susodicho por un caballero llamado Peñalosa,[398] dijo: «Señor Jesucristo, Rey de los reyes y Señor de los señores, ¡que bendita sea para siempre jamás tu justicia! Yo recibo de Tu mano esta merced, y no por mis merecimientos. Y sean dadas gracias a la Virgen Santa María, Tu madre, por tantas mercedes como recibo». Y luego que esto dijo, mandó que por estas nuevas ningunas alegrías se hiciesen, si no fuese dando gracias a Dios por la ejecución de su justicia. Y del sobresalto que este Emperador hobo, se le quitaron las cuartanas que tenía.

Cesárea Católica Majestad, lo que Dios Nuestro Señor de los hombres más les desplace es la ingratitud. Lucifer por ello bajó del Cielo; Cristóbal Suárez,[399] la ingratitud que tuvo al Comendador Mayor, don Antonio de Fonseca, su amo, vino a hacerle del consejo de la Hacienda (el cual dicho Cristóbal Suárez pareció hecho de diaquilón o día de invierno anublado). Tisbe,[400] hijo [*sic*] del rey Lisuarte y de doña Ana de Castilla,[401] de parlante memoria, siendo vencida de amor del rey Semíramis, dio de puñadas a la reina Germana. Y como la Reina se vio padecer sin culpa, dijo a grandes voces: «¡Muera don Luis Carroz,[402] y Juanes, capellán mayor de mi capilla, por aparecer escuerzo cocido!». Támar y Bersabé, vecinas de la cibdad de Maguncia, trataron (por envidia que tuvieron) de matar al nuncio del Papa y a don Bernaldino Pimentel; y sabido por el rey Mitridates y por su hijo Fartaces, cabalgaron a gran priesa sobre los hermanos del conde de Cabra.[403] Y por sus jornadas llegaron a Barcelona; y hablaron secretamente como un hora con el duque de Cardona,[404] para saber dél cómo había pasado este caso, porque ellos serían en vengalle. El Duque respondió por el *cul de Deo*,[405] y por su caro amigo el calonje[406] de Vict [*sic*], y de mosior Estorlos, que él no sabía nada. A Monroy de Archidona, el marqués de Tarifa[407] acordóse que por amor de sus herederos no había sido casado; y concertaron de jugar con don Manuel Ponce de León, y con Rodrigo de Vivero, sus heredamientos. Y del enojo que madama de Salustio,[408] condesa de Salvatierra, hobo, aconsejó a su marido que no entrase en la corte de Nerón y de Príamo, reyes de Dacia[409] y de Tordesillas.[410] Estando ocioso en la corte del emperador don Carlos, saltó al través Gómez de León,[411] natural de Logroño, que en vida quiso heredar los oficios; y desto no le pesó a Juan Vázquez,[412] sobrino del secretario Francisco de los Cobos, de casar con una hija de don Francisco del Águila,[413] alcaide de Cibdad Rodrigo. Amadeo, rey de Escocia, y don Fernando de Castro, heredero de Lemos,[414] y don Alonso de Zúñiga y Azevedo, en tiempo que no tenían por qué reñir, fueron grandes hermanos; en este tiempo que el interese se atravesó por medio, no fueron el uno con el otro San Simón sino Judas; y desto no es de maravillar. Herodes, rey de Esparta, por envidia sus hijos le ahogaron. Y que esto sea verdad lo escriben el conde de Niebla,[415] que Dios haya, y Juan de Voto a Dios.[416] Y Milón,[417] por desgarrar un árbol, dejó las manos dentro, y no pudiendo sacarlas ni huir, los lobos le comieron. Y don Felipe de Castilla,[418] quiriendo engarrafar un obispado, andaba con los pies de punta, que parecía que los tenía metidos en pucheros. Así que, por estas dichas cosas de ingratitud sobredichas, los hombres se deben guardar de tal cosa, porque de Dios reciben el pago.

Y esto ha traído el autor a consecuencia de los bienes y mercedes que este muy alto Emperador hizo al reino de Francia, y de como este Rey le salió tan ingrato como don García de Córdoba, que por servicio deste Emperador salió un día de San Juan vestido de azul, y apodado por este coronista que parecía palomo cocido untado con cardenillo.

Esto pasado, Su Majestad se partió para Toledo a veinte y cinco de marzo del 1525, y fue recibido con grande alegría y solenidad. Y allí vinieron embajadores de Rusia, y mientras en la Corte estuvieron, nunca bebieron vinagre ni comieron sopas en miel. Y demás desto vinieron embajadores de Venecia, Génova y Florencia, y de Juan Rodríguez de Fonseca, el de Badajoz, y del marqués de Mantua,[419] y del duque de Ferrara,[420] y del de Milán,[421] y de don Francisco de Belvis,[422] y del Papa, y del rey de Portugal, y del rey de Inglaterra, y de Elena, y del conde de Paredes,[423] y de África, y de Ruy Fernández de Córdoba, y de doña Isabel Castaño, condesa de Ribadeo,[424] y de Muley Abracén,[425] y don Martín de Córdoba,[426] señor de Alcaudete, y de los dotores Loarte y Villasandino.[427] Y nunca antes se vieron en estos reinos tantos embajadores como este año.

El rey de Dinamarca [428] fue informado como en sus reinos había seis obispos gordos, y los mandó asar, porque para cocidos no valieron nada.

Esto acabado, Su Majestad mandó llamar a Cortes, y en ellas fueron ordenadas muchas buenas leyes y costumbres. Don Jorge de Portugal vino por procurador de la cibdad de Sevilla, y demandó en las Cortes que su persona podiese traer broquel sin espada, y que Su Majestad no quitase los bocados de los jubones.

Fechas las Cortes, la muy esclarecida reina doña Leonor, hermana del Emperador, se partió para el monesterio de Guadalupe. Y fue con Su Alteza don Francisco de Toledo, conde de Oropesa,[429] y don Fernando de Córdoba,[430] clavero de Calatrava; y todo el tiempo que esta muy alta Reina estuvo en Guadalupe, este conde de Oropesa inventó unos amoscadores de rabos de zorras, por parecer a don Alonso Téllez o a Hernando de Vega. Y tres veces al día limpiaba los altares, y cada vez que lo hacía, a cada altar rezaba los salmos penitenciales. En este tiempo dio Su Majestad a don Cristóbal de Toledo, hermano deste Conde, una encomienda de la orden de Alcántara que rentaba quinientos mil maravedíes; y este caballero pareció bonetero que ha perdido el cabdal.

[Capítulo xxi]

A 13 del mes de octubre deste año de 1525, estando el Emperador en la cibdad de Toledo, como dicho es, vino a él Juanes de Médicis, cardenal de Salviati, sobrino del papa Clemente Sétimo,[431] para dar concordia entre el Emperador y el rey de Francia. Muchos astrólogos y oradores o parleristas dicen que envió el Papa este Cardenal para dar discordia, por el temor que este Papa tenía que el Emperador pasase en Italia; y piadosamente se cree, por esto que dicho es, por sacar de España doscientos mil ducados.

Escrito está[432] que San Pedro dijo: «*Domine, ¿u badis?*», y Nuestro Señor le respondió: «*Vado Romani yterum crucifixi*», que quiere decir que el Emperador irá a Roma y allanará todas las ruindades y bascosidades.[433]

El legado, como entrase en Toledo, este Emperador, obidiente a la Iglesia, le salió a recibir extramuros de la cibdad; y con él, muchos grandes, perlados y caballeros de sus reinos. Y como llegó el legado, le demandó la mano, y el Emperador le abrazó y le dijo: «Paz». El duque de Béjar, que allí se halló, se escandalizó,[434] y dijo al Emperador, «¡Juro a Dios y para el cuerpo de Dios! Yo el primero, y cuantos aquí, estamos mal contentos que el legado os besase». Y el Emperador le respondió: «Más peor era Judas y besó a Dios». Este abtor coronista dijo que este legado parecía labrador que tenía pujo, o mastinazo asomado entre almenas de fortaleza. El legado entrado en la cibdad, el Emperador se fue para su palacio.

Y después de ocho días, Su Majestad mandó ordenar

fiestas de toros y juegos de cañas. Y este legado, por complacer al Emperador, salió al juego con los demás perlados. Y entre ellos iba el arzobispo de Santiago, presidente del Consejo, y el ministro de La Trinidad, y Diego López de Ayala,[435] canónigo de Toledo, y el obispo de Mondoñedo,[436] y maestre Liberal, médico que parecía en su gesto que comía siempre agrio (y de un cañazo que le dieron le quedó la gamba [437] corta y el brazo quebrado). Don Fray Francisco Ruiz, obispo de Ávila, salió al juego de las cañas [438] asido de la mano de Blas Caballero, canónigo, y de la otra a Samaniego,[439] aposentador de Su Majestad. Don Diego de Ribera,[440] obispo de Segovia, y el alcalde Leguízamo, y don Pedro de Guevara,[441] y el limosnero Obispo (que si le hicieran de Burgos no le pesara), salió con mosior de Rolla,[442] y Memorenci,[443] mayordomo, y el de La Trullera, porque eran buenos caballeros jinetes, y desde su niñez criados en Jerez de la Frontera.[444] Y a la brida fueron, con este legado: Pedro Hernández de Córdoba,[445] hermano del marqués de Comares,[446] y don Francisco Pacheco de Córdoba, y el conde de Palma, y los Vozmedianos, y Garci Sánchez de Badajoz,[447] vecino de Écija (el cual, por sus pecados, tiene depositado el seso en don Roldán Ponce de León). Y demás desto sacó consigo a don Juan de Córdoba, hijo del conde de Cabra, y al obispo de Zamora,[448] y al de Mallorca,[449] presidente de Granada. Iba este Obispo diciendo: «*Non veni solbere legem* sino por cumplir con mi mayordomo». Don Juan de Córdoba fue ruin bracero, porque en la mano derecha tenía más dedos de los que había menester.

Y porque lo que en estas fiestas pasaron sería largo de contar, el autor se pasa adelante, contando cómo madama Lançón,[450] hermana del rey de Francia, dende a pocos días entró en esta cibdad muy acompañada de caballeros y perlados, y de muchas damas. Y pocos días había, había enviudado; y su marido murió en la prisión del rey de Francia. Ella y sus damas venían vestidas de blanco, y todas cabalgando a caballo;[451] y el abtor dijo que parecían ánimas de Purgatorio sacadas por doña Teresa Enríquez, y que iban por la posta a dalle las gracias; o moriscas del reino de Granada que iban en romería a Tremecén. Su Majestad la salió a recibir, y la abrazó y dio paz con mucha alegría, y fue hasta su posada con ella. Y esta señora fue muy bien tratada de Su Majestad, y servida de todos los del reino, porque sabían que dello gustaba Su Majestad. Posó esta señora en casa de don Diego de Mendoza. Y después de haber estado en la posada treinta días, al tiempo de su partida llamó aparte al dicho don Diego, y dióle cinco ducados por la posada. Y cuando estos ducados esta señora daba al dicho don Diego, daba risitas a manera de corrido por lo poco que le daba.

Y dende a pocos días, vino a esta cibdad don fray Guillermo de la Iladan,[452] gran maestre de Rodas, por besar las manos a Su Majestad, y por la gran bondad que en él había, y porque esperaba ser grandemente favorecido por la mano deste César. Y no pensaba mal en ello, porque si a este Emperador envidia de sus vecinos le dejaran, en poco tiempo le restituyera no sólo a Rodas, mas a Turquía pusiera debajo de su mano y señorío. Este Maestre llevó tal conceto del Emperador, que después de la liga del Papa y venecianos y otras naciones y señoríos, mandó que sus galeras no serviesen ni se empleasen sino en servicio deste Emperador. Dijo este coronista que este maestre de Rodas hablaba muy ronco, y que parecía que había comido cocina fiambre, o a Tamayo, alcalde de Peñafiel.

Su Majestad partió de la cibdad de Toledo, porque le vinieron nuevas que la muy alta Emperatriz,[453] su mujer, iba camino de Sevilla; y sabiéndolo este Emperador, caminó a la dicha cibdad. Y en el camino le vinieron nuevas que era muerto don Hernando de Vega,[454] comendador mayor de Castilla; y como Antonio de Fonseca, contador mayor de Castilla, que era su amigo, lo supo, cayó muerto en el suelo y por espacio de una hora no volvió en sí. Y después de recordado, dijo: «Santa María, ¡si me proveerá el Emperador desta encomienda!». Y aunque algunos días estuvo malo, como la encomienda le dieron, convaleció de tal manera que muy mancebo le pareció a la marquesa de Cenete.

[*Capítulo xxii*]

En este tiempo en las Españas se levantaron dos hombres de mal vivir.[455] El uno fue llamado por nombre el abad Cayo de la Puente, y el otro, Bartolomé del Puerto. Y en sus armas traía una letra: «Andad, mi padre, que todo ha de ir». Y el abad Cayo de la Puente: «Súpitamente». Estos dos hombres se extendieron por la tierra, apellidando con escándalo muchas gentes, especialmente mujeres casadas y doncellas; las cuales, por la gran fama deste Bartolomé del Puerto hicieron cosas que a su honra no convinieron. Y como fuese sabido por el Consejo Real y por don Felipe de Castilla, sacristán mayor de Su Majestad, y por Álvar Pérez Osorio, el dicho Bartolomé del Puerto se desapareció y nunca más se oyó su nombre. Y después desto, el Abad vivió pocos días y tristes.

Esto ansí pasado, estando este Emperador en Toledo,[456] como dicho es, en las Cortes que se hicieron, los procuradores de todas las cibdades y villas suplicaron a Su Majestad se casase con la muy esclarecida infanta doña Isabel, hija del rey don Manuel de Portugal, y nieta de la muy alta reina doña Isabel. Y que en esto haría grandes mercedes a sus reinos y señoríos. Y el muy alto Emperador, por el muy gran contentamiento que desta Infanta tenía, y su gran bondad, determinó de lo hacer.

Y luego mandó llamar a mosiur de Laxao, y al comendador Durán, mendigante de la orden de Santiago;[457] y les dijo que fuesen por embajadores a Portugal. Y a don Juan de Zúñiga, que estaba por embajador en Portugal, mandó que entendiese en el dicho casamiento. Y Su Majestad dijo ansí mismo a mosiur de Laxao lo que en todo había de hacer, y él respondió que así lo haría: «*Por ma foy y por ma dona,*»[458] a mí me place de ir, porque deste viaje gran descanso se espera para la vejez». Y bien es de creer que si este cargo dieran al conde de Santisteban[459] o a don Juan Manuel, criado del marqués de Los Vélez, o Álvar Gómez Zagal,[460] hijo de Pedro López Zagal,[461] que lo aceptaran. Y así fue concluido el casamiento.

Este Emperador era de buen temple, y más honesto que Haníbal,[462] su caballerizo. Y cuando a Su Majestad le decían que era desposado, se paraba más derecho que el arzobispo de Toledo y más colorado que Juan de la Torre, vecino de Granada. Y como el casamiento[463] fuese concertado, la Cesárea Majestad mandó llamar al muy ilustre duque de Béjar, don Álvaro de Zúñiga, segundo deste nombre, y al muy reverendísimo don Alonso de Fonseca, arzobispo de Toledo, para que fuesen a Portugal por la muy alta Emperatriz, su mujer. Y con estos señores fueron muchos perlados, condes, y caballeros, y otras gentes; y este coronista don Francés fue por principal dellos.

Y como la Emperatriz llegó a la raya de Portugal, estos grandes sobredichos salieron a le recibir y besar las manos. Y de Castilla a Portugal fueron tantas gentes que fue admirable cosa de ver. Y estos grandes y perlados y caballeros fueron por su orden a le besar las manos, y de los primeros fue este don Fernando de Aragón, duque de Calabria, y tras él fue un mayordomo suyo, que había por nombre micer Gilio, el cual dijo a la Emperatriz: «*Madona*,[464] éste es *lo pobreto* duque de Calabria, gracias a *Dio* que los doce *milia ducati* que *lo* Rey lo endonó lo tiene ya *situato* sobre *lo* gusano de la seda de Granada. Y si *lo cuitato* de *lo* gusano se muere, no ha qué manjar que comerá *lo pobreto*[465] Duque».

Después desto, llegó el arzobispo de Toledo, vestido de damasco carmesí. Y este abtor dijo que, como iba vestido de colorado, parecía cebratana[466] sangrienta. Este Arzobispo dijo a la Emperatriz: «Señora, yo soy el arzobispo de Toledo, y no tan ancho como la mujer de don Luis de la Cerda,[467] y menos colorado que Diego Hernández Dávila, señor de Villatoro. Y demás desto, hago saber a Vuestra Majestad [vuestro marido] quiere pasar en Turquía por defensa de la santa fe católica. Y porque de los moros no sea sentido y la gente pase de presto, tiene acordado que yo sea el estrecho de Gibraltar». Y la Emperatriz le respondió: «Arzobispo, dad gracias a *Deus que non vos fezo tan estreto de razoes como de corpo*».

Después desto, llegó el duque de Béjar, y dijo a la Emperatriz: «Señora, juro a Dios y para el cuerpo de Dios, yo soy el hombre que más consejos da en salud a vuestro marido. Y demás desto, éste que viene conmigo es el conde de Benalcázar, y todos los recibimientos que vengo, anda tras mí. Y según nuestra fe, se puede creer piadosamente que el dicho Conde no querría que yo anduviese en estas cosas ni en otras,[468] y por el cuerpo de Dios, que uno piensa el bayo y otro el que le ensilla».[469]

Esto ansí pasado, llegó el conde don Fernando de Andrada, con muchos caballeros gallegos, los cuales llevaban de camino cuchilladas por las caras, y de rúa no traían orejas. Y dijo a la Emperatriz: «Señora, yo pasé en Roma [470] con el papa Adriano con intención de le hurtar de sus haberes. Y como el Papa guardase mejor lo que tenía que don Pedro Bazán, y mi intento no hobiese efeto, me volví luego. Vuestra Magestad no se maraville desto».

Y como esto fue pasado, las damas de la Emperatriz venían ricamente vestidas y guarnidas de piedras. Y con el regocijo y mucha gente del recibimiento, a estas damas faltaron muchas joyas. Y túvose sospecha de algunos, especial del conde de Aguilar y de cinco hermanos suyos que con él fueron y hurtaron estas joyas. Eran menesterosos según pareció después por la pesquisa y tormento que les dieron. Y porque no tuvieron con qué pagar setenas, fue fecha justicia dellos.[471]

A 20 del mes de marzo de 1526, la muy alta Emperatriz entró en la cibdad de Sevilla y fue recibida con grandes alegrías y solenidades. Y dende a pocos días la Cesárea Majestad vino a la dicha cibdad, y no menos fue recibido. Y esa noche que el Emperador llegó, se desposó; y antes que amaneciese, se veló; y dende a dos horas estuvo desvelado; y ansí se hicieron muchas fiestas y alegrías.

Y en este recibimiento que al muy alto Emperador hicieron, este abtor, el conde don Francés, salió al recibimiento hecho veinte y cuatro,[472] con una ropa rozagante de terciopelo morado aforrada en damasco leonado, con que la cibdad le sirvió. Y si su voto deste abtor se tomara, en todas las cibdades y villas en que Su Majestad entró le dieran otras tales ropas y aun mejores.

Después desto, el Emperador se partió para Granada con toda la Corte, y en todas las cibdades y villas del camino fueron recibidos con todo aplauso. Y otro día después de Corpus Cristi deste dicho año, Sus Majestades entraron en Granada, y les salieron a recibir con mucha alegría. Y [en] este recibimiento iban muchas gentes agareñas, y por capitán dellos Pedro Hernández de Córdoba, tío del marqués de Comares, que parecía señor de Yucatán.

En este tiempo en el reino de Valencia, cuando las alteraciones de España, fueron convertidos a la fe católica muchos moros del dicho reino; y dende a pocos días, como sea gente tan vana y liviana y sin fundamento, muchos se levantaron y se fueron con sus mujeres a la sierra; y se hicieron fuertes. Y cada día iba creciendo el número dellos. Y como fue sabido por el Emperador, le envió religiosos de buena vida [473] para que les amonestasen, se volviesen a la fe, y tornasen a sus casas; y que Su Majestad los perdonaría. Y como los que son rebeldes y duros de corazón permite Nuestro Señor que se pierdan, así ellos no lo quisieron hacer. Y visto esto Su Majestad mandó a un caballero principal alemán, llamado Rocandolfo,[474] (que parecía odrero en Madrigal recién casado) y a don Beltrán de Robles [475] (que parecía gato que a poder de palos salía por albañar), los cuales hicieron cosas tan señaladas en esta rebelión de los moros que a Nuestro Señor hicieron servicio, y no menos a Su Majestad. Y este don Beltrán edificó tantas casas en diversas partes, que si las tuviera juntas, tuviera más población que el Cairo. Y deste viaje le dio el Emperador una encomienda; y los moriscos de Granada le tiñieron las barbas porque venía cano.

En este año la cibdad de Alcalá de Albencaide, que es frontera deste reino, enviaron a este ínclito Emperador dos regidores a besalle las manos y dalle cuenta de la necesidad (o necedad) que en aquella cibdad había. El uno de los regidores era bachiller e hizo el habla al Emperador. Y dijo así: «Católica Majestad, la cibdad de Alcalá de Albencaide besa los magistrales pies de Vuestra Majestad, y muy altas manos de Vuestra Alteza, y le hace saber cómo pasan muy gran necesidad después que noramala y por nuestros pecados fue ganado el reino de Granada».[476] El Emperador respondió: «*Bacalari nescitis quid parlatis*», que quiere decir «bachiller, muy necio sois».

En el mes de junio deste año de 1526 años, don Fernando de Aragón, duque de Calabria, se casó con la reina Germana, que fue primero casada con el Rey Católico. Y una noche estando con ella en la cama, tembló la tierra (otros dicen que las antífonas desta Reina); y como quier que sea, esta señora Reina, con el miedo del temblor de la tierra, saltó della, y con el recio golpe que dio, hundió dos entresuelos y mató un botiller y dos cocineros, que en bajo dormían. Y como esta gruesa Reina viese el estrago que se había hecho por su causa, por descargo de su conciencia mandó que se dijesen por estos muertos cada dos responsos. Y después desto, el dicho Duque y la Reina se partieron por gobernadores del reino de Valencia. Este duque de Calabria murió de harto y la Reina su mujer, de hética.

Estando Su Majestad en Granada, le vinieron nuevas

que el Turco había tomado el reino de Hungría, y muerto el Rey della en batalla.[477] Y como esta nueva vínol [sic], y otro día que vino Su Majestad salió con lupto, de manera que a todo el mundo provocaba a dolor. Y llevóle la falda mosior de Laxao, comendador mayor de Alcántara; y como Guillén Paza, conde de la Gomela,[478] fuese deseoso de servir a este Emperador, y contentar a mosiur de Laxao, arremetió con la mayor furia que pudo, a tomar la falda al dicho Laxao. Y como él se afrentase de verse llevar la falda en presencia del Emperador, le porfió tanto que la soltase, que más no pudo ser. Y mientras más Laxao porfiaba, el Conde más la tenía; y procuraba tenerla más recio, de tal manera, que Laxao le dijo en lengua flamenca que el Diablo llevase Conde tan bien criado. Y desta manera, porfiando Laxao como porfiase el Conde, cayó encima del Emperador, y fue tras dél Laxao, medio cayendo sobre ellos. Dicen los oradores don Juan de Ayala,[479] y don Diego de Mendoza, y el conde de Miranda, y otros señores anotadores destas Españas, que antes ni después otra cosa como ésta no se había visto.

Otrosí después desto, dende a quince días, aconteció otro tanto al conde Nasao,[480] que fue marqués de Cenete, y don Luis Méndez, que fue señor del Carpio; tomó la falda al Conde (y este don Luis Méndez fue más de notar y de tener en mucho su buena crianza, por haber sido criado en Corte desde su niñez), y llevando la falda el susodicho, parecía que ayudaba a sacar caballos muertos fuera de la cibdad.

El alto Emperador partió de Granada con algunos grandes para la villa de Valladolid, y con su Majestad vinieron los siguientes: don Pedro de Toledo, marqués de Villafranca; y don Galcerán [sic] de Córdoba; y don Pedro

Girón; [481] y Valera, criado mayor, y solicitador, camarero, y casero de la casa de Ocaña, del adelantado de Granada (el cual Valera traía una cabellera de cerdas de yegua bermeja, y dicen que se la firió Diego de Cáceres, él de Segovia); don Francisco de Toledo, conde de Oropesa (el cual lleva de camino vestida una halmática de zarzahán aforrada en guadamecil amarillo, y muchas devociones de San Gregorio y San León, Papa); y con Cristóbal de Toledo (el cual iba diciendo al Emperador como el comendador Moscoso,[482] comendador del Portezuelo, estaba desahuciado); y don Pedro de la Cueva decía a Su Majestad los nombres de los hombres de armas de las guardas, y cómo estaban necesitados, y Su Majestad fuese cierto que Juan de la Torre, comendador de Santiago, vecino de Ocaña, continuó menesteroso; del adelantado de Granada (aunque muriese, no había quién su muerte demandase); el conde don Francés; y don Beltrán de la Cueva [483] (los cuales parecían monas erizadas en casa de Periáñez,[484] oficial de contadores).

[Capítulo xxiii]

A veinte de noviembre del dicho año, este coronista conde don Francés escribió al papa Clemente sétimo, sobre la toma del reino de Hungría por el Turco, la carta siguiente. Y el sobrescrito decía: «A nuestro muy santo padre Clemente sexto (y si no hiciere lo que digo, presto será quinto)».

Comienza la carta.[485]

Algunas veces he escrito a Vuestra Santidad acerca de muchas cosas cumplideras al servicio de Dios, y de nuestra muy santa fe católica, y el bien de la cristiandad; y Vuestra Santidad nunca me ha respondido. Y si ahora tanta necesidad no hobiera de mi parecer y consejo, por mí tenía de no escribir más. Proverbio antiguo es, que el que tiene menester alguna cosa, que aunque mucho le cueste, la compre.

Y la gran necesidad que agora se ofrece es que nos juntemos los príncipes, y que con mano armada castiguemos al Turco, enemigo de nuestra santa fe católica. Y Vuestra Santidad, como buen pastor y vicario de Dios, conviene toméis la cruz,[486] y yo el agua bendita,[487] y Su Majestad tomará la bandera. Y es mi voto que vamos debajo de tan santas banderas como de Vuestra Santidad.

Y el príncipe cristiano que en esto no viniese, y fuere tan desobidiente, yo digo que este tal sea maldito y descomulgado, y aún anatematizado, en estos escritos y por éstos. Y para castigar al tal príncipe desobidiente, yo digo que iré con mi persona y casa y debdos, que son más que hay en el *Liber generaciones*. Y para remediar esto del Turco y alanzallo del mundo, mi parecer es que *nolite tardare*; por ende, *Domine Papa, surge defende cabsam tuam*: que quiere decir que el buen pastor guardará su ganado, y no sólo hacer esto, pero matar los lobos.

El Emperador es buen cristiano verdadero, y deseoso de ensanchar y abmentar la Iglesia y los límites della. Ansí que, muy Santo Padre, si *bocam meam abdieretis nolite obdurare cordabia* (vuelto en romance quiere decir que el remedio se apreste), porque no digamos a la silla de San

Pedro: «*Domina, ¿quo vadis?*»; responderá ella: «*Vado aut inperatores* porque no me crucifiquen».

Y si en defensión de la fe yo muriera yendo contra el Turco, no habría menester, a Vuestra Santidad ni al Emperador César, el embajador que ésta dará a Vuestra Santidad. Es criado de Su Majestad y de mi casa, es buen caballero y cuerdo, aunque por la color que tiene parece fraile del Preste Juan,[488] o carbonero. Tenga dél Vuestra Santidad tal concebto que en todo vos dirá verdad, en cuanto a Su Majestad y mía vos dijere; al cual Vuestra Santidad le dará más crédito que a mí se me da en las cosas eclesiásticas.

Algunas cosas suplicaré a Vuestra Santidad: tocantes a mi casa y memoria della, y otras espirituales, y otras contra el arzobispo de Sevilla,[489] inquisidor mayor de España; por mi amor se hagan, que en ello recibiré servicio y placer. Al reverendo cardenal Salviatis, legado vuestro que fue, tenga Vuestra Santidad en mucho, porque acá por tal le tenemos Su Majestad y cuantos grandes somos en España; y de mi parte le dirá Vuestra Santidad que parece embajador de Rusia, que bebe vinagre fuerte o come naranjas agrias. El abditor que con el dicho Cardenal vino es hombre bien doto, y por eso parece toro nuevo en el mes de mayo. A los cardenales frater Egidio y a micer Grande Gibraleón me encomiende. Si por caso el papa Adriano, de gloriosa muerte y vida estrecha, resucitare, dígale: «*Anbulate yn pace quia manus abriste et non palpaberis*». Y porque a esta hora *ancila ostiaria* andaba envuelta con aquel mi señor pariente Pedro;[490] no digo más de que si hiciéredes lo que tengo dicho, *non te negabo*; y si lo contrario hiciéredes (lo que Dios no quiera) *tu avtem, Domine, miserere nostri*. Y guárdate de soldados de España.[491] El que queda a lo que cumple a Vuestra Santidad, y probando su arnés y armas,

El conde don Francés.

[Capítulo xxiv]

Ya se ha dicho atrás cómo al Emperador le vino nuevo cómo el Turco había tomado el reino de Hungría, y había entrado por fuerza de armas la cibdad de Buda, que era de veinte mil vecinos; y a los hombres y mujeres mandó matar, y a los mochachos pasó en la suya y los tornó turcos. Y este coronista, como esto acaeciese, escribió al Turco la siguiente carta. Y dice el sobrescrito:

A nuestro muy desamado hermano el gran turco Sulimán,[492] sultán sage, gobernador de la casa de Meca, rey de la mayor parte de Asia, la mayor Siria y Egipto.

Don Francés, por la divina clemencia, grande parlador, señor de los hombres de Persia y Arabia, destruidor de Meca, señor de Astensia y África, duque de Jerusalén por derecha sucesión, conde de los dos mares Rubén y Tiberiades, marqués de los Cuatro Vientos, consumidor de la seta mahomética, enemigo antiguo del Alcorán, falso profeta, archiduque de mancebos livianos, reformador de soberbios, conquistador de Asti, frontero de Berbería, campeador de paganos y de capas de terciopelo y de brocado, y amigo de ducados de a diez y de a cuatro, enemigo de monedas bajas, convertidor de gentes agareñas, reparador de pobres de cascos y de todo lo extramuros de lo poblado, universal señor.[493]

Al muy nombrado y alabado entre los turcos y moros, poderoso Suleimán, sultán muy caro y no amado de los cristianos; salud y gracia ninguna delante del Sumo Bien, hasta que por el Espíritu Santo seáis alumbrado y convertido a nuestra muy santa fe católica, en la cual esperamos según su divinal clemencia, que se convertirá y apartará de la ceguedad en que estáis. Porque nos pesaría si su tan valerosa persona dejase de volverse a la fe ante nos, amparando muchas quejas y lágrimas y sangres vertidas, robo y fuerzas de virgen y casadas, hombres y mujeres cabtivos, y sus hijos en su tierna edad tornados por fuerza a la seta mahomética ajena y extraña de nuestra ley, usurpadas y tiranizadas muchas tierras por vos, no siendo de vuestra conquista, sino por vuestra condición y sed que tenéis, y nos hartáis. Y ante Dios es muy recia cosa hacer las tales crueldades. Y esperamos en su obnipotencia, que de su mano bendita vendréis punido y castigado. Y por alguacil y ejecutor, habéis de tener a la primavera a la Cesárea Católica Majestad del Emperador, rey de las Españas, nuestro soberano señor. Y demás desto, vos hacemos saber que nuestra persona y debdos y casa ternéis por adversarios y capitales enemigos.

El cual nuestro Emperador y señor pasará muy poderoso, como dicho tengo, con ayuda de nuestro Dios, y de muchos reyes cristianos, y asaz perlados principales y señores, duques y marqueses, señores y ricoshombres, y muchos caballeros vasallos suyos. Y por capitán general el bienaventurado Santiago Apóstol, y patrón de las Españas, en cuyas encomiendas estamos. Y si después de Su Majestad pasado en esas partes, os quisiéredes convertir a nuestra santa fe católica, esperamos en su imperial clemencia y humildad, que os terná por hermano. Y no haciéndolo, vuestras tierras, y ajenas que tiranizadas tenéis, entrará y os las tomará. Y con sangre pagaréis los pecados abominables que por vos y por vuestros pasados y súditos se han cometido.

Gran Turco, en la ley evangélica está escrito que dice Dios a los cristianos: que cuando anduvieran fuera de sus santísimos mandamientos, que los castigará con sus enemigos. Por ende, no penséis que sois muy poderoso, ni por vuestra persona valerosa nada se hace. Y como Dios nuestro Señor se ha aplacado de la ira de los pecados de los cristianos, seréis vencido, preso y muerto, y dejaréis lo ajeno con pérdida de vuestra honra.

Gran Turco, enxemplo tenemos que, cuando las Españas se perdieron, en tiempo del rey don Rodrigo, señoreadas de los alárabes, en los montes de las Asturias (que es en par del reino de Galicia), guardó Nuestro Señor un Infante pobre, llamado Pelayo, de linaje de los reyes godos de donde yo desciendo.[494] Y para él se fueron algunos cristianos; y no pensando sino de escapar de las manos y poder del cabdillo de Muza, se encerraron y metieron en una cueva. Y Muza vino sobre él con más de cient mil moros. Y combatiendo la cueva, mostró Dios tal milagro que todas las saetas se volvían contra los moros, y así murieron todos. Y las Españas se recobraron. Y ansí os acordad que los locos y los niños por tiempo son profetas.[495]

Dada en la nuestra cibdad de Granada a 27 de noviembre del nacimiento de Nuestro Señor Jesucristo de 1526.[496]

Vuestro extraño hermano, el conde don Francés.

[Capítulo xxv]

Carta de don Francés para Su Majestad sobre que le dijeron que era muerto.

Sacra Cesárea Católica Majestad:

A Vuestra Majestad le dijeron como yo a la vuelta de Portugal me había ahogado en las Barcas de Alconeta. Y de hecho fue verdad que por mis pecados pasé desta vida a la otra,[497] donde vi cosas admirables dignas de memoria. Entre las cuales vi al marqués de Moya renegando de la orden de los Tercerones, y leyendo un capítulo adonde dice que cada uno deje al padre y a la madre por la mujer; más que nunca leyó que por la hija se debe dejar la patria, que es la hacienda.

Otrosí vi al conde de Monteagudo tan conforme con su mujer[498] como los hermanos del conde de Aguilar con su cuñada; y ella llorando cantaba: «*Obnia pretereum preter amare Deum*».

Vi a don a [sic] Juan de Alarcón, hijo de doña Elvira de Mendoza,[499] camarera mayor de la reina de Francia, demandando a su madre que le alimentase; si no, que se echaría en el río de Santarén con cuatro halcones que del rey de Portugal tenía. Y decíale doña Elvira su madre: «Acordaos, hijo, que el señor Diego Hurtado negoció con Su Majestad que yo sea de su Consejo en guerra». Y por otra parte le decía don Álvaro de Acosta: «Acordaos, señora, *de os farelos que os cabalos de vuestro filio* ha comido en Portugal».[500] Respondióle doña Elvira diciendo: «Maldito sea Portugal, que nunca *Deus visitabit*».

Item, vi a la marquesa de Cenete sentada *pro tribunali non sedendo,* sino riendo en tanta manera que movía tres niñas de un parto; [501] de lo cual habían tanto enojo sus dueñas que iban a demandar las albricias a Antonio de Fonseca, comendador mayor de Santiago. El cual dijo a las dichas dueñas: «*Filias* de Matusalén más antiguas que Troya, *nolite flere super me sed super dotoribus Beltrán y Pisa,*[502] *et super dotor* Zúñiga, si no diere cuenta deste proceso».

Otrosí vi a doña María Manrique,[503] hermana de don Antonio Manrique, en pleito con el duque de Calabria sobre que matrimoniase con ella. Y decíale el Duque: «*Puella mía, ¿non vides* que soy *fili regem?*». Y ella respondía: «Mira qué dolor, pues *antequam Habraan fuerit, ego sum*».[504]

Al mayordomo mayor, gobernador de Bresa,[505] vi con rabiosas quejas y dolores mortales (que en romance se llaman almorranas) diciendo al doctor Ponte: [506] «Doctor, nunca medre vuestro Avicena y vuestro talle, que parecéis funda de don fray Francisco Ruiz, obispo de Ávila».

Otrosí vi al duque de Béjar sentado en una silla muy alta, y abajo dél puesto de rodillas del conde de Benalcázar, y a la marquesa de Ayamonte, suegra deste Conde, y el Marqués, hermano deste Duque, que decía al Duque: «*Frater meo domine,* la mujer me engañó». El Duque le respondía: «*Dragone superbe*», que quiere decir que el dicho Marqués parecía dragón y que «pues la mujer os engañó, ella dará el remedio». El conde de Benalcázar decía: «*Domine, parce mihi*», que quiere decir, «necio es el que huye del bien». El Duque respondía: «Juro a Dios y para el cuerpo de Dios, ¡bueno estoy si a todos tengo que responder!».

Al conde de Miranda [507] vi pasear con los condes de Haro y Siruela, determinando una cuistión: si el Duque podía declarar su casa por quién quisiese. Y este conde de Miranda decía al Duque: «Señor, estaos en vuestras trece, que nos faltarán letrados». Demás desto, el conde de Miranda y el conde de Haro litigaban con don Juan de Arellano si Gorgorrita [508] y Montejo [509] eran bienes partibles. Y en tanta manera era su porfía, que entre ellos se atravesaba don Juan de Arellano, alcaide de Los Arcos, para que se matasen. Y ofrecía al conde de Haro (si en aquel combate muriese), que sería su testamentario, como lo fue de del [sic] condestable don Bernaldino, su tío; y que le llevaría los dineros que le viniesen, y que no le perdonaría nada, como hizo al dicho Condestable.

Al conde Nasao vi, que después que fue marqués de Cenete, andaban muchos negocios tras él, y él les decía: «O, Dio, quanti tempo pierden los que me importunan per Deum, que yo no querría nada destos negocios, sino algo de placer, porque la vida es corta».

El arzobispo de Toledo, don Alonso de Fonseca, vi en cueros, y a Lizarazo, secretario consumido en la corona real; y luchando estaban, tan revueltos que parecían culebrinos nuevos. Y decía el Arzobispo: «¿En qué ofendí yo a Dios, que me hacen hacer penitencia con este gallo harto de lujuria?». Y decía Luizarazo al Arzobispo que parecía sábana torcida, o melcorcha. Y con este enojo queste Arzobispo tenía, dijo a este coronista don Francés: «Decid a Su Majestad que me despensione, que yo prometo tener novenas en mosior de Roles».

Luego se me pareció La Trullera, rezando en alta voz.

Y le decía mosior Falconete:[510] «Juro al cuerpo de Dios y por el amistad que tubo el Emperador con el conde de Alba de Liste, que yo no me huelgo con tanta devoción. Porque aunque soy cristiano, nunca rezo una *Ave María*». Y saltó luego de través Brablí[511] y dijo: «Yo soy, *Domine*, contigo, y por esto dicen que parezco perra vieja del conde de Ginebra».[512] Y junto con ellos, maestre Liberal, mostrando un testimento como había cuarenta y tres años que no creía en Dios, si no era día de apóstoles o cuatro témporas.

Al conde Éboli[513] vi, cantando sobre Zaragoza: «Malditas las mujeres que engendraron y las tetas que primogénitos amamantaron». Y decía el conde de Ribagorza,[514] que parecía galgo que cagaba con pujo.

Sancho Bravo andaba tras el marqués de Aguilar diciendo: «¿Cómo no me dan el corregimiento de Córdoba, pues que me lo mandastes?». El Marqués le respondía: «Sancho Bravo, acuérdeseos cuando yo maté un puerco montés y le hallé nacida una encina de tres brazas».[515] Y respondió Sancho Bravo: «A propósito, buen remedio tenemos».[516]

[*Capítulo xxvi*]

En este año acontecieron en España grandes cosas no vistas: entre las cuales, fue que don Pedro de la Cerda, hermano del duque de Medinaceli (siendo casado y teniendo el hábito de Santiago), vacó una encomienda de la orden de Alcántara y este don Pedro la demandó para sí, y junto con él, don Gutierre de Cárdenas, hijo del adelantado de Granada; el cual, a 16 de otubre, se partió a la dicha cibdad a donde Su Majestad estaba, de Ocaña adonde estaba. Y fue el año muy llovioso. Y esto hizo, como hombre que no tenía pleito ni negocio ninguno. Y llegado a Granada, para el bastimento de su casa, hizo comprar mucho trigo y cebada. Y dentro de quince días, el Emperador se vino a Castilla; y este don Gutierre, viendo el bastimento que había comprado, lo vendió, y perdió la mitad en ello. Y se vino con Su Majestad, a donde pasó hartos malos días en ir y venir. Y algunos oradores parleristas quieren decir que en todo el camino no habló al Emperador, sino una vez que, llegando el Emperador (a Martos) a éste, don Gutierre le dijo: «Señor, Vuestra Majestad debía de procurar de saber el romance que dicen, "en Martos está el buen Rey, y y [sic] aquí murieron despeñados los Caravajales"».[517] Y por este buen dicho que dijo a Su Majestad, le dio el oficio de su padre. Y como el Emperador llegase a Ocaña, este don Gutierre hizo un banquete [518] a todos los de la cámara. Y a la sazón hacía grandísimo frío. Y para los manjares no hobo salsas, ni para los que comían lumbre; ansí que, temblando y dando carrilladas, se acabó el banquete.

Después desto, el año de 1527, a 23 de hebrero, el alto Emperador llegó a la villa de Valladolid,[519] y los de la villa le salieron a recibir, y besaron las manos con mucha alegría, y fueron juntos todos lo [sic] procuradores de las cibdades y villas destos reinos; y todas las iglesias, y todos los perlados, y procuradores de todas las Órdenes y monesterios, y todos los grandes, duques, marqueses, condes, grandes señores de vasallos; para dar orden cómo el Turco, enemigo de nuestra santa fe católica, fuese destruido y su poder no se extendiese por el mundo.

Y como este Emperador cristianísimo y celoso de la fe católica, él fuese el remedio desto, como superior en lo temporal de la cristiandad, acordó de consultarlo con los sobredichos, dándoles cuenta cómo se movía a esta empresa por servicio de Nuestro Señor y por acrecentamiento de la Iglesia, más que por otro interese ninguno.

Y a 27 de marzo deste dicho año, mandó venir a palacio los grandes sobredichos. Y mandóles leer todo lo pasado con el rey de Francia, y con el papa Clemente sétimo de Médicis, y con otras señorías de Italia; y cómo siempre les había guardado y cumplido lo que con ellos pusiera; y por más abundancia, les dio cuenta cómo había soltado al rey de Francia de la prisión que le tenía en Madrid; y por más confirmar el amistad, y por el servicio de Dios, y por el bien de la cristiandad, él le había dado en casamiento a la muy alta reina doña Leonor, su hermana, por mujer. Y no embargante estas buenas obras que este cristianísimo Emperador hizo al rey de Francia, como se viese libre, nada de lo que con el Emperador pasó lo cumplió, quebrando grandes juramentos que había hecho.

Y, perdiendo la vergüenza a las gentes, tomó tales ligas, que a la cristiandad no se le siguió bien dello, ansí con el Papa como con otras señorías de Italia, y con otros principales. Y demás desto, dio lugar al Turco que entrase en el reino de Hungría y le tomase, y destruyese y robase los templos de Dios, y matase muchas gentes, y tornase muchos inocentes a la seta de Mahoma.

Y demás desto, dio cuenta cómo el papa Clemente, poco menos que este rey de Francia, hacía; que en lugar de poner paz, con mano armada se mostraba banderizo; y otras muchas cosas, que este coronista, por su deleznable memoria, no las pudo poner; [520] salvo que, acabado este razonamiento, que el muy alto Emperador hizo y mandó leer, dijo don Pedro Manrique,[521] conde de Castro, que le parecía que si Su Majestad su voto tomase, que él iría a Turquía, y que llevaría consigo al conde de Siruela, y que hablaría con el Turco. Y que, viendo el Turco la muchedumbre de reverencias del conde de Siruela, no sería tan crudo que no le provocase a devoción. Y como el Emperador oyese tan gran desatino queste Conde habló, el Emperador le dijo con saña: «No en balde os dijo el conde don Francés que parecíades cerveza dañada o queso fresco enjuto al humo».

Luego habló el conde de Benavente, don Juan Pimentel,[522] y dijo al Emperador: «Si mi voto se tomase, a Pedraza de la Sierra me darían; y demás desto, yo y don Juan de Vivero,[523] y el Mayordomo Mayor, y don Gerónimo de Padilla,[524] y la condesa de Buendía,[525] querríamos quietud».

Otrosí el duque de Nájara, don Alonso Manrique de Lara, dijo a Su Majestad: «Yo soy flemático y deseoso de vuestro servicio. Si hobiese quien por mí pagase mis debdas y remediase a mis hermanos, no haría poco. Y demás desto, parezco atunazo presentado a don Francisco de Mendoza, obispo de Zamora».

Don Álvaro de Zúñiga, duque de Béjar, meneándose muy mucho, dijo: «Musior señor Emperador, ya sabéis lo que os quiero; y como hacer vuestro servicio es para mí precetos que no los puedo faltar, ordenad lo que mandárades; que juro a Dios y para el cuerpo de Dios, no tengo más que decir».

Don Bernaldino de Mendoza, conde de Coruña, dijo: «Señor, en cuanto hombre paresco buey viejo que por fuerza lo llevan a la carnecería, y por otra parte parezco fuelles de los órganos grandes de la iglesia mayor de Toledo; y junto con esto haré vuestros mandamientos, non bargante [526] que sea perdido por acrecentar mi casa».

Después desto, dijo don Beltrán de la Cueva, duque de Alburquerque: «Señor Emperador, yo soy recién heredado, y si mi voto ante Dios valiera, más de veinte años que mi padre fuera muerto.[527] El estómago tengo grande, la complisión muy flaca, y envío servicio más recio que Diego de Paredes,[528] o Día Sancho de Quesada, que el cumplimiento de vuestros mandamientos como de mi Rey y Señor. Y demás desto, dice el conde don Francés que parezco lenguado en despensa del conde de Lemos».[529]

Esta habla acabada, don Diego López Pacheco, marqués de Moya, dijo a Su Majestad: «El arzobispo de Santiago, presidente destas Cortes, es más trasijado que yo; y si algo de pequeño tengo, viéneme de mi tío el almirante de Castilla. Y pues Vuestra Majestad es Justicia, déme al dañador; donde no, apelo con las mil y quinientas necesidades de [sic] don Manrique de Lara tiene, y lo mismo don Pedro Girón. Y demás desto, ninguna voluntad tengo de más de lo que Vuestra Majestad ordenare: y esto ser ansí, parecerá por don Juan Pacheco, comendador de Calatrava, y por el Confesor».

Luego que aquesto fue pasado, don Alonso Manrique, arzobispo de Sevilla e Inquisidor Mayor, llegó a Su Majestad; y con él iban Diego de Valladolid, mercader, y harta parte de la Costanilla, y otros procuradores de las Cuatro Calles de Toledo, y otros de Guadalajara y Almazán, y algunos parientes Manriques; y dijo a Su Majestad: «Ya sabéis cómo nuestro linaje por línea reta venimos del diablo, que son Manriques,[530] y si a Vuestra Majestad pluguiere, *siniteos abire,* a esotros *accipite bos,* y el *judicate* quede para mí».

Las Cortes se acabaron; y lo que en ellas se concluyó, esotro lo sabe, salvo que, el lunes de la Semana Santa, los procuradores pidieron licencia a Su Majestad para ir a sus casas a tener la Pascua. Y Su Majestad les dijo, con cara alegre: «*Partes, yte malete*»; que escrito *es, maleditus homo qui confidit en pueblos.* Y ansí se despidieron.

Y dende a pocos días en el mes de abril, a 21 días, del año de 1527, la muy alta Emperatriz, por la misericordia divina, y por hacer Dios bien y merced a sus reinos, parió un hijo; que fue llamado don Felipe, príncipe heredero.[531]

Y como fue nacido, el muy alto Emperador salió por la sala con todos los grandes y perlados que se hallaron, y del gozo que hobieron, saltaron y bailaron. Entre los cuales se señaló don Alonso de Fonseca, arzobispo de Toledo, y don Juan Tavera, arzobispo de Santiago, presidente del Consejo de Su Majestad; y como saltaban estos dos perlados, fueron apodados por el abtor Francés que parecían gamos asidos de la yerba.

Venían muchas gentes por besar las manos al Emperador, que menear no podían. Y de los primeros que llegaron fue don Francisco de Mendoza, obispo de Zamora, y Juan de Lahiza [*sic* por Lanuza], visorrey de Aragón, y dijeron a Su Majestad: «Señor, así nos alumbre Dios, ¡cómo habemos holgado del parto de la Emperatriz nuestra señora!». Y como esto dijeron, al uno dellos le vinieron los dolores del parto, y que del palacio saliese, parió una hija (la cual dicen que fue la beata Petronila).[532]

Y por el placer que todos hobieron del nacimiento del alto Príncipe, Su Majestad salió por San Pablo, que es en

Valladolid, y dio gracias a Nuestro Señor Jesucristo por las grandes mercedes por él recibidas.

Dende a pocos días, que fue por el mes de julio, el Príncipe fue bautizado en el monesterio de San Pablo. Y muchos fueron, muy ricamente vestidos, y el conde don Francés no menos. Fueron padrinos la serenísima reina de Francia, y don Álvaro de Zúñiga, duque de Béjar, y don Iñigo de Velasco, condestable de Castilla, el cual llevó al Príncipe en los brazos; y el duque de Alba se le ayudaba a llevar. Y bautizóle el reverendísimo arzobispo de Toledo, que estaba vestido de damasco colorado, que parecía lanza jineta almagrada. Y como el Príncipe fue bautizado, un rey de armas (que se llamaba Castilla), que en un cadalso alto estaba, a grandes voces dijo tres veces: «¡Viva, viva el príncipe don Felipe!». Y el abtor dijo luego: «¡Muera, muera, Rey de Armas, que es muy gran necio y lo parece!».

Y como el alto Príncipe fue vuelto a palacio, dende un día adelante fueron hechas muy muchas fiestas y alegrías y juegos de cañas. Y en todas las cibdades, villas y lugares del reino se hizo lo mismo, porque a la verdad, toda la gente de España en los reinos del Emperador le hicieron grandes regocijos en los corazones de todos.

Y en esto estando, a este Emperador le vinieron nuevas de trato que hacían para que Su Majestad otorgase una tregua por cierto tiempo; que al muy alto Emperador no le era nada provechosa, según después pareció; por qué, adelante vimos. El alto Emperador, con intención santa,[533] y por no dar lugar a las obras de Lucifer, concedió en todo, contra su voluntad y de muchas personas. Y como esta tregua, y otras cosas, este bienaventurado Emperador hizo por el sosiego de la cristiandad, cuando allá el diablo, enemigo de nuestra redención, tenía tratado de tal manera que Roma se entró y saqueó, y el duque de Borbón murió; y beato quien en ello no se halló. Suelen decir, bien está San Pedro en Roma,[534] y bien el que por entonces se halló en Simancas o en el Espinar de Segovia.

[*Capítulo xxvii*]

Su Majestad envió a Roma, a 25 de julio del dicho año, a mosior de Bera;[535] y fue por Barcelona; y a lo que fue, adelante se dirá.[536]

Y dende a ocho días, don Bernaldino de Zúñiga, sobrino del duque de Béjar; e hijo del marqués de Aguilar;[537] y don Carlos de Arellano,[538] mancebo, desortijados los ojos, y suelto de colodrillo, y liviano de la frente; y don Alonso Manrique, que parecía corza que había malparido, doto en aires, amigo de navegar con solano; y don Bernaldino de Arellano, comendador de Ceclavín, que parecía moza labradora recién traída a la villa; y don Iñigo de Guevara, hijo de don Pedro Vélez de Guevara, el cual dicen que parecía perro que con necesidad había salido por albañar angosto; todos los susodichos llegaron a Su Majestad y le pidieron licencia para irse a Italia.

Y Su Majestad les respondió si demandaban licencia y dinero; porque la licencia tenían asaz, pero para socorrerlos con dinero, no los tenía a la sazón.[539] Y estos caballeros, como fuesen deseosos de honra, y ganosos de servir a Su Majestad, luego se partieron sin miedo de la mar. Ni consejo de sus debdos ni amigos no les pudieron apartar de su propósito. A la verdad, por entonces estaban con tanta necesidad,[540] que en ningún lugar entraban que no les levantaban que venían de donde mueren de pestilencia. Y lo que dellos se hizo, adelante se dirá.

Y poco después desto, el serenísimo Emperador tenía concertados torneos y aventuras de la manera que *Amadís* lo cuenta [541] (muy más fieros y graciosos que en el dicho libro lo cuenta), así que antes ni después nunca tales fiestas se hicieron ni se harán. Y si lo que en ellas se gastó, los dichos caballeros que fueron a Italia lo tuvieran, se cree piadosamente que allá no pasaran. Y como las nuevas ya dichas de lo de Roma viniesen a Su Majestad, hobo dello tanto pesar, e hizo tanto sentimiento, que otro día que las aventuras se comenzaron, y así mismo los torneos, los mandó cesar; y derribar los tablados y castillos, y asimismo los palenques y otros edificios que para las dichas fiestas se habían hecho, en que se habían gastado gran suma de dinero. A toda la cristiandad dio Su Majestad tal enxemplo que a ninguno parecía sino ser obra de Dios [542] lo que el Emperador hizo. Y el que más sentimiento hizo porque las fiestas cesaron, fue Lope García de Salazar,[543] que tenía hecha para estas fiestas un sayo de armas, el caparazón de lienzo amarillo que parecían defensivos de Juan Rodríguez, mancebo, o paramentos de cama de frey Pedro Verdugo. Y este Lope García de Salazar era preboste de Portugalete.

[*Capítulo xxviii*]

Respuesta de una carta de don Fadrique Enríquez, almirante de Castilla, que escribió a este conde don Francés a la Corte, rogándole que le escribiese y enviase las nuevas que en ella había.

Muy magnífico señor:

Micer Angelo, vuestro solicitador, me dio una carta de Vuestra Señoría, en que mandáis os diga y dé nuevas de acá; y parece por una parte Vuestra Señoría debe estar enojado; y por otra parte, Vuestra Señoría no parece nada a Salazar el Grande. Y esto digo, porque todos los ratones, por la mayor parte, son coléricos y de muy poca diligencia.

De no escribir a Vuestra Señoría, no me culpe, porque la condesa de Módica [544] era muerta poco ha; y por ser mal agudo [545] y de mala digestión, no me atrevo a escribir a Vuestra Señoría consuelos que más necesidad hicieran que necedades hizo el adelantado de Cazorla en su tierna edad y gloriosa jatancia. Vuestra Señoría sea cierto que la liga y amistad que hicimos, por mí nunca se quebrará; y por Vuestra Señoría menos, porque nunca grillo quebró lanza ni otra cosa. Y si por malos de sus pecados, viniese en estado de tener palabras, *non te negabo*; demás desto, digo que os acudiré con mi casa y debdos, que son más que en cient *Liber generaciones*.

Las nuevas que acá hay, son que dicen que Vuestra Señoría se quiere meter fraile; [546] y de mi consejo no lo debe de hacer por muchas razones. La primera, porque hombre que merece gobernar el mundo, no es razón que esté sujeto a un guardián, que por dicha no será tan esforzado como Perálvarez de Guevara, ni tan sabio como Francisco González de Medina. Y lo segundo, por lo que toca a vuestra casa y criados. Y lo tercero, porque con el hábito parecería Vuestra Señoría duende-casa.[547]

Otrosí el duque de Béjar mi amo y yo servimos mucho; y en el medrar, *tu abtem, Domine, misere nostri*. El Emperador y Felipito su hijo están buenos. Juan Rodríguez, mancebo, está malo de dos diviesos que dicen que se los pegó don Donís de Portugal, que Dios haya. Ruy Téllez,[548] mayordomo de la Emperatriz, está malo, y parece cabra montesa de parto, o calzas rotas del cardenal don Francisco Jiménez. El arzobispo de Toledo está malo; dicen que es del frío desta tierra; y porque no peligrase, los médicos de Su Majestad le mandaron meter en una cebratana. El dotor Caravajal[549] murió; sus oficios demandó don Pedro de la Cerda. Créese que no se los darán porque se averigua que no es letrado. Al dotor Beltrán tomaron en casa del Confesor, jugando al hanequín de blancas. Al dotor le pusieron en casa de Enrique el Alemán, y al Confesor en casa del Gran Chanciller, porque se querían mucho,[550] y son tan conformes como el conde de Aguilar y su cuñado. Al señor don Fernando Enríquez me encomiende, porque pareció veneciano que se le anegó una carraca en Barcelona. De Burgos,[551] dada en mi cámara.

El conde don Francés.

[Capítulo xxix]

En el año de 1527 a 20 días del mes de mayo, estando el muy alto Emperador en Valladolid, como queda dicho, después de haber nacido el príncipe don Felipe, y habiendo dejado las fiestas y grande torneo por lo que dicho es, Nuestro Señor Dios, por nuestros pecados, dio pestilencia en la villa. Y Su Majestad salió del dicho lugar porque en él morían de diversas enfermedades: los de la villa de pestilencia, y los cortesanos de hambre.[552] Y como este Emperador y la Emperatriz llegasen a Burgos, fueron recibidos con grandes alegrías.

Y en un lugar cinco leguas de Burgos, que era del duque de Béjar, pasando por él esta Emperatriz, este conde don Francés hizo un recibimiento a una dama de las que llevaba, que se llamaba doña Felipa Enríquez. Y fue que en el recibimiento iban docientos labradores del dicho lugar vestidos con sábanas blancas, con majaderos dando en ellos; y aunque los del lugar eran muchos, con los de la Corte, todavía ganaron honra. Iba un paño de sarga, viejo, atado con sus picas, y los timbres deste paño eran ristras de ajos y cebollas; y detrás del palio iban los alcaldes con un presente de seis varas de pellejos de conejos y liebres, llenos de paja, y seis cueros de carneros, llenos de atocha, y todas las llaves del lugar. Y el presente y llaves fueron entregados a la dicha dama, diciendo: «¡Viva doña Felipa, amiga de nuestro señor!».

Entrando el Emperador en la cibdad de Burgos, como dicho es, vinieron los embajadores de los reyes de Francia e Inglaterra, con sus reyes de armas de los dichos reinos, con tratos no conformes a Dios, ni para poner paz en la cristiandad. El católico Emperador, por evitar muertes y escándalo, concedía mucho de lo que le pedían. Y como estos Reyes tuviesen la voluntad dañada, y se hobiesen hecho nuevos amigos, como Herodes y Pilatos,[553] y anduvieron cizañizando en estos conciertos.

Y el año de 1528, en el mes de enero, estos embajadores enviaron a decir a Su Majestad que les quisiese oír. Y otro día siguiente, la Cesárea Majestad, como fuese animoso y discreto, pensó lo que querían. Y así mandó aderezar una sala grande, y un tablado de tres gradas; y en él estaba puesta una silla real con un paño de brocado. Y muchos perlados y grandes eran en torno de la silla, los cuales eran: don Alonso de Fonseca, arzobispo de Toledo; y don Pedro Sarmiento,[554] obispo de Palencia; y don Juan Tavera,[555] arzobispo de Santiago y presidente del Consejo Real; y don Diego Maldonado,[556] obispo de Cibdad Rodrigo; y otros muchos perlados, que sería prolijidad contarlos. De los grandes estaban: el duque de Alburquerque; y el almirante de Castilla; y Enrique de Nasao, marqués de Cenete; y un solicitador del marqués de Comares;[557] y don Francisco de Astúñiga [sic], conde de Miranda; y un ayo de don Beltrán de la Cueva, hijo del dicho duque de Alburquerque.

Y luego que el Emperador fue sentado, llegaron dos reyes de armas con cotas de armas en los brazos. Y al faraute del rey de Francia llamaban Guiana, y al del rey de Inglaterra llamaban el Arancanes.[558] Y el del rey de Francia hizo el arenga, en que desafiaba al alto Emperador de parte de los dichos Reyes, porque pretendían en estos reinos, y sacar de la prisión a los hijos del rey de Francia por fuerza de armas,[559] y hacer por todas partes guerra a fuego y a sangre. Y el alto Emperador respondió al faraute del rey de Francia y dijo: «A mí no es nuevo que vuestro Rey me diga que me quiere hacer guerra; que antes que en España viniese, me la hizo, y ninguna cosa ha ganado él ni los de su reino. Espero en Dios y en su bendita Madre, que menos ganará agora, y yo se lo defenderé con el ayuda de Dios y destos caballeros, y otras gentes de mis reinos». Y al faraute del rey de Inglaterra dijo: «O, el Aracanes, yo os responderé *asay ben*[560] lo que habéis de decir al Rey, vuestro amo, y os lo daré por escrito». Y la respuesta fue tal que se imprimió de molde.[561]

Y dende a pocos días, estos farautes se despidieron de Su Majestad, y los embajadores suplicaron a Su Majestad que les mandase poner en salvo y les mandase dar seguro. El Emperador lo mandó hacer así como ellos lo suplicaron, y les mandó dar a cada uno dellos una cadena de oro de mil ducados, y trecientos ducados para el camino; y mandóles que estuviesen detenidos en lugar cerca de Burgos, hasta que los embajadores que habían ido a Francia e Inglaterra volviesen. Y si don Pedro de la Cueva, y el capitán Juan Bautista Castillón,[562] y don Pedro de Mendoza, el de Guadix, a la sazón que los dichos embajadores llevaban las cadenas, los toparan en el camino, es de creer que no las pasaran a Francia ni Inglaterra. Y a estos caballeros era de agradecer que eran celosos de guardar las leyes destos reinos de no dejar salir oro ni plata dellos.[563]

En este dicho año acaeció en las Españas un gran caso: y fue que el Nicarasa,[564] secretario, murió en Medina del Campo, y por su grande angostura fue enterrado en un junco de las Indias. Y como la muerte deste secretario fuese sabida por el Emperador, mandó que le fuesen secrestados los bienes corporales. Y en su persona deste dicho secretario, no se hallaron ningunas muelas ni dientes; y el Emperador mandó hazer esto a fin de proveer de las dichas muelas y dientes a don Álvaro de Astúñiga, duque de Béjar, o a mosior de Burje, gentilhombre de la cámara de Antonio de Fonseca, comendador mayor de Castilla.

En este año demandó el Emperador, como administrador de las Órdenes,[565] memorial de los bienes que cada Comendador tenía. Y luego dio don Luis Dávila el suyo: en que decía que tenía cuatro camisas (y las tres no estaban de traer); y demás desto tenía ochenta mil y docientos maravedíes de debdas; y muchos deseos de heredar; y que tenía cuatro pajes; y que quisiera que Su Majestad le pagase estos gastos. Don Pedro de Guzmán dio otro memorial, en que decía que, aunque era hijo tercero de la casa de Medina Sidonia, que si su voto se tomase, él sería el primero; y que demás desto, las joyas que de su padre le quedaron, no valían tanto como agora cincuenta años. Fray Pedro Verdugo, en su memorial, dijo que él comía lo más del año en casa del duque de Béjar; y que cuando esto le faltase, Su Majestad, como administrador, era obligado alimentarle.

Partiendo Su Majestad de la cibdad de Burgos para la villa de Madrid, Francisco de Valera, solicitador del adelantado de Granada, llevaba sus cosas en un macho de albarda, y por repostero, sobre la carga llevaba una loba de sarga leonada.

En año de 1527[566] fue elegido por rey de Bohemia el infante don Fernando, hermano del Emperador; y contra él se levantó el duque Bayboda,[567] natural de Hungría, hombre bullicioso y ancho de conciencia. Y como el Rey viese la mala intención deste Duque, dijo: «Juro a Dios, a mal tiene ojo este bellaco». Y ayuntó sus gentes y fue contra él. Y visto por este Duque que siempre llevaba lo peor, escribió al Turco, diciéndole que viniese en el reino de Hungría y que él se le ayudaría a tomar. Y como el Turco lo oyese, vino con gran poder; y destruyó la cibdad de Buda, y mató muchos cristianos, así hombres como mujeres, y los niños de dos años, y de tres y cuatro en adelante, mandó llevar a su tierra y tornarlos turcos. Y después desto, el dicho rey don Fernando ayuntó sus gentes y peleó muchas veces con este duque Bayboda, y con sus amigos; y puso todo el reino de Hungría debajo de su señorío; e intitulóse rey de Hungría y de Bohemia.

Y este dicho año,[568] como queda dicho, hobo la pestilencia en Valladolid, y el Emperador se salió della. Y se fueron para la villa de Peñafiel doña Ana de Castilla, y el licenciado Aguirre,[569] y doña Beatriz Fiñolete y fray Juan de Salamanca,[570] de la orden de Santo Domingo. Y allí hicieron tantas devociones, que por los pecados de las Españas murieron dos pedricadores del Rey, y el despensero de don Pedro Portocarrero[571] y un fraile, y Emillano,[572] gentilhombre de Su Majestad.

En este tiempo acaeció que don Francisco de Mendoza, obispo de Zamora, y Cristóbal Suárez, vecino de Salamanca, y Martín Sánchez,[573] lepuzcano, vecino de San Sebastián, y Sancho de Paz,[574] vecino de Lerena, y Francisco de los Cobos, secretario de la Hacienda, hobieron nueva como Rodrigo de la Rúa, contador por don Antonio de Fonseca, contador mayor de Castilla, y Fernando de Vega, y Hernand Álvarez Zapata, secretario de la esclarecida reina doña Isabel, y fray Pascual,[575] obispo de Burgos, se querían levantar contra los del consejo de la Hacienda. Y la cabsa que para ello daban era que sabían que lo más del tiempo estaban ociosos. Y como por estos caballeros fue sabido, luego se fueron para San Pedro de Cardeña, donde el Cid Ruy Díaz estaba enterrado. Y como fueron llegados, secretamente hablaron al Cid, rogándole que su reverendísima señoría les ayudase, y se acordase que fueron criados de su padre Diego Laínez, y de Laín Calvo, su agüelo. Y el Cid Ruy Díaz les respondió en secreto; lo que entre ellos pasó no se sabe.

En este tiempo don Fadrique Enríquez, almirante de Castilla, después de la muerte de la condesa de Módica, su mujer, pareció ratón con gualdrapa.

Y entrando el Emperador en Burgos, como está dicho, dende a pocos días mandó desterrar al arcediano Briviesca, y a tres canónigos de aquella iglesia, por algunas palabras que habían dicho sobre el aposento. Y como estos canónigos saliesen fuera del reino, algunas doncellas que les eran aficionadas, suplicaron a Su Majestad que (pues la Corte estaba en Burgos) Su Majestad quisiese perdonar a los dichos canónigos; y que se vea bien que, por los trabajos que los dichos canónigos han pasado, reposasen con ellas por algún tiempo. Y Su Majestad, como fuese magnánimo, a ruego de algunos grandes, dende a pocos días los perdonó.

En estos tiempos en el reino de Aragón, en cierto lugar que se llama Vililla,[576] a pesar del duque de Segorbe,[577] y de consentimiento del duque de Cigüenza,[578] milagrosamente de suyo se tañó una campana que allí había. Quieren decir que fue porque el marqués de Aguilar deseaba el acrecentamiento de la casa del marqués de Denia; o porque Juan de Lanuza, visorrey de Aragón, presupuso en su corazón de querer bien a don Juan de Aragón, arzobispo de Zaragoza, y le ayudar en todas sus adversidades; o porque acaso (o desdicha), don Gutierre de Cárdenas, adelantado de Granada, en este año pagó sus debdas, promesas y libranzas, de manera que así criados como otras gentes fueron dél malcontentos. Por estas cosas, y por otras muchas acaecidas, la dicha campana se tañó.

Este adelantado de Granada, yendo el Emperador a Ocaña, le mandó un caballo que le estimaba en dos mil ducados; y hallóse que este caballo no nació de allí a tres años.

En este año don Alonso Enríquez de Sevilla,[579] hombre de livianos cascos, y Ventura Beltrán, hijo del dotor Beltrán, tuvieron batalla en Palacio; quieren decir algunos contemplativos que se dieron de mojicones.

Y esto pasado, maestre Liberal, médico de Su Majestad, dio contra su voluntad al dotor Alfaro[580] (también médico de Su Majestad) una ropa de jamelote aforrada en pellejos colorados, a la manera de las barbas de musior de Bianque,[581] caballerizo mayor de Su Majestad. Dice este coronista que esta ropa se hizo cuando nació la madre de Pedro Zapata,[582] señor de Barajas, o cuando se desposó doña Isabel Castaño, condesa de Ribadeo.

En este dicho año,[583] don Diego Sarmiento, conde de Salinas, y don Diego Sarmiento, su primo,[584] criado de Su Majestad, y Juan de Cartagena,[585] vecino de Burgos, y Alonso de Bobadilla, hijo de Juan de Saldaña,[586] veedores de la Emperatriz, y Sancho Cota,[587] secretario de la reina de Francia, y fray Antonio de Guevara,[588] pedricador y coronista de Su Majestad, y don Gerónimo de Padilla, y el licenciado Aguirre, del Consejo, y Antón del Río,[589] alcalde de la Mesta, y doña Ana Manrique,[590] hermana del duque de Nájera, y el obispo de Escalas,[591] y Francisco Dávila, solicitador del duque del Infantado, y la beata Petronila, y Alvarado, adelantado de Guatimala,[592] y el abadesa de las Huelgas de Burgos,[593] y el obispo Garay,[594] y fray Juan de la Cadena,[595] pedricador de la orden de los Benitos, y don Antonio Manrique, yerno del adelantado de Castilla, y Robles,[596] criado y caballerizo de Francisco de los Cobos, secretario, y el alcaide del castillo de Burgos, y el conde de Ribagorza, y doña Beatriz Finolete, y Esteban Centurión,[597] ginovés, y don Luis de Zúñiga,[598] hijo de don Francisco de Zúñiga, filósofo habitante en las güertas de Valladolid, y Diego Sánchez de Quesada, y todos estos, tuvieron nueva de un labrador; como a tres leguas de la cibdad de Burgos, en un lugar que se llama Atapuerca,[599] adonde fue una batalla entre el rey don Sancho de Castilla y entre el rey don García de Navarra. El cual labrador habló con don Diego Sarmiento, conde de Salinas, y don Diego Sarmiento, su primo, criado del Emperador, y don fray Juan de Salamanca, y les dijo como en el dicho lugar había una boca de cueva, admirable y espantosa de ver, y que creía ser hecha por Dios y no por manos de gentes. Y que demás desto, él pensaba que en ella había secretos de diversas maneras; y tesoros en oro; y muchas revelaciones de gentes cuyas voces se reformaban en el aire, y que dentro andaban, y que respondían a las preguntas que les hacían; y que dentro en la cueva estaban estatuas de disformes cuerpos con rétulos de letras góticas que decían: «Cuando nosotros fuéremos vistos, crean que somos los hermanos del conde de Cabra y musior de Prata,[600] y la mujer de don Luis de la Cerda.

Y como esto fue oído por los susodichos, fueron a cueva, y llevaron consigo a las personas y a dichas. Y demás desto, acordaron que era bien llevar algunas personas religiosas, y así llevaron al obispo fray Trece de la orden de la Merced, y fray Bernardo, siciliano, coronista; y todos juntos fueron al lugar de Atapuerca.

Y como fuesen entrados en la cueva, y en ella viesen muchas concavidades y apartamientos de estrañas maneras, de en seis en seis se apartaron por la cueva. Y como el conde de Salinas se fuese por la cueva adelante tres millas, oyó una voz que le dijo: «Conde, que esta demanda traes, no pases más adelante, ni vuestros compañeros». Y el Conde, muy espantado de la voz, fue muy esforzado, y volvió en sí, y dijo: «Sepas, Voz, que mi demanda y venida es aquí por saber muchas cosas de muchas gentes. Y querría saber cierto si el alma de don Diego de Villandrando,[601] conde de Ribadeo, ha aportado a Purgatorio; y si los dineros que da el duque de Béjar cada día, si le prestan y si hacen alguna operación; y si don Francisco de Mendoza, obispo de Zamora, y Reinoso, veedor de Melilla, y el conde de Coruña, tomaron el amistad en el campo de Josafat; y si don Bernaldino de Velasco, condestable de Castilla, si será continente; y si don Fadrique Enríquez, almirante de Castilla, matrimoniará;[602] y si dello haría fiestas don Fernando Enríquez su hermano. Otrosí», dijo el Conde, «Señora Voz, si por caso doña Teresa Enríquez, señora de Torrijos, pagase las libranzas que prometimos de su hijo el adelantado de Granada, y si las ánimas de Purgatorio quedarán satisfechas; y asimismo la marquesa de Cenete, quiriendo se sentar bien, estando en mis casas en Burgos, se quebró el estrado y derribó un entresuelo; y no me fue fecha justicia; y yo apelé para ante el licenciado Briviesca, con las mil y quinientas arrobas de caderas del dicho licenciado si la susodicha me pagará el daño; item, si don Francisco de Zúñiga, conde de Miranda, podría fabricar más cuerpo y ensanchar la villa de Miranda; item, si don Juan de Aragón, arzobispo de Zaragoza, y don Juan de Lamaza [sic por Lanuza], si muriesen en un día, si sería el uno Simón y el otro

Judas; y si el comendador mayor de León,[603] si parece murciélago blanco, tuerto, con pantuflos, porque lo afirman [sic] así don García,[604] su hermano, señor de la Horcajada, en sus *Proverbios*».

Y dejado esto aparte, sucedió luego el venimiento del invictísimo Emperador en Italia; en el cual yo no me hallé presente,[605] y la cabsa fue, cuando Su Majestad partió de Toledo, yo estaba enfermo en la carne, y del espíritu nada pronto para la tal jornada; [606] porque desde niño me cabsa catarro el olor de la pólvora, y todo tronido, y el sobresalto me hace mal. Allende desto, el dotor Villalobos, hermano mío en armas,[607] y médico donoso de Su Majestad, me aconsejó que no me alejase de Toledo, porque si en el reino no hobiese alguna revuelta,[608] pudiésemos favorecer al arzobispo de Sevilla, Inquisidor Mayor,[609] y a la fe católica, porque ya no era tiempo de Maricastaña, cuando se pasaba la mar en enjuto.[610] Y demás desto, una herida que hobe cuando niño, en el prepucio,[611] me quedaron tales reliquias, que cuando es tiempo, parezco ánima del Purgatorio.

[*Capítulo xxx*]

Carta que escribió el coronista don Francés
a la Emperatriz, estando el Emperador en Italia.[612]

Cuanto a lo primero, yo no he ido a ver a Vuestra Majestad por dos cosas: la primera, por mis enfermedades, que he estado en *elebami portas* [sic] terrenales; lo segundo, porque cuando mis amigos no están en casa, no acostumbro ver a sus mujeres, y así querría que hiciesen mis amigos conmigo.

Lo que hay que hacer saber a Vuestra Majestad es que el Duque, mi señor,[613] nunca hace sino orar por el Emperador, y dice que vota a Dios; que pensando en él y en su salud, y cuándo verná, meneándose ha desolado una sala. Lo otro es que los tres vasallos de la mi villa de Navarredonda [614] son muertos de modorra, y no he podido acabar de tornarla a poblar. Y porque no se perdiese mi ejercicio de árate y cávate, y aunque otro bien no me quedase sino que de aquí adelante, quedase por villano, es bien para el día de hoy, y aun en el de mañana: podré decir que soy agrícolo.

Grandes nuevas se dicen por toda España de la gobernación de Vuestra Majestad,[615] y cordura; y demás desto sois ejemplo de las mujeres buenas. Aquel gran doctor Condestable, que hoy vive, dicen que ayuda a Vuestra Majestad; y las letras y cánones del conde de Miranda. Por cierto que él es buen caballero, amigo de negocios, y con buen título podrán decir, no como a Marta, sino: *martico martico soliato mono eres*.[616]

Acá hay nueva que el Papa, nuestro señor, ha enviado una bula a España para que, otro día después de la fiesta de los Reyes, se celebre otra a doña Beatriz de Melo y al arzobispo de Toledo, y al Presidente; y que la fiesta se llame «de los tres Reyes Magros», y que se rece dello y que no los guarden. A la condesa de Faro [617] dirá Vuestra Majestad que mejor goce de sus hijos que Francisco Persoa de las martas de su ropa (que me han dicho que se le peló toda); el cual Francisco Persoa parece gatillo enfermo que anda a pleito con Juan Rodríguez, mancebo. A la marquesa de Aguilar, mi devota (porque sé que os quiere bien), Vuestra Majestad le diga que me haga saber de sus reumas y bascosidades y mocos cotidianos que siempre tuvo. Y conserve Dios la vida del marqués de Aguilar, aunque por otra parte me parece bolsón de Judas, vacío. A mi señora doña Gomar de Melo,[618] camarera mayor de Dios, mucha salud, aunque me han dicho que se cura el cabello y se le enrubia. A la marquesa de Lombay,[619] presbítera de Gandía, guarde Dios a su marido.[620] A doña Inés Manrique,[621] aya del señor Príncipe, diga Vuestra Majestad que se dice no sé qué por estos reinos, que no suena bien, y es que la hallaron con el licenciado Santiago;[622] y dicen que el licenciado alega que es hijo bastardo del papa Adriano (que Dios haya), que le hobo en la condesa de Cocentaina.

Acá me han dicho que don fray Álvaro de Córdoba[623] se casó con doña María de Aragón;[624] Dios le conserve su ligítima, como por don Luis Fajardo es deseado. Dicen que parió doña Felipa;[625] no lo creo, porque más despusición tiene ella para hacer parir que para parir. A la condesa de Osorno[626] no envío a decir nada; y es por no hacella mal casada con su marido, que estotro año tuvo celos de mí, y porque las mujeres casadas más son vidrios[627] que azúcar piedra. Dirá Vuestra Majestad a Antonio de Fonseca que la otra noche tropezó Rodrigo de la Rúa, su teniente contador, que iba tras el conde de la Gomera, requiriendo a doña Isabel de Quintanilla[628] que le señalase ciertas libranzas de alimentos que el Baiboda de Hungría[629] le había hecho merced cuanto viviesen. Él respondió: «*Regnum meum non est tiarem*».[630]

Traiga Dios con bien al Emperador, mi señor, y guárdele Dios sus hijos, y a Vuestra Majestad, como estas Españas lo han menester. Si castañas o arrope hobiéredes menester, enviad por ello, que luego lo enviaré. Mi señora, la

Duquesa,[631] ruega a Dios por la vida y venida de vuestro marido; y como ésta llegare, irá Vuestra Majestad a casa del Correo Mayor, y daréis mis encomiendas a su mujer, que es muy honrada. Vuestro secretario, Juan Vázquez de transitorias quijadas, os suplicará por una carta para mí; Vuestra Majestad la dé; y esto cuanto a la primera parte. Al duque de Maqueda,[632] Vuestra Majestad dirá de mi parte que parece dueña de la marquesa de Cenete, que fue casada con el obispo de Zamora, don Francisco de Mendoza; y porque hasta agora, *ter me negabis,* no digo más. Fecha en mi villa de Navarredonda.

El Conde don Francés.

[*Capítulo xxxi*]

Carta del conde don Francés
para el Rey de Hungría, hermano del Emperador.[633]

Muy alto y poderoso señor sobrino:

Como a los teólogos nos es escusado hablar (sino en la defensión de la fe), he acordado hacer saber a Vuestra Alteza el mucho enojo que del herético Lutero[634] tengo. ¡Bien parece que no son vivos los pasados de mi casa donde yo desciendo! Más, pues faltan hombres buenos que se duelan de Nuestro Señor, por esto ruego a Vuestra Alteza que vaya a Lutero, y que de mi parte le digáis que lo ha hecho como mal cristiano, no temiendo a Dios, ni al peligro que de mí, ni de mis debdos le podría venir. Y si Vuestra Alteza, diciéndole esto, le diere una bofetada en presencia del duque de Sajonia,[635] y todos los que le acuden en este mal caso reprobado, por ésta os doy todo mi poder complido, para que hecho sea como si yo fuese presente. Y como la dicha bofetada le diéredes, tomaréis dél y de sus consortes carta de pago y concimiento.

He acordado de avisaros de las nuevas de acá de España. Y son que el Conde, vuestro embajador,[636] vino a Badajoz; y fue tan bien criado que no me fue a ver a mi posada, y por eso parece tavernero portugués, o hombre que en la feria de Amberes tiene cargo de dar de comer a mercaderes. Salinas, vuestro embajador, es buen caballero, deseoso de tener de comer como Francisco Gutiérrez,[637] de manera que el gran espadarte tiene el dicho vuestro embajador en su posada, hacha y media siempre sobrada, y una mona en la ventana. Y trae ropa de tafetán en día de Apóstoles, y en otras fiestas ropa de jamelote. Parece veneciano que saca agua ardiente para Rocandolfo, alemán.

Dirá Vuestra Alteza a don Pedro de Córdoba que su hermano, don Juan, ha demandado el obispado de Burgos, y el Emperador le respondió: «Don Juan, por cierto que si un hijo bastardo vos tuviéredes, que se os diera».[638] Don Juan le respondió: «Si *fili* de don Felipe eres, *mitete Deo sum*». También dirá Vuestra Alteza al dicho don Pedro que parece vecino de Santander que está obligado a hacer las cargazones de las naos cuando el Emperador iba a Flandes, o contador mayor de vuestro ayo, el Clavero, que Dios haya.

Otrosí, como lo que son contemplativos y amigos de beatos no se olvida dellos. Y así Suero del Águila [639] entiende en todas las cosas de España de tal manera que ya no se acuerda de Ávila, estudiando en el *Vita christi* cartujana; el cual Suero del Águila parece custodia de freiles de la Merced, o queso cabruno desatado.

Al marqués del Gasto escribí [640] el otro día, que valía más que la Encartación de Vizcaya; el cual Marqués fue apodado en ella que parecía hijo de mosiur de Frenes, que le hobo en un avestruz pollo, o cigüeña pensativo; al cual Marqués tiene Su Majestad mucha voluntad.

El Emperador y yo, y Simonete y el conde de Nasao, y el marqués de Brandanburg,[641] y Filete y Bambrí y Rolete [642] (bonetero pobre, o sanapotras), besan las manos de Vuestra Alteza.

A mí me han hecho del consejo del Secreto [643] (que parezco sastrecico de Castillejo,[644] o esposo de gato pardo, o maravedí del socrocio del almirante de Castilla): el duque de Béjar (que parece hombre que trae ruibarbo, o que vende jabón de Chipre), el duque de Alba (que parece podenca sentada al sol, o toro desjarretado), el arzobispo de Bari (que parece rocín enfermo del conde de Agamón [645]), el arzobispo de Toledo (que parece cabra que está de parto, o albornoz mojado colgado), el Confesor (que parece raposa con cámaras que fue asida en el monte de Lerma).

A Laxao dimos la encomienda mayor de Alcántara, y el hábito; y a don Diego de Sotomayor y a Rodrigo Manrique,[646] dimos el de San Francisco. Y dice Laxao: «*Perdonayme,* que el diablo me *enporte* si no he tenido más solicitud en esto que Marta para la resurrección de su hermano Lázaro».

Las damas portuguesas son muy lindas, parecen las más dellas gengibre o cominos rústicos; otras a Hernando de Vargas [647] después de muerto ocho días. La condesa de

Haro, camarera de la Emperatriz, parece madre del papa Adriano, o hija del maestre Liberal, médico.

Aquí llegó el conde Palatino,[648] que parece florentín con pujo, o boticario del arzobispo de Maguncia.[649] Su Majestad le trata muy bien. Riñieron el dicho Conde y el Mayordomo, y metióse de por medio Metenas;[650] al cual dieron una cuchillada por la cara de veinte puntos. Quieren decir que esta cuchillada parecía a la de Diego de Cáceres, de Segovia.

Otras muchas nuevas hay en esta Corte, y son que el Emperador, a ruego del conde de Ribadeo,[651] y de sus debdos, quitó la caballeriza de la jineta a Villalta.[652] Y la dio a don García de Toledo, señor de la Horcajada, porque era gentil jinete, según escribe Cicerón a los de la cibdad de Nínive.

Y porque Vuestra Alteza no sea necio, responderéis a ésta con algunas nuevas joyas, o dineros, que más lo he por el interese que por ser de aquesa tierra. Dada en la cibdad de Granada a ocho de junio, estando el regidor de Segovia defendiéndose de veinte mancebos que le demandaban dineros del juego de la pelota.

[Capítulo xxxii][653]

Conjuro[654] que hizo el conde don Francés
a la galera capitana en que va el Emperador a Italia.

Conjúrote, galea, con las tres partes de España, que vuelvas a ella; con la santidad de las monjas de Barcelona (especialmente de las de Yunquera); con la conciencia de Andrea Doria; [655] con la conciencia de Portundo; [656] y con el amor que le tienen sus capitanes; con la potestad de Cobos y con la presunción de sus criados, y con la hipocresía de su capellán; con los sietecientos mil pecados mortales del obispo de Sigüenza. Conjúrote con la soberbia del conde Nasao; con la mala respuesta de don Juan de Padilla,[657] y de don Alonso de Baeza; con los deseos del Confesor y con el capelo del Gran Chanciller; con la barba leonada y la potencia de don Beltrán de Robles; y con el gesto de su hermano don Pedro; y con las oraciones del obispo de Güesca; [658] con los dados y naipes de don Felipe de Castilla; y con la miseria del Duque, de Córdoba; [659] con el cuitado pleito del conde de Saldaña; con la caperuza y carta de marear del duque de Arcos; con la figura de su hermano. Conjúrote con los cuatro vientos de las mangas de los pajes del marqués de Astorga; y con el tesoro de mosior de Laxao; [660] con la largueza y gala del marqués de Moya; con la fe del conde don Fernando; con la barba y bravosidad de don Pedro de la Cueva; y con las cartas que el Almirante escribió sobre esta armada, sin parecer a las *Quincuagenas*; [661] y con la buena condición y humildad de don Luis de la Cueva; [662] con la esperanza de mercedes que tiene don Pedro Lasso; [663] con la gravedad de su hermano; [664] con las arquitas de don Álvaro de Córdoba. Conjúrote con la bondad del Mayordomo Mayor; [665] con los pantuflos leonados del duque de Alba; con la inocencia de Antonio de Fonseca; con el placer que sintió su madre de don Enrique de Lara cuando le concibió; con la fuerza de don Pedro de Guzmán; con la solicitud de Sancho Martínez de Leiva; con el deseo que tiene el obispo de Guadix y Cibdad Rodrigo; y con los alcorajes de don Manrique de Silva; [666] y

con los aborrecibles principios de don Antonio de Roa;
con la fuerza de don Francés de Viamonte; con lo que espera desta armada don Álvar Pérez Osorio; y con el plato
de don Pedro de Mendoza; con los guantes del arzobispo
de Bari; con el alegría de don Alonso Osorio; y con los
pasatiempos de don Pedro de Bazán; y con la perdición de
micer Juan Reina;[667] y con la gracia de micer Anríquez;[668] y
con las hazañas de Quintanilla; [669] y con la retórica de Meneses de Bobadilla; y con la inocencia de don Juan de Cárdenas; y con las alcagüetas del comendador Bidueña;[670] y
con el pleito de don Guacarón; y con la potestad de Gutierre López; [671] y con los amores y cartas de Boscán; [672] y con
la gran miseria y pobreza de la casa de don Alonso de Bobadilla; y con la visita de don Juan de Mendoza; [673] y con
el reposo de don Alonso Manrique; y con los amores que
tuvo don Diego Osorio; [674] y con la hermandad del doctor
Narciso; [675] y con los libros del dotor Ávila,[676] *ad quam nos perducat* ...

NOTAS

1. Pedro Vélez de Guevara, segundo conde de Oñate y nieto del primero, don Iñigo. Luchó en la guerra de las Comunidades y en Navarra. Se casó con Mencía de Velasco, hija del Condestable de Castilla (el cual le llama «yerno» más abajo). Su carácter no es del todo recomendable: mientras gobierna Simancas en 1521, se descubre que está reclamando el pago de 850 soldados, teniendo sólo 550 (Seaver, *The great revolt of Castile,* p. 288). La descripción de su pobreza es irónica, pues era muy rico (Augustin Redondo, *Antonio de Guevara (1480?-1545) et l'Espagne de son temps,* Ginebra, 1976, p. 40).

2. Acaso se refiere, con velada malicia, al comunero furibundo, don Pedro de Ayala, conde de Salvatierra (v. *infra*).

3. «Me» es «medio». Después de «cocidas» falta algo como «los soltaba».

4. Fernando de Andrade. Es conde de Villalba desde 1486, pero se le suele llamar «conde don Fernando» (cf. Pedro Girón, *Crónica del Emperador Carlos V,* ed. J. Sánchez-Montes, Madrid, 1964, *passim*). En este año, 1516, es mensajero del cardenal Cisneros al nuevo rey; poco después, en las cortes de Santiago, se señala por su actitud de protesta contra el nuevo gobierno flamenco-borgoñón. Mi marido, Juan Bautista Avalle-Arce, ha redescubierto el manuscrito autógrafo, largamente perdido, de las *Batallas y quinquagenas* de Gonzalo Fernández de Oviedo, que constituye una riquísima serie de retratos de personajes cortesanos y guerreros de este período. El autógrafo lo tiene mi marido en vías de publicación; mientras tanto he extraído todos los diálogos de Oviedo que se refieren a personajes aludidos por don Francés. De ahora en adelante toda referencia al autógrafo, todavía inédito, será como sigue (como por ejemplo, el diálogo del conde don Fernando): Oviedo, batalla 2, quinquagena 1, diálogo 26.

5. El condado es portugués, dado por Alfonso V a Pedro Álvarez de Sotomayor, vizconde de Tuy. Se trata del famoso y legendario Pedro Madruga, todavía el «coco» de los niños de Pontevedra, a quien se le atribuía toda clase de barbaridades; algunas confirmadas por la histo-

ria, y otras, como la que cita don Francés inventadas; acaso porque fue partidario de la Beltraneja contra Isabel la Católica.

6. Adriano de Croy, señor de Beurren, antiguo servidor de la casa borgoñona y mayordomo mayor de Carlos V; su hijo le siguió como gentilhombre y en muchos de sus cargos. Bajo el título de «Beorre», Oviedo trata de los dos, batalla I, quincuagena 1, diálogo 14.

7. El Rey Católico (1452-1516), abuelo materno de Carlos V.

8. Este renglón es de dudosa lectura.

9. Fray Francisco Jiménez de Cisneros, 1436-1517.

10. Hijo del arzobispo de Santiago Alonso de Fonseca (también llamado Acevedo) y doña María de Ulloa; fue arzobispo de Santiago a su vez (1508-1524), y primado de Toledo hasta su muerte (febrero de 1534). Esta parte de la *Crónica* fue compuesta en 1525, de allí el aparente anacronismo del título. Según Girón, Fonseca era «alto de cuerpo y flaco, la nariz corvada, hombre muy bien hablado y sabio» (pp. 37-38). Tenía un hijo, Diego de Fonseca, que se casó con doña Elvira de Acevedo.

11. Probablemente una referencia a la reconocida sencillez de la vida personal del Cardenal.

12. Guillermo de Croy, señor de Chièvres (1458-1521); «Xebres» es la ortografía normal para la época. Este hábil consejero borgoñón que acompañó al joven Carlos fue cordialmente odiado por los españoles a causa de su desmedida avaricia, además de su influencia, tanta, que se le llamaba el *alter rex*. O sea, el «placer» del Cardenal se ha de entender al revés, como muchos comentarios por el estilo en la *Crónica*.

13. Murió en 1528.

14. En 1516 era don García de Villarroel, pero seguramente se refiere a don Gerónimo de Acevedo, conde de Monterrey, sobrino del arzobispo don Alonso de Fonseca, que tenía el oficio desde 1524.

15. «Pescado de agua dulce, blanco, largo de cuerpo y mui tragón, pues se come los otros pescados, y por esso le llaman algunos lobo de río. Su carne es muy regalada...» (*Diccionario de Autoridades*, ed. Real Academia Española, Madrid, 1726-1739, s.v.).

16. Don Bernardino Suárez de Mendoza, segundo conde, hijo del primero, Lorenzo Suárez de Mendoza, y vizconde de Torija. Se casó con doña María Manrique de Sotomayor y tuvo a Alonso Suárez de Mendoza, tercer conde. Murió en 1534. Era poco amigo de jugar limpio, y andaba siempre a la greña con Cisneros. (Francisco Layna Serrano, *Historia de Guadalajara y sus Mendozas en los siglos XV y XVI*, Madrid, 1942, II, p. 241.)

17. Fray Severo Varini, monje dominico o cisterciense italiano, maestro de don Fernando, el Gran Duque. Garcilaso hace mención de él varias veces en la Égloga II. Tomás Navarro Tomás le supone nacido hacia 1470 y muerto hacia 1548, «hombre muy elogiado entre sus contemporáneos por su extensa cultura y su profunda doctrina» (Garcilaso, *Obras*, «Clásicos Castellanos», p. 82). Le burló a Luis Vives el puesto de preceptor del Duque, hecho que acaso explique la comparación con un sollo.

18. Don Fadrique Álvarez de Toledo, segundo duque de Alba, sucedió a don García, el primero, en 1488 y murió en 1531. También recibe a Carlos V en Valladolid, aunque don Francés no lo menciona aquí. Es «capitán general de los reinos en sus jornadas de guerra y en la Corte flor de todos los príncipes cortesanos», según Zapata (*Miscelánea*, p. 223). De mucha ilustración él mismo, apoyaba mucho la erudición clásica en España.

19. A este capítulo le falta el número a la cabeza, evidentemente por inadvertencia del copista.

20. Este tipo de comentario, aplicado a Carlos V como emperador, de marcado contraste con el tono normal de ironía burlona, parece sincero. Don Francesillo reconoce y respeta al «último emperador medieval, a quien la unidad religiosa y política de la cristiandad era a la vez el ideal de su vida y el objeto de su política» (H. G. Koenigsberger, *The Habsburgs and Europe, 1516-1660*, Ithaca, N.Y., 1971, p. 1). Como veremos más adelante, el respeto no se extiende a la persona y costumbres del monarca.

21. Don Francés de Beaumont, sobrino de don Juan de Beaumont, condestable de Navarra. Se casó con una dama de la Reina Católica, doña Beatriz Icart. Fue capitán bajo Carlos V; prendió personalmente al cabecilla comunero Juan Bravo en la batalla de Villalar; prendió al general francés Asparrot en la guerra de Navarra después. Pero perdió su cargo a causa de la última hazaña, pues soltó al general mediante pago de rescate; a esto se refiere don Francés, con su acostumbrada elipsis, más abajo. Este don Francés de «Viamonte» no es en absoluto el autor de esta *Crónica* (ni de ninguna otra que se sepa), a pesar de que el manuscrito 5.941 de la Biblioteca Nacional de Viena lleva su nombre en la portada como autor de la *Crónica del Emperador Carlos V* de don Francesillo de Zúñiga, despistando así a más de un crítico.

22. Reino recién conquistado aún, por el Rey Católico en 1512.

23. Don Álvaro de Zúñiga, antiguo amo de don Francés, uno de los personajes más presentes y más ridiculizados de la obra. Fue el segundo duque y segundo de su nombre; se casó con su tía paterna, doña María de Zúñiga, de quien no tuvo hijos, aunque tenía un hijo

ilegítimo, don Pedro de Zúñiga (quien también aparece en la *Crónica*) con una tal Catalina de Orantes. A su muerte en 1531, tras largos pleitos, heredó el estado y título su sobrina doña Teresa de Zúñiga, casada con don Francisco de Zúñiga y Sotomayor, conde de Belalcázar. Don Francés, aunque se burla mucho de las peculiaridades del duque a lo largo de la obra, admite también su nobleza de espíritu. En el momento de la llegada del nuevo rey a España, que aquí se narra, es lógico suponer que don Francés no estuviese todavía al servicio del rey, sino del duque; también es de suponer que debe su presencia en el recibimiento real al haber ido en el séquito del duque. Para los tres primeros duques de Béjar y familia, véase Oviedo, batalla 2, quinquagena 1, diálogo 7, donde se tratan largamente.

24. Corregidor de Burgos a la sazón y muy favorecido de Carlos V, para don Francés es el modelo del parlanchín, y aparece como tal varias veces en la *Crónica*.

25. «No amanece más aína», sería la terminación de esta gastada fórmula que don Francés inverosímilmente adjudica a un rey que aún no habla español. J. M. Iribarren (*El por qué de los dichos,* Madrid, 1962, p. 569) no aduce tanta antigüedad para este refrán; pero el hecho de que don Francés ni siquiera tiene que citarlo entero arguye que tuvo que ser tópico hacia 1530, por lo menos.

26. Asparrot, general francés; véase la nota a «Beaumont».

27. El título entero es Aguilar de Campóo, para distinguirlo de don Alonso de Aguilar y los otros señores y condes de Aguilar. El emperador aceptó la invitación de visitar a don Pedro, en 1517, y el marqués «le hizo el mayor recibimiento que pudo», según Pero Mexía (*Crónica de Carlos V,* ed. J. de M. Carriazo, Madrid, 1945, p. 83); tanto le gustó al monarca que después fue cazador mayor.

28. Se refiere al parentesco con fray don Alonso Manrique, inquisidor general y arzobispo de Sevilla, mencionado muchas veces en esta *Crónica,* casi siempre tachado de converso. Aquí, «confesor», igual que «confeso», equivale a «converso».

29. El tocino, vedado al judío y al moro, resulta ser piedra de toque para el cristiano viejo.

30. Este cuento es evidentemente folklórico; sin embargo, no lo he podido documentar antes del barón Münchhausen en 1785; para el tema en general, véase Stith Thompson, *Motif-Index of Folk Literature,* III (Indiana, 1975), F 971.3.

31. Charles de Poupet, señor de La Chaulx; «Laxao» es la ortografía española normal en la época. Su importancia en el gobierno del joven Carlos sólo fue inferior a la de Chièvres; tampoco fue muy popular en España.

32. «Privado y mozo de cámara» del rey, según Alonso Enríquez

de Guzmán (*Libro de la vida y costumbres de Alonso Enríquez de Guzmán*, Hayward Keniston, BAE 167, Madrid, 1960, p. 156).

33. «Xiletes y musior de Bursa» serán otros servidores extranjeros del rey, cuyos nombres salen tan deformados por la pluma resueltamente castellana, que no se pueden identificar.

34. Esta fórmula, propia de la narrativa oral, es casi siempre falsa, pues de ocho ocasiones de emplearla, el autor sólo cumple lo prometido en dos.

35. Juan Sánchez de Briviesca, alcalde de Casa y Corte, colega del notorio Ronquillo en los primeros años del reinado, desde 1522 (Salinas, p. 70).

36. Véase el capítulo xxvi para la carrera militar de este hijo.

37. El patriarca de Alejandría era don Diego Hurtado de Mendoza, sobrino del Gran Cardenal. Este hijo suyo se vuelve a mencionar, con el título de obispo de Oviedo, cargo que desempeñó entre 1526-1528, el período de la composición de esta parte de la *Crónica*. Es acaso digno de mención que la versión de Gayangos le nombra obispo de Zamora (BAE XXXVI, p. 19), que corresponde al período entre 1528-1534. Murió obispo de Plasencia en 1536. No se debe de confundir con sus dos homónimos, el obispo de Jaén (murió en 1543), y el arzobispo de Burgos (que todavía lo era en 1559). El nuestro, hermano del conde de Cabra, editó un libro de ritual y fue presidente del consejo de la emperatriz. (V. también A. Redondo, *Antonio de Guevara: (1480?-1545) et l'Espagne de son Temps*, Ginebra, 1976, p. 382.)

38. Probablemente el gentilhombre del infante don Fernando, que se queda en España con el embajador Martín de Salinas; a partir de los años treinta es caballero de la Orden de San Juan de Jerusalén.

39. Doña Francisca Enríquez, prima hermana del Rey Católico, casada con don Bernardo de Sandoval y Rojas, segundo marqués de Denia. Los dos guardaron a la reina doña Juana la Loca en Tordesillas. Esta marquesa murió en 1536.

40. También llamado de Zúñiga y Acevedo (así le llama el mismo don Francés más abajo), es sobrino del arzobispo Fonseca y (en este momento) heredero del condado de Monterrey. Es significativo que don Francés no le da el título en este manuscrito, pues heredó hacia fines de 1526.

41. La opinión de la historiografía ha atribuido la notoria torpeza del rey en estos primeros encuentros con sus súbditos españoles a la juventud y poco desarrollo físico y mental; no a sutil política, como insinúa don Francés.

42. Don Diego Hurtado de Mendoza «el Grande» (1461-1531), tercer duque desde 1500. Biznieto del poeta marqués de Santillana, es una personalidad que se destaca mucho. Llamó tanto la atención por

altivo y mujeriego que un crítico moderno le identifica como el modelo del protagonista de la *Caragicomedia* (Daniel Eisenberg, «Two problems of identification in a parody of Juan de Mena», *Oelschläger Festschrift*, 1976, pp. 157-170). No hubo Comunidad en su señorío de Guadalajara, porque, al primer atisbo de disturbios, el duque cortó la cabeza del primer cabecilla comunero que se levantó.

43. La poderosa familia navarra de los Zúñiga se radicó en Extremadura en el siglo xv y medró mucho, siendo sucesivamente duques de Plasencia, Arévalo y Béjar. Entre los criados, seguramente iba don Francesillo mismo.

44. El título completo es de Miranda del Castañar. Este don Francisco de Zúñiga y Avellaneda, tercer conde, es hermano de padre del duque de Béjar, siendo hijo de don Pedro de Zúñiga y su segunda mujer, doña Catalina de Velasco. Fue virrey de Navarra (1521-1522), y después mayordomo mayor del emperador. Se casó con doña María Enríquez de Velasco (o de Cárdenas), hermana del duque de Maqueda, y murió en 1536. Véase Oviedo, diálogo sin numerar ni terminar, ff. 401-406, ms. de BNM 3.134.

45. Este priorazgo andaba en pleitos desde el reinado anterior, entre este hermano del duque de Béjar y don Diego de Toledo, hijo del duque de Alba. Ganó el pleito don Antonio y tuvo el cargo a mucha honra (véase *infra*) pero por poco tiempo, pues murió en 1524 (Salinas, p. 239).

46. El título de Aguilar de Inestrillas fue otorgado en 1475 a don Alonso Ramírez de Arellano, que murió en 1522. Pero puesto que don Francés suele usar el título actual del momento en que él escribe (1525), casi seguro que se refiere a Juan de Arellano, hermano de don Alonso, casado con la hija ilegítima de éste, doña Ana de Arellano. (Don Alonso la legitimizó, para que heredase, casándose casi *in articulo mortis* con su madre, doña Catalina de Zúñiga.) Hay dos hermanos más, Álvaro y Bernardino, que aparecen en la *Crónica* más adelante (Salinas, 86-87).

47. Esta «muletilla» que caracteriza al duque a lo largo de la *Crónica* también llamó la atención de Alonso Enríquez de Guzmán, *op. cit.*, p. 40.

48. Es broma; en realidad es el señor de Peñaranda (véase el capítulo xiv) y merece un diálogo de Oviedo, en el manuscrito de la Biblioteca Nacional de Madrid 3.134, ff. 267-270.

49. En realidad es el justicia mayor de Aragón, tercero de su nombre en el oficio. A don Francés acaso le parezca que «justicia» (oficio ya superado en Castilla por el de «alcalde de Casa y Corte») queda corto para el cargo judicial supremo del reino de Aragón, en esta época de mucho poder político. Lanuza también fue virrey de Ita-

lía, lo cual puede haber contribuido al cruce mental. Oviedo le dedica el diálogo 40, batalla 2, quinquagena 4.

50. O sea, el duque tenía una nariz larga, comúnmente considerada de tipo judaico. La Costanilla, con muchos comerciantes conversos, se convierte en mote de por sí, y así la emplea don Francés.

51. La «escritura» suya más conocida en la época es la *Crónica abreviada,* que tuvo once ediciones entre 1482 (Sevilla) y 1513 (Zaragoza); sin embargo, podría más bien tratarse de una obra más específica al caso, la *Crónica de la casa de Estúñiga* (= Zúñiga) que existía en un manuscrito perdido (J. de M. Carriazo, su edición del *Memorial,* Madrid, 1945, p. xxvii); don Francés, como criado del duque de Béjar, bien podría haber conocido esta obra.

52. Don Diego López Pacheco, que tenía ya una edad bíblica en 1516; había sido marqués desde 1469, aunque renunció en su heredero casi todo menos el título en 1480. Fue de los políticos más destacados, duchos y poderosos de su tiempo de vida activa, pero ahora es notable sólo por el estilo anticuado de su ropa y su enfermedad. Vivió hasta 1529, retirado en su villa de Escalona y dado al iluminismo; Juan de Valdés le dedicó el *Diálogo de la doctrina cristiana* en el mismo año de su muerte. Véase Oviedo, batalla 3, quinquagena 1, diálogo 23.

53. Sobrelineado; acaso en mano distinta. Es de las poquísimas correcciones en esta parte del manuscrito.

54. Don Francés echa mano varias veces a la tradición épico-histórica castellana, siempre, como aquí, en son de burla despiadada; acaso porque un converso no puede compartir el sentimiento popular del pasado heroico de Castilla.

55. El famoso traidor de Zamora quien, a instigación de doña Urraca, asesinó al rey don Sancho IV de Castilla, en uno de los más conocidos ciclos romancísticos. La penitencia que don Francés menciona también es tradicional (cf. romance de «Santa Gadea de Burgos»).

56. Don Iñigo López de Mendoza, después cuarto duque del Infantado. En 1520 su padre le desterró por un «desacato» (Pedro Mártir de Anglería, *Epistolario,* ed. P. López de Toro, Madrid, 1957, IV, p. 141). Fue el autor de un *Memorial de cosas notables* (Guadalajara, 1564).

57. Fue Condestable desde 1512 hasta su muerte en 1528. Guerrero cerril, era casi el único grande de España sin intereses intelectuales ni erasmistas. Formó parte del gobierno de Castilla con Adriano de Utrecht y el almirante durante la primera ausencia del rey, y se llevó mal con ellos en la cuestión de las Comunidades.

58. Don Pedro Fernández de Velasco, cuarto conde, condestable después de su padre en 1528. Se casó con doña María de Mendoza,

hija del marqués de Santillana; su hijo fue don Bernardino Fernández de Velasco, primer duque de Frías. Don Pedro Murió en 1558.

59. Capitán que venció al corsario francés Petit-Juan en Otranto (1503), y fue sobre Barleta en compañía de Pedro Navarro poco después (Andrés Bernáldez, *Memorias del reinado de los Reyes Católicos*, eds. M. Gómez Moreno, y J. de M. Carriazo, Madrid, 1962, pp. 414-416).

60. Las palabras «de Siruela es mi so-» son ilegibles. Se trata de don Francisco de Velasco, notable por su presunción. Dice Oviedo de él: «uno de los gentiles caballeros de su tiempo, y muy ataviado y pulido en su vestir... muy galán y servidor de damas... traía una argolla de oro justa y muy rica a la garganta, con muchas piedras preciosas y orientales perlas...» (batalla 2, quinquagena 1, diálogo 35).

61. *Magnificat*.

62. Hijo del inquisidor de este apellido también se le llama Padilla. Es señor de Santa Gadea, y después de 1538, adelantado de Castilla. Véase Oviedo, batalla 2, quinquagena 1, diálogo 39.

63. Probablemente Pero López de Padilla, padre del comunero.

64. Fue don Hernando de Toledo hasta 1529, cuando hizo un trato con el secretario Francisco de los Cobos, y le vendió el título. La referencia al rey David es oscura, pero parece un mote.

65. El hijo del comendador mayor susodicho, quien participó en la venta del título.

66. Cuarto almirante de su familia y segundo del mismo nombre y apellido, es uno de los personajes más destacados de la época. Descendiente del rey Alfonso XI de Castilla y doña Leonor de Guzmán, nuestro almirante (hijo él mismo del almirante don Alonso Enríquez y doña María de Velasco) es primo de Carlos V por su tía abuela doña Juana Enríquez, madre del Rey Católico. Se casó en Italia con una rica heredera, doña Ana de Cabrera, condesa de Módica, de quien no tuvo hijos. El almirante influyó mucho en los primeros años del reinado, sirviendo de gobernador durante la guerra de las Comunidades, con mucho tacto y seso. Aparece muchas veces en la *Crónica*, casi siempre con una referencia a su baja estatura. Murió en 1538. Véase Oviedo, batalla 2, quinquagena 1, diálogo 5.

67. Primero destinado a la iglesia, a la muerte de su hermano mayor don Enrique vino a ser el heredero del almirante, y en efecto heredó el estado en 1531. Se casó con doña María Girón, y su hijo don Luis le sucedió. Véase Oviedo, batalla 1, quinquagena 1, diálogo 25.

68. Don Enrique Enríquez.

69. Doña Teresa Enríquez, hija ilegítima del almirante don Alonso, se casó con don Gutierre de Cárdenas, señor de Maqueda, comendador mayor de León, y muy privado de los Reyes Católicos. Ya era viuda desde 1503 y vivía retirada en sus tierras, dada a numerosas obras

de caridad; fue apodada generalmente «la loca del Sacramento». Murió en 1529. Véase Oviedo, *Memorias*, II, pp. 667-668.

70. Don Diego de Cárdenas fue creado primer duque de Maqueda en 1529. Se casó con doña Mencía Pacheco y Velasco, hija del marqués de Villena, y tuvo a don Bernaldino de Cárdenas, marqués de Elche y después duque de Frías, a don Gutierre, don Alonso y otros hijos, algunos de los cuales aparecen más abajo. (Oviedo, batalla 3, quinquagena 1, diálogo 15.)

71. Probablemente de la familia de los condes de Valencia de Don Juan, pero hay varios homónimos y no hay suficientes indicaciones para identificar a éste.

72. Lo mismo que «de ganancia», o sea, bastardo.

73. Luis Lizarazo, secretario para Castilla de Carlos V; en 1520 le acompaña a Flandes, pero no a Inglaterra (J. Menéndez Pidal, *op. cit.*, p. 84).

74. «Capitán esforzado y de mucha experiencia» (Mexía, p. 157).

75. Murió en 1539. Fue antiguo servidor del príncipe don Juan; de la impresión que le causó la muerte del príncipe, se hizo fraile. Fue ayo del infante don Fernando, pero fue destituido del cargo cuando llegó Carlos V a España (Redondo, pp. 93, 112).

76. Don Pedro Suárez de Velasco, sobrino del condestable, quien prestó buenos servicios a la corona en tiempos de las Comunidades.

77. También era muy activo contra las Comunidades.

78. «Tormentoso», un catalanismo (véase Corominas, *DCELC*, s.v.).

79. Don Francisco de Zúñiga, hermano del duque de Béjar, casado con doña Leonor Manrique de Castro. En efecto, fue ascendido de conde a marqués de Ayamonte en 1521, pero es de dudar que este incidente que narra don Francés haya influido mayormente en el rey.

80. Don Francisco Fernández de la Cueva, segundo duque, murió en 1525 y fue sucedido por su hijo don Beltrán de la Cueva, conde de Lemos (véase *infra*).

81. Una forma de hipoteca sobre las rentas reales recaudadas de tal o cual villa, manera de llevar la Hacienda que empezó con la guerra de Granada.

82. Evidente parodia del estilo del cronicón.

83. Don Alvar Pérez de Guzmán.

84. 1503-1564. Hermano menor de Carlos, criado en España y muy amado de los españoles, podría haber sido un poderoso rival para el trono; de ahí el afán por parte de los consejeros de Carlos por alejar al infante del país.

85. Don Francés condensa la historia un poco aquí, porque el emperador no otorga los estados mencionados hasta 1521. Este infante pasó a ser rey de Romanos, Bohemia y Hungría, y emperador de Ale-

manía. Don Francés le dirige una carta festiva en la *Crónica,* cap. xxxi.

86. Don Pero Núñez es hermano del famoso comunero Ramiro Núñez de Guzmán; toda la familia era leal más bien a Castilla que a la rama real borgoñona, y este don Pero había sido antes criado del príncipe don Juan. El título de «Clavero» es particular de la orden militar de Calatrava. Don Pero fue sustituido en 1517 por don Diego de Guevara (hijo de don Ladrón de Guevara y doña Sancha de Rojas), criado desde su niñez (como muchos de su familia) de la casa real de Borgoña, persona apta para controlar la red de conspiración que brotó alrededor de la persona del infante después de la muerte del Rey Católico. Medró mucho en el favor de Carlos, y murió rico en diciembre de 1520 (Redondo, pp. 109-115).

87. Parece que se trata de don Alonso Suárez de la Fuente, obispo de Mondoñedo en 1493-1496, de Lugo en 1496-1500, y de Jaén en 1500 hasta su muerte en 1520, según Gams. Pero hay problemas: primero, estas «muertes» que anuncia don Francés con tantos detalles extravagantes son, en los casos comprobables, falsas; y segundo, el obispo de Mondoñedo en los años en que escribe el bufón es don Jerónimo Suárez Maldonado (desde 1523 a 1532, y murió obispo de Badajoz en 1545). Fue prominente en asuntos religioso-políticos para esta época, y lo más probable es que se trate de él, con una confusión en cuanto al nombre. (Véase Redondo, pp. 299-300.)

88. Famoso por sus mesones.

89. Don Juan Alonso Pimentel, quinto conde, casado con doña Ana de Velasco.

90. Antonio de Villegas, criado de Carlos V en Flandes y secretario para Castilla, antes de 1523 había perdido todo su poder e influencia, aunque no el puesto en sí, a la facción del secretario Cobos (Hayward Keniston, *Francisco de los Cobos,* Pittsburgh, 1958, p. 332). No se debe de confundir con el homónimo poeta y novelista, autor del *Inventario de obras en metro castellano* (Medina del Campo, 1565).

91. Don Pedro Hernández de Córdoba, sobrino del Gran Capitán.

92. Acaso Juan Alemán o Lallemand, el secretario de Carlos V, que fue acusado de traición en 1528 y perdió el puesto.

93. El primer marqués (desde 1464) y conde de Santa Marta. Murió en Valladolid en enero de 1523, según Salinas (p. 101), quien le dedica este epitafio: «Ha de saber que a 14 de enero falleció el marqués de Astorga... su mal no se supo lo que era. Creen que fue de lo que murió su padre, que era de dar más parte de su persona en hecho de damas de lo que era menester. S.M. ... le fue a visitar, porque era el que se mostró el más bueno y leal servidor de S.M. y así mismo en tal posesión era tenido y conocido». Fue sucedido por su hijo Pedro Álvarez Osorio, quien aparece más abajo.

94. Según Ángel González Palencia, *Vida y obras de don Diego Hurtado de Mendoza* (Madrid, 1941, I, p. 30), se llama Antonio de nombre, segundo conde, desde por lo menos 1515; hijo del primer conde, don Pedro de Mendoza, y doña Isabel de Zúñiga y Mendoza, se casó con una doña María de Mendoza. Murió después de 1538. El apodo de Bello Malmaridado se refiere al popularísimo «Romance de la bella malmaridada» (véase D. Alonso y J. M. Blecua, *Antología de la poesía española*, Madrid, n.º 20). La ironía del apodo se aprecia más al saber que el hijo del marqués de Astorga estaba tratando de divorciarse a la sazón de doña María Pimentel, hija del conde de Benavente.

95. Obispo de Sigüenza 1512-1532. Murió obispo de Zamora en 1539.

96. Doña Mencía de Mendoza, 1508-1532. Hija del primer marqués del Cenete, don Rodrigo Díaz de Mendoza, le heredó el estado y la enorme riqueza en 1523. Fue casada por Carlos V con su camarero mayor, Enrique de Nassau-Orange (como «Nasao» aparece en la *Crónica*), «el más acepto y privado suyo de quantos andaban en su servicio» (Mexía, p. 352). Doña Mencía tenía a la sazón unos 17 años, y fue notable por su intelecto y su obesidad. Según el cuadro de Van Orley reproducido en la *Historia de España*, XVIII, p. 238, era morena y bonita. También fue famosa por lo engreída; viuda en 1538, se tornó a casar con el duque de Calabria (véase *infra*), que era de sangre real y «con la presunción nueva mudó con las señoras el trato; y doña Ana, ... quejándosele algunas de la poca crianza de aquella, dijo "no tiene razón por cierto, porque la vaciaron de vino y la hincharon de viento"» (Zapata, *Miscelánea*, p. 389). Hay una corta biografía de doña Mencía en M. Bataillon, *Erasmo y España* (Madrid, 1966[2], pp. 487-488), que realza su erasmismo; y hay que ver Miguel Lasso de la Vega, *Doña Mencía de Mendoza, marquesa del Cenete, 1508-1554* (Madrid, 1942).

97. Capitán veneciano, aliado con el ejército francés en la guerra de Italia, 1509-1514.

98. Capitán español que hizo una carrera casi legendaria en Italia bajo el Rey Católico; famoso por su fuerza física, fue recordado por nadie menos que Cervantes (*Quijote*, II, cap. xxxii). En 1586 salió la *Breve suma de la vida y hechos de Diego García de Paredes, la cual él mismo escribió...* editada modernamente en NBAE X.

99. Parafrasea el psalmo 117,9: *Bonum est sperare in Domino quam sperare in principibus*.

100. Anécdota muy difundida de Carlos V, acaso verídica.

101. Este proverbio no se encuentra en Correas, aunque sí cita: «De un hombre necio, a veces buen consejo» (Gonzalo Correas, *Vocabulario de refranes y frases proverbiales*, ed. Louis Combet, Burdeos, 1967, p. 312).

102. Murió efectivamente en 1520. Nótese que cuando la noticia es verídica, don Francés no añade sus detalles extravagantes.
103. Martín de Urrea.
104. El conde de Belchite y segundo duque de Híjar, don Luis Fernández de Híjar, aragonés. Usó siempre el título de conde de Belchite desde que se le concedió en 1496.
105. Don Juan Fernández de Heredia, primer conde desde 1508.
106. Caballero aragonés, fue embajador de Felipe el Hermoso a Luis XII de Francia en 1506.
107. «Agravios a los fueros»; palabra catalana, no usada en Castilla (véase Corominas, *DCELC* s.v. *grave*).
108. Aquí se nota un privilegio tradicional de los bufones de antaño, forma muy propia de don Francés para enfocar el tópico de la decadencia española; cf. *Lazarillo de Tormes,* ed. A. Blecua, Madrid, 1972, p. 88.
109. Maximiliano I, emperador de Alemania 1493-1519, padre de Felipe I de España y abuelo de Carlos V. «Afable, querido del pueblo, amigo y protector de artistas, entendido en asuntos militares y emprendedor, fue un verdadero monarca renacentista.» (*DicHistEsp*.)
110. Una de las más amargas y más fundadas quejas de los castellanos contra su rey fue que éste había gastado casi todo el «servicio» (dinero) que las Cortes de Castilla le habían dado, en estas Cortes aragonesas de nueve meses; que al final le votaron relativamente poco dinero.
111. Véase la nota anterior; en claves distintas, es el estribillo de toda la *Crónica*.
112. En el castellano del Renacimiento, «novedad» es siempre peyorativo; Covarrubias la define como «Cosa nueva y no acostumbrada. Suele ser peligrosa por traer consigo mudanza de uso antiguo» (s.v.). Por ejemplo, Zapata dice: «Oh generación abusionera y *amiga de novedades*...» (*Miscelánea,* p. 71).
113. No se encuentra esta cita.
114. Este misterioso personaje, ausente de todas las memorias y crónicas de la época, fue en realidad uno de los muchos médicos que tuvo Carlos V, según confirma una carta contemporánea de Johannes Dantiscus que menciona un «Doctor Liberalis» (*apud* Redondo, p. 675).
115. Don Francés parece que usa esta palabra en su acepción culta de «naturaleza», que poco después desaparece; en 1611 Covarrubias dice: «Natura. *Latine natura, dicta est ab eo quod aliquod nasci faciat, divinus omnium rerum ordo, quo omnia moventur, oriuntur et occidunt. Hanc quidum Deum esse dixerunt, a quo omnia sunt creata.* Estas dicciones que en sí son tan preñadas y llenas de erudición y dotrina, como son tratadas *ad longum* por los autores, me desobligan a

dezir dellas más que aquello que toca a mi instituto. *Aliquando etiam natura accipitur pro genitalibus tam virilibus, quam foemineis, quae a graecis...*» (s.v.).

116. Parece que el autor parodia la *Desolatio Iudae* (*Lucas*, XXI, 23) en esta «profecía» malintencionada, pues más de una vez tacha de converso al movimiento comunero.

117. Medina de Rioseco, lugar del almirante, donde en efecto el Consejo se encontró reunido en 1521, como bien sabía don Francés cuando lo escribió.

118. Don Nicolás Tello, caballero principal de Sevilla, fue contador mayor en 1518. Fue preso, maltratado y robado; primero por los comuneros y después por el propio obispo de Zamora, pero Carlos V le premió su lealtad después.

119. El señor de Santofimia. Efectivamente, la Comunidad le derribó sus casas en Medina del Campo en 1520, bajo la dirección del tundidor Bobadilla (Mexía, p. 163). Poco después, trató de refrenar el pueblo en Jaén a fuerza de palabra, y no pudiendo alcanzarlo, tomó control efectivo de la ciudad por el monarca.

120. Gil Rengifo, capitán veterano de las guerras de Italia bajo el Rey Católico, donde ganó y perdió una fortuna; ahora es viejo y goza tranquilamente sus honores de caballero de Santiago y Corregidor. Oviedo dice: «fue natural de la ciudad de Ávila, y casó en Madrid con una doncella bien heredada y rica, y fue buen caballero y valiente...» (*Memorias*, I, pp. 145-146).

121. Véase Alonso de Acevedo y Zúñiga.

122. Era enemigo declarado, desde hacía tiempo, del condestable; en efecto se unieron contra el peligro comunero (Danvila, II, p. 155). Don Antonio Manrique de Lara, segundo duque, fue hijo de don Pedro Manrique, el primer duque, y de la amante de Enrique IV, doña Guiomar de Castro.

123. Le gusta a don Francés autorizar sus barbaridades con fingidas citas de autoridades clásicas esparcidas sin ton ni son, en parodia de la historiografía culta en general, y de fray Antonio de Guevara en particular, como demuestra magistralmente en todo el párrafo.

124. Este caballero, violentamente monárquico y dueño de la mejor casa de Toro, tomó parte en la batalla de Toro. Sus *Décadas* probablemente son apócrifas.

125. «Otra cosa»; palabra ya anticuada, que pronto llegará a tener una acepción obscena, pero que aquí da un tono sentencioso de proverbio al comentario socarrón.

126. Rodrigo Ronquillo, bachiller de Salamanca, alcalde de Casa y Corte, fue notable por su ferocidad en suprimir el movimiento comunero, sobre todo en la quema de Medina del Campo. O sea, el

consejo cínico de don Francés es: «Estáte quieto, o Ronquillo te quemará la casa». Murió en 1545.

127. La confianza fue bien puesta; mientras el movimiento comunero se radicalizaba, los nobles originalmente afectos se apartaban. Sin embargo, la historia ha juzgado que el rey actuó con muy poco juicio en dejar el país en este momento.

128. Palabra de difícil lectura, probablemente «hijos».

129. 1484-1553; hijo del duque, casado con doña María Osorio.

130. Nieto del duque don Fadrique, y tercer duque después de la muerte del abuelo en 1531, fue llamado el Gran Duque de Alba, persona de mucha importancia luego en el reinado de Carlos V y el de Felipe II. También fue compañero de Garcilaso y gran mecenas. (Véanse Oviedo, batalla 3, quinquagena 1, diálogo 6, y también Jacobo Fitzjames Stuart, *Discurso del Exmo. Señor Duque de Berwick y Alba*, Madrid, 1919.)

131. En forma figurada, pues no fue coronado hasta 1529, en Bolonia.

132. Aquí don Francés se muestra más papista que el papa, pues los comuneros daban un sinfín de razones, la mayor parte de las cuales apoyadas por el cardenal y el almirante, y al final admitidas por el emperador (véase la colección de cartas de las Comunidades que reúne Danvila).

133. El priorazgo de la orden militar de San Juan de Jerusalén comprendía grandes y ricas tierras de Castilla; de allí el enconado pleito ya referido entre los Zúñiga y los Álvarez de Toledo. A pesar del tono un tanto burlón del autor, evidentemente considera que don Antonio desempeña bien el papel.

134. El último obispo medieval de armas tomar. Oviedo, que le conocía, cuenta que fue hijo de don Luis de Acuña, obispo de Burgos, «buen prelado»; pero que Antonio de joven vivió en Roma y se hizo muy amigo de César Borja, «en la escuela del cual se hizo docto en escándalos y bullicios». Sin embargo, era «generoso y sagaz y muy bien hablado; ... veníale la coraza e las armas e todo lo que convenía al oficio de la guerra». Cuando se levantaron las Comunidades, siendo de «dulce lengua y pésimas entrañas», pensó así mejorar su obispado y se juntó a la rebelión. Después fue preso en Simancas; mató al alcaide tratando de evadirse en 1526; en consecuencia, fue condenado a muerte y ejecutado por el alcalde Ronquillo. (El alcalde fue excomulgado por el papa, y premiado por Carlos V.) Tuvo de hermano a don Diego Osorio (aparece en la *Crónica* más abajo), señor de Villegera, «noble, virtuoso, honesto y bien criado», quien después fue maestresala de la emperatriz. (Oviedo, «Relación de lo sucedido en la prisión del rey de Francia», *Codoin,* 38, Madrid, 1861, pp. 404-530.)

NOTAS 197

135. Este relato lo confirma Oviedo (véase la nota anterior).
136. Esta fórmula indica acaso una intención del autor que después se le olvida; de todas maneras, no se cumple.
137. Este destacado personaje fue el embajador de los Reyes Católicos en Francia, y fue colmado de honores por su actuación enérgica. Heredó las villas de Coca y Alaejos (véase *infra*) como sobrino del arzobispo Fonseca y hermano de don Juan de Fonseca, obispo de Burgos. Murió en 1532. (Véase Oviedo, *Memorias*, I, pp. 106-109.)
138. Adriano de Utrecht, para la historia, quien en el siglo se llamaba Adriano Florencio Boeijens, 1459-1523; fue deán de San Pablo en Lovaina y profesor de teología en esa universidad. Dice Brandi que fue «grave, pensativo... bondadoso y considerado en pequeñeces» (I, 47). Fue tutor de Carlos V desde su niñez, y Brandi le asigna mucho crédito por la devoción religiosa que demostró el emperador a lo largo de su vida. Fue a España en 1516 para defenderle el derecho al trono (dudoso entonces) y se salió con la suya. Fue gobernador único de España en la primera ausencia del rey, pero cuando se levantaron las Comunidades se acordó de agregar al gobierno al almirante y al condestable. Fue elegido papa con el nombre de Adriano VI en 1522; quiso reformar Roma y conciliar a Francisco I de Francia con Carlos V, pero su temprana muerte en 1523 acabó con todo.
139. Versión popular del *Quis Deus vult perdere prius dementat*.
140. Todavía hoy se discute si el incendio fue intencionado o no, pero el efecto fue, como dice don Francés, «endurecer corazones».
141. Juan III, rey de Portugal (1521-1557), que pronto se casará con la hermana de Carlos V, la infanta Catalina de Austria.
142. El castillo de San Servando (popularmente «San Cervantes») es una ruina del siglo XI, en Toledo. Tiene cierta fama literaria de por sí, pues aparece en el prólogo del *Quijote* apócrifo (Madrid, 1972, p. 53). Esta canción parece tratarse de una variante, probablemente tradicional, de estos versos del *Cancionero de Juan del Encina* (1496), cuya primera estrofa reza así:

> ¡O castillo de Montanges
> por mi mal te conocí!
> ¡Cuitada de la mi madre
> que no tiene más de a mí!

Según J. Romeu Figueras, editor del *Cancionero musical de Palacio* (Barcelona, 1965, I, p. 440), esta estrofa es también tradicional, de un romance noticiero perdido, sobre la entrega del castillo de Montánchez a Juan II de Castilla en 1429. Puesto que la situación histórica del prior delante de Toledo concuerda más con el asunto del romance tradicional que con el villancico amoroso del cancionero, me inclino a creer que don Francés tuerce el romance a sus propósitos; aunque siempre es posible que haya oído también el villancico en la corte.

143. El hijo ilegítimo del duque de Béjar y doña Catalina de Orantes. Se casó en 1532 con doña Teresa de Zúñiga, hija de los condes de Miranda, su prima.

144. Un hijo del cuarto duque de Medina Sidonia, don Enrique de Guzmán. Este don Pedro, su tercer hijo, fue contador mayor y en 1529 recibió el título de conde de Olivares. Es antepasado directo del famoso don Gaspar, conde-duque de Olivares y privado de Felipe IV.

145. Gentilhombre de la cámara.

146. Villa de los Álvarez de Toledo, que figura en la comedia atribuida a Lope, del mismo nombre.

147. En realidad don Esteban Gabriel Merino, *cardenal* de Bari, fue obispo de León (1517-1523) y de Jaén después. Murió en Roma en 1535. Estas hazañas delante de Toledo, que don Francés cuenta más adelante, son históricas (Danvila, VI, 140). Fue un personaje muy destacado en su época, a quien Oviedo dedica un capítulo entero (*Memorias*, II, pp. 532-533). Para una biografía más completa, véase Redondo, p. 382.

148. Nótese que don Francés no se exime a sí mismo de sus burlas.

149. *Job*: 7:7, *Memento quia ventus est vita mea*. Las otras dos citas son demasiado vagas para confirmar ni desmentir, una técnica aprendida y parodiada de fray Antonio de Guevara (que hacía lo mismo, según M. R. Lida de Malkiel, «Fr. Antonio», p. 364).

150. Es pasaje oscuro de sentido. La familia de Manrique de Lara, duques de Nájera, son señores de los Cameros; pero «el Duque» a secas probablemente se refiere al de Béjar, y la moraleja tiene referencia a los comuneros de Toledo, «nazareos» siendo equivalente a «judíos», o sea, conversos.

151. Corominas (s.v.) no documenta la palabra antes de 1568, y observa que se emplea siempre en son de burla. (Cf. cap. vii, donde don Francés evidentemente pone en ridículo el atavío del duque.)

152. El bíblico, que fue crucificado con Cristo y no se salvó.

153. Probablemente Francisco de Aguayo, veinticuatro de Córdoba, que no dejó obras escritas conocidas; o sea, se sospecha una nueva superchería por el estilo de Guevara. Sobre la realidad histórica de este personaje, véase Oviedo, batalla 2, quinquagena 4, diálogo 10.

154. Doctor y miembro del consejo de las Órdenes, «jurista y orador no vulgar», según Pedro Mártir (*Epistolario*, IV, p. 93).

155. Don Juan Pardo de Tavera fue trasladado de la sede en

1524; acaso se refiere más bien a don Pedro Portocarrero, antes obispo de Granada, quien murió obispo de Ciudad Rodrigo en 1526.
156. O *Francisco* Osorio, según Girón, p. 19.
157. Recuérdese que Carlos V, como rey de España, tenía el derecho de presentación de obispos.
158. Ducado italiano, de la familia Gaettani.
159. Donde estaba la reina Juana la Loca, soberana legal de Castilla, y en consecuencia de mucha importancia para la Junta de la Comunidad.
160. Segundo conde, don Diego Enríquez de Guzmán, primo del almirante don Fadrique, hijo de su primo hermano Enrique Enríquez, primer conde. Murió en 1549.
161. Después vizconde de Valduerna, fue destacado principalmente por su actuación en la guerra de las Comunidades (Dánvila, II, 630, 702).
162. Que era muy aburrido.
163. La dobla castellana medieval, de Enrique el Doliente, todavía en uso común en la época; aunque ya existía la nueva dobla, o «medio excelente» de los Reyes Católicos, desde 1480.
164. Cualquier referencia a narices largas equivale a motejar de judío.
165. Don Luis Hurtado de Mendoza, segundo marqués de Mondéjar, hijo de Iñigo López de Mendoza, conde de Tendilla.
166. Doña Catalina de Mendoza, hija del conde de Monteagudo.
167. Así se guardaban las peras y manzanas para el invierno.
168. Otra de las fórmulas antiguas de narrativa oral que caracteriza el estilo de don Francés, acaso porque no se ha acostumbrado aún a escribir una narrativa en vez de contarla, o acaso porque en verdad leía sus donaires a un grupo de gente.
169. La reina propietaria de Castilla hasta su muerte en 1555, doña Juana residió en Tordesillas bajo la tutela de los marqueses de Denia, con honores regios aunque sin libertad.
170. El condestable, el almirante, y el cardenal de Tortosa. El comentario del duque, que sigue, se refiere a tierras del condestable y del almirante, señores de Frías y de Medina de Rioseco, respectivamente. Quiere insinuar don Francés que los dichos gobernadores miraron antes por lo suyo que por el bien del reino, juicio bastante injusto.
171. Gracioso eco del Romancero, aunque una fórmula no usual con don Francés; aparece, por ejemplo, en «Las quejas de doña Lambra», en el «Conde Arnaldos» y en muchos otros romances. Véase R. H. Webber, *Formulistic Diction in the Spanish Ballad, U. of Cal. Publication in Modern Philology,* 34 (1951), pp. 182-185.
172. Latinismo para «mañana», común en la época y antes, en

textos didácticos (y sobrevive en el Siglo de Oro como un equívoco con el grito del cuervo; véase H. N. Bershas, «The use of *cras* in Golden Age texts», *HR,* 40 [1972], pp. 206-209), pero no en el léxico de don Francés. Es evidente que el autor aquí se esfuerza por reproducir o parodiar la erudición del habla del almirante, que tenía sus puntos de literato, era poeta, erasmista e incluso un poco iluminista en su vejez.

173. El almirante era muy pequeño, como don Francés no se cansa en señalar.

174. No de la familia (por lo menos, inmediata) de los duques de Béjar. Profesor salmantino, comunero, fue preso en la batalla de Villalar; se salvó del castigo por la intervención de «nobles amigos» (Mexía, p. 114).

175. Francisco I, rey de Francia, 1515-1547, el gran rival del emperador Carlos V.

176. De la familia de Periáñez de Toro, probablemente su nieto; fue capitán en el ejército real. Su hijo tomó parte en la batalla de Villalar y sobrevivió a la amputación de un pie. No hay noticias de ninguna obra literaria suya y se supone que se trata de otra superchería más.

177. Marqués de los Vélez desde 1507, nació en 1477 y murió después de 1541. Fue paje de los Reyes Católicos en su juventud, y discípulo de Pedro Mártir; tenía fama de muy letrado. Se casó tres veces: con doña Magdalena Manrique (divorciada); con doña Mencía de la Cueva (muerta en 1518), madre del heredero don Luis Fajardo (quien aparece más abajo); y con doña Catalina de Silva, quien le dio doce hijos. Al principio tuvo ciertas simpatías con la Comunidad en Murcia, pero cambió rápidamente de idea. Después de los acontecimientos narrados aquí, vivió tranquilamente en sus estados hasta su muerte. Fue hijo de don Juan Chacón y su primera mujer, y nieto de Gonzalo Chacón, contador de los Reyes Católicos. Véase también Gregorio Marañón, *Los tres Vélez,* Madrid, 1962.

178. Hermano de padre del susodicho don Pedro Fajardo; su madre fue doña Inés Manrique, hija del conde de Paredes y segunda mujer de don Juan Chacón.

179. Después conde de Mélito y gran amigo de Carlos V. Murió en 1536. Véase Oviedo, *Memorias,* II, pp. 614-615.

180. Doña Ana de la Cerda, hija del duque de Medinaceli.

181. Doña Brianda de Mendoza (o de la Cerda), condesa de Cocentaina, fue una de ellos, quien aparece más abajo.

182. Don Rodrigo Díaz de Mendoza, hijo del Gran Cardenal y doña Mencía de Lemos, primer conde del Cenete; murió el 21 de febrero de 1523. (Véase A. Morel-Fatio, «Vie de Luis de Requesens y Zúñiga», *BHi,* VI [1904], 286.)

183. Señor de Grajal y comendador mayor de Castilla, del consejo de estado y presidente de las cortes de Santiago, murió en 1525. Según Oviedo, «persona de grande autoridad y prudencia y de mucha experiencia y alto ingenio» (*Memorias,* II, pp. 660-661).
184. Doña Mencía de Mendoza, véase *supra.*
185. Error por «Rodrigo de la Rúa».
186. Doña Catalina de Aragón, 1485-1536, hija de los Reyes Católicos casada con Enrique VIII de Inglaterra, tía de Carlos V.
187. Acaso este personaje se puede identificar con el Jaques de Laurin que vino de Flandes en este tiempo al servicio imperial, para recibir los bienes confiscados de los principales comuneros. Murió hacia diciembre de 1523 (Salinas, *Cartas,* pp. 70, 151).
188. O Azuca, o Adurza; aparece como «argentier», o tesorero, en las cartas de Salinas de esta época; murió en 1530 (Salinas, *Cartas,* p. 468).
189. Este comentario socarrón se podría interpretar de dos maneras: o que era cristiano viejo aún más tacaño que devoto; o que era cristiano nuevo que no cumplía con el precepto, un criptojudío.
190. Primogénito de don Juan Téllez Girón, conde de Urueña, y doña Mencía de Guzmán, hija del tercer duque de Medina Sidonia. Causó grandes turbaciones en Sevilla con su dominio sobre su primo imbécil, don Alonso Pérez de Guzmán, quinto duque de Medina Sidonia, y sus esfuerzos de alzarse con el estado por el parentesco de parte de madre. Fue famoso cabecilla de comuneros, siendo nada menos que capitán general del ejército de la Junta. Se apartó de la Comunidad a tiempo, antes de la derrota de Villalar; y aunque fue de los exceptuados del primer perdón general de 1522, su familia al final consiguió su perdón, no sin mucha dificultad. Después, dice Mexía: «Anduvo bien en el servicio del Rey y en él perseveró hasta que murió, y su persona tuvo mucha reputación y autoridad, allende de la que su casa y estado le daba» (p. 22).
191. Este famoso guerrero nació hacia 1508 de la segunda mujer de don Pedro Fajardo, doña Mencía de la Cueva, hija de los duques de Alburquerque. Se casó con doña Leonor Fernández de Córdoba; murió en 1574.
192. Título del heredero de la casa ducal del Infantado, véase *supra.*
193. Evidentemente falta un nombre aquí.
194. Don Juan Arias Dávila, primer conde de Puñoenrostro (1523), fue nieto del contador de Enrique IV, el converso Diego Arias. Este Pedrarias no sucedió en el estado.
195. Parece extraño ver el nombre de don Diego de Cárdenas en esta lista de herederos hambrientos, puesto que su padre murió en

1500; pero su madre, doña Teresa Enríquez «tenía la mayor parte de la renta y la despendía en muchas limosnas y obras pías...» (Oviedo, batalla 3, quinquagena 1, diálogo 15).

196. Don Bernardino de Cárdenas, primogénito del adelantado de Granada y doña Mencía Pacheco, fue después el primer duque de Frías y se casó con doña Isabel de Velasco, hija del condestable. Atienza (*Diccionario nobiliario,* Madrid, 1959, p. 858) erróneamente fecha la creación del marquesado de Elche en 1540, pero en realidad fue concedido en 1520 (Oviedo, *Codoin,* 38, p. 415).

197. El hermano menor del marqués de Elche susodicho, y homónimo de su abuelo.

198. Segoviano, antiguo servidor de Carlos V, en Flandes (Hayward Keniston, ed., *Memorias de Sancho Cota,* Cambridge, 1964, p. 42).

199. Hijo tercero del tercer duque de Medina Sidonia, don Juan de Guzmán, y su segunda mujer, doña Leonor de Zúñiga y Guzmán (hermana de nuestro duque de Béjar); la presencia de don Juan Alonso en la «conspiración», y aun más las referencias posteriores a su madre, aluden al gran escándalo que se desarrolló desde la muerte del duque cuarto don Enrique de Guzmán sin descendencia. Su madrastra doña Leonor entonces reclamó el estado para su hijo mayor don Alonso Pérez, imbécil y dominado por su madre y su primo (véase nota 190). Fue casado con doña Ana de Aragón (una nieta del Rey Católico), pero se anuló el matrimonio a causa de la impotencia del duque, y doña Ana se tornó a casar con el hermano menor, este don Juan Alonso, quien ya bregaba para alcanzar el título, aunque sin éxito hasta 1538 (según Barrantes Maldonado, *Ilustraciones de la casa de Niebla, MemHistEsp,* Madrid, 1857, X, p. 328; confirmado por Oviedo, *Codoin,* 38, p. 445; por lo tanto, Keniston en *Sancho Cota,* p. 245, está equivocado cuando dice que era 1518). Don Juan Alonso vivía en 1541, o sea que las noticias de su muerte (véase *infra*) son, como de costumbre, irónicas.

200. Hermano del duque de Alba.

201. De joven anda por la corte; en 1528 se le encuentra capitán de 800 soldados en Sicilia (Salinas, *Cartas,* p. 407).

202. Del Consejo; murió en 1534.

203. Frey Bernardo Gentile, benedictino, cronista real y de Indias. Escribió el *Carmen ad serenisimum Carolum quintum semper Augustus* (ed. V.M.A. Coniglione, en *Bernardo Gentil, O.P., umanista siciliano* [Roma] 1948). Oviedo dice, no sin malicia, hablando de él y de Pedro Mártir: «Digo que puesto que su latinidad e tractados no caresciesen de buen estilo, forzado es que se sospeche que le faltó cierta información en muchas cosas de las que tocaron». (*Historia general y natural de las Indias,* IV, BAE 120, Madrid, 1959, p. 271.)

204. Don Diego de Acuña.

205. El humanista Diego Ramírez de Villaescusa.

206. El título más antiguo del reino de Valencia, siendo conde en esta época don Rodrigo de Corella. La condesa referida, sin embargo, es la castellanísima doña Brianda de Mendoza (o de la Cerda), hija del conde de Mélito; cuando escribe don Francés, era reciente viuda. (Véase la anécdota de ella en Antonio de Guevara *apud* Redondo, p. 239.)

207. Don Pedro Sarmiento, que tomó posesión en 1523.

208. Juan López de Palacios-Rubios, 1450-1524, valioso criado de la monarquía de dos reinados: escribió en 1514 *De justitia et jure obtentionis et retentionis regni Navarrae*, justificando la conquista de Navarra por Fernando V; y (sin publicar) *De insulis oceani* justificando la conquista del Nuevo Mundo. Fue miembro del consejo real durante la guerra de las Comunidades, y hasta prisionero de la junta por una temporada. (Véase Redondo, pp. 123, 586, 671.)

209. Según Pinedo (*Libro de chistes*, p. 114) éste le dijo al emperador (se supone que con miras a alguna recompensa) cómo había prestado dinero a los gobernadores del reino en tiempo de las Comunidades; y el emperador respondió: «Vos habéis hecho muy bien, y si otra cosa hiciéredes, vos me lo pagáredes».

210. Don Diego de Guzmán y Ponce de León, creado conde en 1522.

211. Pedro Mercado y de Peñalosa, alcalde de Casa y Corte, licenciado, del Consejo, oidor de Granada y después de Valladolid (*Corpus documental de Carlos V*, Salamanca, 1973, I, p. 273).

212. No existió en la realidad esta «junta» de herederos impacientes, parodia evidente de las Comunidades de Castilla; es una sátira contra los personajes mentados, a veces por razones evidentes y a veces no.

213. Hay que entender «año que sigue a 1522», o sea, 1523.

214. Se refiere al viaje nupcial del emperador en primavera de 1526. El problema de «aposentar» la corte trashumante es tema constante en las cartas de Salinas.

215. Valladolid a la sazón emprendía su gran carrera de prosperidad a base del comercio de las telas. La clase comercial rivalizaba con la aristocracia en su poder financiero. (Véase Bartolomé Bennassar, *Valladolid au Siècle d'Or: une ville de Castille et sa campagne au XVI*ᵉ *siècle*, París, 1967.)

216. Don Alonso Téllez Girón, principal y muy rico caballero vallisoletano, era hermano del marqués de Villena y señor de Puebla de Montalbán. Se casó con doña Marina de Guevara, hija de don Ladrón de Guevara; su hijo don Pedro Pacheco entró en la Iglesia y fue obis-

po de Mondoñedo (1533-1537). Fue consejero real de tres reinados, además de servidor del infante Fernando, y murió en 1532 (Redondo, pp. 111-112).

217. Personaje bíblico que llevó al pueblo de Israel de vuelta de Babilonia y reedificó el templo; pero no veo aquí ninguna correspondencia ni sátira política particular, sino un simple mote. Acerca del continuo motejar de judío, más o menos gratuito, cf. fray Antonio de Guevara: «Gana en la Corte mejor de comer un malsín a malsinar que no un teólogo a predicar» (*Menosprecio de Corte*, Madrid, 1975, p. 98).

218. El famoso secretario de Carlos V, quien a su muerte en 1547 tenía casi toda la administración del imperio bajo su control. Don Francés conjura con su poder al final de la obra. Véase la muy completa biografía de Keniston, tantas veces citada en estas páginas, para el retrato del mayor de los «hombres nuevos» que se apañan en el reinado del emperador.

219. Don Diego Beltrán (Girón le trata de *don*), recipiente de una carta elogiosa de Pedro Mártir en 1521, en 1524 estaba bajo sospecha de haber prestado dinero a las Comunidades (Keniston, *Cobos*, p. 81), a pesar de haber sido preso de los comuneros en Valladolid en 1520. Sin embargo, en 1535 se le encuentra miembro del consejo de Indias, de donde fue destituido en 1542 por venalidad.

220. En efecto, como dice don Francés, perdió su casa en el levantamiento; la razón fue que, como procurador de Valladolid a las cortes de Santiago, había votado a favor de alcabala nueva; a cambio de 300 ducados de soborno real, lo cual llegó a saber la Comunidad. Era de rica familia profesional.

221. Raras veces se identifica don Francés lo suficientemente con nadie como para usar la primera persona plural.

222. Don Juan de Zúñiga y Avellaneda, hijo (por la segunda mujer, doña Catalina de Velasco), de don Diego López de Zúñiga, primer conde de Miranda y abuelo de nuestro duque de Béjar. Sirvió desde niño a Carlos V, siempre rival y contrario de la facción de Cobos. A veces se le añade el sobrenombre «el Ayo», porque lo fue del futuro Felipe II; también, en su madurez, alcanzó la encomienda mayor de Castilla. Se casó con doña Estefanía de Requesens, con quien tuvo al famoso don Luis de Requesens y Zúñiga. Parece haber sido del número considerable de la alta nobleza española inclinada hacia el erasmismo, pues una traducción (anónima, atribuida provisionalmente a su propio capellán) de la *Preparación para la muerte* de Erasmo le fue dedicada en 1535 (Bataillon, *Erasmo y España,* p. 560). El comentario socarrón de don Francés, de que persiguió al emperador «porque le diese de comer», no es del todo injusto, pues el mismo Carlos V había

notado lo mismo. Avisó a su hijo que el Ayo tenía «un poco de cobdicia» (Morel-Fatio, «Vie de D. Luis de Requesens ...» p. 197). Murió en 1546.

223. El río de Valladolid.

224. Rico mercader y procurador de Valladclid, a él también los comuneros le quemaron la casa. Era buen monárquico, aunque converso (J. Menéndez Pidal, p. 75). Se le suele llamar Pedro Hernández de Portillo «el Abuelo», y era el más grande mercader de telas de Valladolid. Era terrateniente, siendo señor de Villaviudas, Hornillo, Torrecillo y Poblado de Tablada, además de sus intereses comerciales. El valor de su hacienda sobrepasaba el de muchos nobles; contaba, en 1540, con 141.950 maravedís de renta. Era regidor, y escribano mayor de la ciudad en 1535, y, al contrario de los más mercaderes, figuraba en la alta sociedad (como tiende a demostrar el relato de don Francés). Fundó mayorazgo en 1539, en el cual prohíbe a sus herederos el jugar y tener esclavos. Su nieto, homónimo, está hecho todo un señorito en la segunda mitad del siglo. (Para su vida y ambiente, véase Bennassar, *op. cit.*)

225. Alguacil mayor de Valladolid; como todos los vallisoletanos adictos al partido real, sufrió varios daños en la guerra de las Comunidades; pidió reparaciones al emperador después, con el resultado que cuenta Salinas de la siguiente manera: «Dos días a esta parte S.M. ha seydo suplicado por D. Alonso Niño alguacil mayor desta villa, haciéndole saber á S.M. cómo él tenía en unas casas suyas un pasadizo, que tenía por licencia de los Reyes antepasados, y agora la villa se lo había derrocado, suplicaba á S.M. mandase que el dicho edificio fuese tornado a hacer. S.M. le respondió que él estaba informado ser el dicho pasadizo en gran perjuicio de la villa, y que los Reyes antepasados, si hobieron dado licencia para hacer cosa en perjuicio de partes, él no la quería dar. Asimismo el dicho D. Alonso demandó á S.M. le mandase hacer justicia de una torre que tenía en el campo que le habían derrocado y quemado. S.M. demandó que quienes eran los malhechores. El dicho D. Alonso respondió ser los muchachos. S.M. á esto respondió si era él el Rey Herodes para hacer dél tal justicia. Asimismo el dicho D. Alonso demandó á S.M. fuese pagado de cierto empréstito de dinero que él había hecho á los Virreyes para cosas tocantes á su servicio. S.M. le respondió que él estaba así bien pagado, como á un tal ginovés. Esto se entiende porque él había dado los dineros con cierto interese, de manera que lo quería echar en servicio a S.M. Paréceme que son buenas las respuestas que S.M. da» (*Cartas*, p. 94). Así se explica por qué en la sátira de don Francés se le da la encomienda «de los dineros».

226. Regidor y procurador de Valladolid a la sazón, casado con

doña Constanza de Bazán; después (1541) recibió el título de marqués de Tavera.

227. Hermano de la susodicha doña Constanza; vizconde de Valduerna después, tuvo la desgracia que narra don Francés, pero también (como no menciona el malicioso bufón) acuchilló al comunero Padilla. Por sus prendas y su lealtad, medró mucho bajo Carlos V, que tenía larga memoria para bien y para mal. Se casó con doña Juana de Ulloa. (Véase Danvila, II, pp. 630, 702.)

228. 1490-1521. De familia noble toledana, hijo de don Pero López de Padilla, casado con doña María Pacheco, cuyo temple era aún más altamente rebelde que el suyo. Don Francés expresa la opinión general; pero, aunque don Juan murió ajusticiado en el mismo campo de Villalar como capitán general de la junta, en realidad al principio no fue gran entusiasta de la causa de la Comunidad. Su disgusto con Carlos V se radicaba en el hecho de que no recibiese el señorío de la Peña de Martos, que había sido de su tío. Se dirigió hacia las cortes de Santiago, con intención de presentar su queja, pero el pueblo amotinado le cogió en el camino y le mantuvo prisionero hasta que prometió dar voz a las quejas comuneras. (Véase el *DicHistEsp,* s.v., y Oviedo, batalla 2, quinquagena 2, diálogo 3.)

229. Don Pedro de Ayala, notorio comunero y capitán del movimiento en el país vasco. Volvió a España en enero de 1524, y se entregó en Burgos, confiando en que la reina viuda de Portugal intercediese por él, aunque estaba bajo sentencia de muerte. Enfermó y murió en la cárcel en mayo del mismo año. Había sido, como dice Oviedo, «tal músico, que en un tiempo ninguno lo hacía mejor en Castilla» en tocar la vihuela (batalla 2, quinquagena 2, diálogo 3). Al mismo tiempo su primogénito, llamado Cristóbal Anastasio, era paje del emperador, quien a la larga le devolvió los bienes confiscados del padre, aunque no el título.

230. Evidentemente no el poeta del cancionero, sino su pariente homónimo, biznieto del Pedro de Cartagena llamado «el Viejo». Fue comunero. Hay una larga y graciosa anécdota sobre él en J. B. Avalle-Arce, *Temas hispánicos medievales,* Madrid, 1974, pp. 288-289.

231. Todavía era caballerizo en 1539 (Salinas, *Cartas,* p. 935).

232. Hermano del obispo de Badajoz, fue consejero del rey en los primeros años del reinado.

233. Palabra no muy usual para pez espada.

234. El hermano menor de don Luis de Ávila, heredero de los condes del Risco, don Esteban de Ávila (o Dávila), y doña Elvira de Zúñiga. Este don Pedro, a pesar de su apariencia de poca monta, acabó siendo marqués de las Navas en 1533. Véase Oviedo, *Batallas,* ms. ff. 107-127.

235. Cristóbal de Santisteban, regidor de Valladolid, murió en 1542 (Redondo, p. 33).
236. De familia hidalga, arraigada en Valladolid (véase Bennassar, pp. 82, 257, 432, 489, 539).
237. El conde de Lanzarote, de la familia de Lugo.
238. Oriundo de Burgos, gentilhombre y mayordomo del conde de Salinas, se casó con la hermana del tesorero real Salamanca. Dice de él Salinas: «buen hidalgo y de muy buena porte, en quien cabe todo bien. No sé decir si de bienes es tan proveído ...» (*Cartas,* pp. 188-189).
239. Probablemente el «regidor de Segovia» mencionado con anterioridad.
240. Don Rodrigo Ponce de León, primer duque, y enemigo tradicional del conde de Cabra, su rival como magnate de la Andalucía (véase Oviedo, batalla 3, quinquagena 1, diálogo 19).
241. No fue mala idea «ayudar con sus limosnas al coronista don Francés», pues así se libran de los apodos y comparaciones denigrantes.
242. Mercurino di Gattinara, 1465-1530. Hábil piamontés, pasó del servicio de Margarita de Austria al de Carlos V a la muerte del antiguo canciller Jean Sauvage en 1518. Tuvo gran influencia en la llamada primera época del reinado, aunque acaso no tanto como él mismo decía. Don Francés le presta muy poca atención en la *Crónica,* y nunca se refiere a él sino por el oficio.
243. Su muerte en la rebelión de las Alpujarras en 1501 se conmemoró en una refundición del romance noticiero de «Río verde». Era hermano del Gran Capitán, Gonzalo Fernández de Córdoba.
244. O Venegas, de familia mora noble de Granada, que se sometió a los Reyes Católicos en 1490 y se cristianizó; tuvo mucha fama literaria a lo largo del siglo XVI.
245. Sufriendo del tumor llamado «lobado».
246. En este momento histórico, oidor de la audiencia de Granada; pero tuvo que ser trasladado a Valladolid en 1538 porque tenía muchos pleitos pendientes en Granada. O sea, acaso la referencia a su «buena vida y fama» se debe de entender como irónica.
247. Don Francisco Álvarez de Toledo, tercer conde, hijo de Fernán Álvarez de Toledo, primer conde, y doña María Pacheco.
248. Don Fernando de Aragón, 1488-1550, hijo primogénito del último rey de Nápoles. A la caída del trono napolitano, el Gran Capitán trajo al joven príncipe a España (1504) y Fernando el Católico, siempre prudente, le encerró en Játiva. Allí se quedó hasta que le dio libertad Carlos V. Éste le trata con mucho favor, por lo menos en parte porque el duque lealmente rechazó una oferta de la Comunidad de casarle con Juana la Loca y alzarle rey de España. En el período que cubre la *Crónica,* vemos al duque recibiendo a la emperatriz, apa-

drinando a Carlos V en la boda, casándose él mismo con Germana de Foix (viuda del Rey Católico); después se casó con doña Mencía de Mendoza (véase *supra*). Oviedo, que le conocía, dijo: «Demás de las buenas partes que Dios puso en su real persona, como quien era, tuvo un ingenio vivísimo sobre mucho reposo, fue devotísimo y gran cristiano, muy loable conversación, piadoso, humano, justo y bien inclinado, muy bien hablado, no motador, ni escarnidor, muy templado en su comer y beber, amigo de verdad y amoroso, y sin presunción ni enlevamiento; ninguno le trataba que no le desease servir y complacer ...» (batalla 2, quinquagena 4, diálogo 2).

249. En este mismo año muere el converso fr. Diego de Deza, inquisidor general desde 1505; don Francés seguramente se refiere a su sucesor, don Alonso Manrique (hermano menor del poeta don Jorge Manrique), que aparece muchas veces en la *Crónica,* siempre motejado (injustamente) de judío por el malintencionado autor.

250. Hermano de don Diego de Guevara el Clavero (véase *supra*), había servido desde muy joven a Felipe el Hermoso y pasado a Flandes. En este momento, es el camarero de Carlos V (Redondo, pp. 35-36, 377-378).

251. Don Pedro Ruiz de la Mota, obispo de Badajoz hasta 1520, influyente consejero del joven rey, y uno de los supuestos arquitectos de su idea imperial. Efectivamente, murió en 1522, pero era entonces obispo de *Palencia*; este error, probablemente de copista, sugiere la idea de que el manuscrito puede haberse escrito al dictado.

252. Alfonso V de Aragón, conquistador de Nápoles.

253. Conde de Ledesma y (desde la muerte de su tío abuelo don Diego de la Cueva en 1525) tercer duque de Alburquerque (véase Oviedo, batalla 3, quinquagena 1, diálogo 9).

254. Dos hermanos madrileños; en 1520, Alonso era capitán del ejército y Juan secretario real; luego fueron los dos recaudadores de rentas reales, y Juan, por lo menos, siguió una larga carrera en el servicio imperial. En una carta fechada en 1522 dice Salinas de ellos: «usan sus acostumbrados oficios de desenterrar los muertos o sus dineros» (p. 64).

255. Don Juan Portocarrero, tercer conde.

256. Probablemente un pariente, posiblemente el hijo, de Pedro Hernández Portillo (véase *supra*).

257. Don Luis de Ávila y Zúñiga, hermano mayor de don Pedro de Ávila (véase *supra*). Era muy privado del emperador en negocios militares y de diplomacia, y le sirvió desde niño hasta el final del reinado, acompañándole en muchos de sus viajes. Murió en Plasencia, 1573, dejando a su mujer doña María de Zúñiga y cinco hijas. Ahora se le recuerda principalmente por su *Comentario de la guerra de Alemania*

(BAE XXI), que presenció como gentilhombre de cámara. (Véase A. González Palencia, *Don Luis de Zúñiga y Ávila: gentilhombre de Carlos V,* Madrid, 1932.)

258. Acaso pariente del conde de Medellín; podría tratarse del obispo de Ciudad Rodrigo, obispo electo de Navarra en 1525 y muerto el año siguiente.

259. El texto dice claramente «Felipe», pero no hubo ningún Felipe, ni siquiera ilegítimo, en la familia. Será o error del copista o descuido del mismo autor, porque evidentemente se trata de don *Félix* de Guzmán, quien aparece con el nombre correcto en el capítulo xx, hijo póstumo del tercer duque, nacido en 1507 o 1508. Murió joven.

260. Don Felipe de Castilla, hijo de don Alonso de Castilla, de Valladolid, señor de Villavaquerín, hermano de don Alonso de Castilla, obispo de Calahorra; fue sacristán mayor y deán de Toledo (véase Oviedo, *Memorias,* I, 380).

261. Hijo de don Diego, segundo duque de Alburquerque.

262. Don García de Loaysa, dominico, que logró la defección de don Pedro Lasso de la Comunidad en 1521, iniciando así una gran carrera política. Fue confesor del emperador, presidente del consejo de Indias, y arzobispo de Sevilla después de la muerte de Manrique. Don Francés es inconscientemente profeta en pedir socarronamente «perdón» para Loaysa, pues perdió todos sus cargos en 1541 por venalidad. Se cuenta que, viendo al emperador después de la caída, pidió que le tomase otra vez de confesor, y respondió el emperador: «Padre, no lo puedo hacer porque tendría yo vergüenza de vos» (Pinedo, *Libro de los chistes,* p. 23). Murió en 1546.

263. Todo se resuelve en una queja del pedigüeño bufón.

264. En agosto llegó a Burgos, en menos de un mes a Logroño, camino de la guerra.

265. Es muy probable que don Francés no acompañase al emperador a la guerra, quedándose con el resto de la corte en Burgos, como insinúa con este comentario.

266. Guillén Peraza, no el de las famosas endechas.

267. Aquí hay cambio de copista; y el folio, recto y vuelto, es de muy difícil lectura. A este punto del relato, la versión que presenta Gayangos interpola el material del sitio de Fuenterrabía, el consejo acerca de ello, y una carta al papa (con dos notas sospechosas: don Francés se llama a sí mismo, por primera y única vez, «famoso doctor», y también se adjudica, sin ton ni son, un hijo llamado Domiciano). Este material se fecha incorrectamente en 1525, y cuenta las cuartanas y consulta médica del emperador. Estos capítulos interpolados de Gayangos van numerados del XXVI al XXXI. Todo huele a superchería

posterior, tomando en cuenta errores, faltas de estilo y la probabilidad de que no fuese don Francés nunca a la guerra.

268. Herrera no murió hasta 1536; esto es broma.

269. Embajador de Carlos V al papa en 1527 (Salinas, *Cartas*, p. 378).

270. Un convento de cistercienses, de fabulosa antigüedad, de los más ricos y aristocráticos de Valladolid (véase Bennassar, pp. 400, 404).

271. Otra referencia al supuesto judaísmo de los mercaderes y residentes de la Costanilla. Los corchetes de estas páginas indican la ilegibilidad de algunas palabras en el manuscrito, que se han suplido por comparación con otras fuentes, y por el contexto mismo.

272. Germana de Foix, 1488-1538, princesa francesa, última esposa del Rey Católico, finalmente esposa del duque de Calabria. Nunca gozó de mucha popularidad entre los españoles.

273. Don Juan Rodríguez de Fonseca, obispo de Burgos desde 1514 hasta su muerte a fines de 1524, poderoso en el consejo de Indias, hermano del capitán Antonio de Fonseca (véase *supra*).

274. Se refiere a Bilbao, tan famoso por sus clavos de hierro que en esta época se llaman «bilbos». El párrafo evidentemente encierra mucho que no está claro; para la rebelión en el norte, a la cual parece referirse, hay que ver Gutiérrez Nieto, pp. 178-184; para la participación de Vizcaya en los movimientos antiseñoriales como fondo. Falta, sin embargo, la clave de los personajes mentados.

275. «Judíos», o sea, conversos.

276. Curioso error por «Colón», acaso un cruce mental con la familia de Próspero Colonna. Diego Colón murió el 25 de febrero de 1526.

277. Barrio de mercaderes conversos, equivalente a la Costanilla de Valladolid.

278. O Minjohar, la puerta de la antigua judería de fines del siglo XV. Hoy es la puerta de las Carnes (véase J. Menéndez Pidal, p. 75).

279. «Descapillar» es circuncidar; o sea, que eran todos criptojudíos.

280. Estas cuartanas que sufrió el emperador de 1524-1525 son la causa (según Redondo, p. 498) de haber pedido el manuscrito del *Libro aureo* a fray Antonio de Guevara, para pasar el mal rato; de allí (suponemos) pasó a las ágiles entendederas de don Francés, quien decidió a su vez parodiar la obra del predicador.

281. De este capítulo en adelante, los capítulos del manuscrito se indican sólo por epígrafe, sin numeración. Los números entre corchetes se suplen para la conveniencia del lector. También se debe de notar que se empiezan a fechar las peregrinaciones de la corte con bastante exactitud (correspondencia perfecta con las fechas de las cartas de Sa-

líneas); razón de más para suponer esta parte de la *Crónica* escrita más o menos sobre la marcha.

282. Hermana menor de Carlos V, última hija de Juana la Loca; había vivido encerrada con su madre y los marqueses de Denia en Tordesillas hasta este momento.

283. Véase Fernández Álvarez, *Corpus,* I, iii y *passim.*

284. Será el embajador de Carlos V al papa Clemente VII, don Diego de Valmaseda, abad entre 1521 y 1532. Se trata del famoso monasterio de Santa María la Real, en Nájera, fundado en 1052, y perteneciente (en la época) a los benedictinos.

285. Es un poco sorprendente la presencia de este comunero, exceptuado del perdón general por ser «muy deservidor de S.M.» (Danvila, V, 137). Acaso sea irónico, como todo el «arbitrio»; por lo menos el próximo nombrado, el secretario Antonio de Villegas (desde 1515), había perdido el favor real en 1523 hasta tal punto que se creía que iba a perder también el puesto, aunque siguió subordinado a Cobos (Keniston, *Cobos,* p. 333).

286. Si lo que estas personas tienen en común es el estar mal vistos por el rey a la sazón (véase *supra*), se debe observar que este fraile después alcanzó ser capellán real (Fernández Álvarez, *Corpus,* I, p. 254).

287. Este pasaje podría referirse a la situación marital de la tía abuela de Carlos, Catalina de Aragón, reina de Inglaterra; Enrique VIII, después de dar muchas vueltas al asunto (que tuvieron su resonancia diplomática en España, claro está), acabó por repudiar a su esposa en 1526; solicitó el anulamiento de su matrimonio precisamente a base del desposorio previo de ella con su hermano Arturo.

288. De aquí en adelante hay palabras tachadas que no se pueden leer.

289. Interesante visión del carácter del emperador en privado.

290. Un juego de naipes. La anécdota sabe a verdadera, y bien podía serlo, siendo don Francés bufón del duque en el reinado de los Reyes Católicos. Concuerda también con el carácter de don Álvaro, que si no era todo lo tonto que lo presenta don Francés, sí era todo lo honrado, y aun más.

291. Obispo de Sigüenza 1512-1532.

292. Confusión con la hija que se llamaba así; la marquesa era doña Francisca. Acaso debe leerse «Ana Enríquez y la marquesa de Denia».

293. El licenciado Sancho Díaz de Leguízamo, famoso (según Redondo, p. 645) por su libre disposición a la condena de muerte.

294. A la sazón era pagador del ejército, ascendió a tesorero en 1535.

295. Se ha dudado hasta de la existencia de este secretario de la infanta, porque don Francés es el único contemporáneo que lo menciona. Sin embargo, existió, escribió sus memorias (ed. H. Keniston, *Memorias de Sancho Cota,* Cambridge, 1964), y murió en 1546. Era de familia conversa toledana, y su padre fue quemado por la Inquisición en 1486.

296. La infanta Leonor, hermana de Carlos V; no fue casada con Francisco I de Francia hasta por el tratado de Madrid de 1526, pero (evidentemente a base de previo desposorio) en estas fechas se le da tratamiento de reina (cf. Salinas, *Cartas,* p. 237).

297. Esto es hipérbole para exagerar la vejez de la mula. El prior es protagonista de tres romances del reinado de Pedro I, aunque el prior histórico pertenecía a la época de Alfonso XI; véase Diego Catalán, *Siete siglos de romancero,* Madrid, 1969, pp. 15-56.

298. Álvaro Vázquez Noguerol, pagador. Era hijo de Francisco Noguerol, soldado de don Álvaro de Luna y hermano de Gómez Noguerol, soldado bajo el capitán don Francés de Beaumont (véase *supra*). Fue prisionero en Francia en 1517 (Fernández Álvarez, *Corpus,* I, p. 70), pero evidentemente fue rescatado.

299. Médico converso del Rey Católico, y después de Carlos V; fue célebre como donoso literato. Su *Libro intitulado los problemas de Villalobos* (BAE XXXVI) da más datos de su vida y ejemplos de su ingenio. Recientemente ha estudiado su obra y personalidad Francisco Márquez Villanueva en «Un aspect de la littérature du "fou" ...» ya citado, precisamente con relación a la obra de don Francés. Es interesante, y acaso significativo, saber que Villalobos inició, hacia 1515, una serie de cartas burlescas de noticias de la corte; no sé si será justo calificar a don Francés como sólo «un discípulo aventajado» del médico (véase el mismo artículo).

300. Don Diego López Pacheco, hijo mayor del marqués de Villena.

301. Don Diego Fernández de Córdoba, famoso alcaide de los Donceles en la guerra de Granada, y después primer marqués de Comares (1512). Véase Oviedo, *Memorias,* II, p. 655.

302. El de Sessa, don Gonzalo Fernández de Córdoba, yerno del Gran Capitán.

303. Capitán veterano de Italia, África y Navarra. En algún momento tuvo simpatías por la Comunidad; y también fue severamente censurado por perder Fuenterrabía ante los franceses en la guerra de Navarra.

304. Uno de los bandos de Navarra del siglo XV. Bajo el tono de pseudofilosofía evidentemente hay referencias contemporáneas.

305. Marqués de Priego, sobrino del Gran Capitán, hermano del marqués de Comares (véase *supra*).

306. Probablemente hermano de don Juan de la Cerda, duque de Medinaceli.

307. Esta parte de la *Crónica* fue enviada por entregas directamente a Carlos V; de allí el apóstrofe (J. Menéndez Pidal, p. 191). Acaso por la misma razón, ofrece menos variantes en todas las versiones de la obra. En ese momento está el emperador en Madrid, cazando en El Pardo; quisiera ir a Andalucía «si tuviéramos para ello con qué», observa tristemente Salinas (*Cartas,* p. 237).

308. *Cara* en dos sentidos; los *libros* son de cuentas.

309. Sobre este tema escribe lo siguiente Salinas: «S.M. está en esta villa [Tordesillas] para dar conclusión al despidiente de la señora Reina de Portugal, la cual está en esta villa, y aun S.M. por falta de moneda ... y el proveimiento de la señora Reina se hace de algunas bagas de la Reina nuestra Señora [Juana la Loca], a causa de la extremada necesidad que acá tenemos ...» (*Cartas,* p. 233).

310. Don Lope de Moscoso; no era cortesano, y es probable que se mencione sólo por el juego de palabras con el título.

311. Otra vez en broma, la marquesa murió en 1536. Esta «muerte» a pluma del bufón, siempre partidario de la familia real, acaso fue ocasionada por las malas relaciones con la infanta y su madre, de la cual era carcelera.

312. Doña María de Aragón, hija ilegítima del Rey Católico, a la sazón era abadesa de Nuestra Señora de Gracia, en Madrigal, según confirma Salinas (*Cartas,* p. 101).

313. Otra broma, pues vivía aún en 1539.

314. Esta dama, viuda del contador mayor Juan Vázquez de Cuéllar, se quedó en Portugal con la infanta (Salinas, *Cartas,* p. 352) y desaparece de la *Crónica*.

315. «Una costra de açúcar refinado con mezcla de polvos cordiales; es arábigo» (Covarrubias, s.v.).

316. Gozaba de buena salud en 1538, según Girón (p. 237), y era hijo tercero del susodicho Juan Vázquez, según J. Menéndez Pidal (p. 87).

317. Equivale a ser quemado (en la hoguera inquisitorial).

318. Pedro Mártir de Anglería, humanista italiano de la corte, cuyo *Epistolario* se cita más de una vez en estas notas.

319. Don Luis Fernández Portocarrero, primer conde de Palma del Río, fue corregidor de Toledo en la época de las Comunidades, y cuñado del comunero don Pedro Lasso. Fue censurado, acaso con razón, por no haber resistido suficientemente a la Comunidad; fue perdonado, pero a esto se refieren los malintencionados «pronósticos» del

bufón (véase Girón, pp. 126, 128). Se distinguió después, en la guerra contra el Turco en 1532, siguiendo al duque de Béjar (Redondo, p. 401) y fue mencionado en 1537 como posible virrey del Perú (Oviedo, *Memorias,* II, p. 523).

320. O sea, la cara del que habla era en sí un *memento mori.*

321. Véase la nota *supra* a Julián de Lezcano; y Oviedo (*Memorias,* II, p. 628) menciona «Juan Petite, alias de Almendárez» en la guarda de César Borja, 1500.

322. El hereditario señor de Peñaranda, que aún no ostenta el «don» a pesar de su poderío, es el antepasado del primer conde de Peñaranda de Bracamonte, don Alonso de Bracamonte y Guzmán, en 1602. Véase Oviedo, *Batallas,* ff. 267-270, del ms 3.134 de la BNM.

323. Debe de ser el primer conde de Gelves (creado en 1529), sevillano, hijo de don Álvaro Alberto de Portugal y doña Felipa de Melo. La noticia de su muerte, desde luego, es extravagante.

324. El privilegio de tener mercado era importantísimo para la vida económica de un lugar; y por lo tanto, para su señor.

325. Este severo juicio en contra de sus colegas acaso tenga más de envidia profesional que de justicia.

326. Otra pulla, probablemente dirigida a la supuesta sangre judía de la nobleza de Aragón (cf. los infames libros de genealogía, los *Libros verdes de Aragón,* por ejemplo). En realidad la familia era toledana.

327. Murió en 1531.

328. Esta es la única mención del ciclo carolingio de romances que hace don Francés.

329. El empleo de la primera persona plural en este capítulo, tan ajeno al estilo objetivo usual de don Francés, parece motivado por la burla que sigue: al asociarse a sí mismo con el resto de la comitiva, sobre todo en el conocimiento de la lengua hebrea, don Francés efectivamente moteja a todos. La comparación con el éxodo de Egipto de la nación hebrea resulta mote también.

330. Santa patrona de tormentas, artillería y fuegos artificiales.

331. Don Diego de Rocas, 1518-1538, pero probablemente la expresión quiere decir «a lo antiguo».

332. El contador de Enrique IV, converso conocido (también abuelo de don Juan Arias Dávila, conde de Puñoenrostro desde 1523); hasta el oficio de contador era sospechoso para la hidalga limpieza, o sea, además de señalar la vejez del duque, sigue motejando.

333. El famoso converso Pablo de Santa María, hombre santo y docto, que murió como obispo de Burgos en 1435; o sea, a la vez que exagera la vejez del duque, don Francés le tacha una vez más de asociación con conversos.

334. Doña Leonor Manrique de Castro, viuda del hermano del duque de Béjar, don Francisco de Zúñiga y Guzmán; su hija doña Teresa y su yerno heredan al duque tras largos pleitos.
335. Escarola; típica receta de la superstición folklórica.
336. El médico Narciso Ponte, de origen italiano, fue casi tan destacado como personalidad de la corte como Villalobos; en 1522 pidió y recibió el regimiento del comunero Francisco Maldonado.
337. Las islas de las Monas, posesión portuguesa; onomásticamente hablando, los «naturales» deben de ser monos.
338. Como los soldados romanos con Cristo.
339. Donde hay un trozo de madera de la cruz.
340. J. Menéndez Pidal (p. 87), interpreta este críptico latín como una manera sutil de motejar, pues resulta que son las primeras palabras del llamado «símbolo de san Atanasio», que parece indicar la necesidad que tiene el cristiano nuevo de aprender los artículos de la fe. Repito que el mismo oficio de contador, tradicional monopolio del judío y del converso, es sospechoso.
341. Estas citas del psalmo *Filiae Ierusalem* también insinúan la ascendencia judía.
342. Patrón de marineros.
343. Su «orden de caridad» es la notoria herejía de Durango, identificada por J. B. Avalle-Arce como una rama española del movimiento europeo de la Hermandad del Espíritu Libre («Los herejes de Durango», *Temas hispánicos medievales,* Madrid, 1974, pp. 93-123).
344. Protonotario de Valladolid, a veces encargado de misiones diplomáticas; acompañaba a Cisneros a la hora de su muerte.
345. No es tan curiosa esta mención del ciclo bretón de romances, siendo precisamente los años de 1501-1553 de gran popularidad para la materia arturiana en España (véase H. Thomas, *Spanish and Portuguese Romances of Chivalry,* Cambridge, 1920, p. 148).
346. No se puede decir qué marqués será éste, pues hay una Vela cerca de Baena, otra Vela cerca de Torre-Pacheco, y no hay tal título por ningún lado según Atienza, *Diccionario nobiliario.*
347. Equivale a 15 quintales.
348. No por lo vasco, sino por lo avaro.
349. Es dudoso que don Francés pudiese chapurrear algunas palabras de vascuence; es más probable que nos hallemos ante un nuevo caso de invención lingüística.
350. Véase *supra* la nota a Díaz de Leguízamo.
351. El alcalde de Pamplona, Miguel de Herrera, murió en enero de 1536.
352. Trato propio de grandeza de España, que no le pertenecía.

Al año de ser confirmado emperador, en 1520, Carlos V creó la Grandeza, que fue muy anhelada por los nobles no incluidos en ella.

353. Esta costumbre, de una molicie casi morisca, evidentemente llamó mucho la atención.

354. Nótese la parodia del estilo hagiográfico.

355. El villancico original de esta probable parodia es de Pedro de Cartagena, «A una señora». Se encuentra en un códice de la Biblioteca de Palacio, dado a conocer por A. Wittstein, «An unedited Spanish *Cancionero*», *RHi*, XVI (1907), pp. 295-333. Cf. C. V. Aubrun, «Inventaire des sources pour l'étude de la poésie castillane au xve siècle», en *Estudios dedicados a Menéndez Pidal,* IV (Madrid, 1953), pp. 297-330.

356. Venía a ser costumbre que los hijos de los nobles fuesen instruidos en los clásicos, véase Redondo, p. 73.

357. Este hermano de don Juan de Arellano, conde de Aguilar, normalmente usaba también el apellido Arellano (véase Oviedo, *Codoin,* 38, p. 463) pero don Francés aquí le llama por el apellido materno.

358. Este verso casi endecasílabo probablemente cita o parodia alguna composición cortesana más efímera que «Noramala os conocí», citada arriba. Indicará que el aludido tiene algunos atributos de Saturno, como el mal humor.

359. Frase típica, con variantes, de los romances carolingios (véase Webber, p. 199), también del estilo de crónica (por ejemplo, véase *Generaciones y semblanzas,* ed. cit., p. 23). Don Francés gustó mucho de la frase y la usó varias veces en esta parte de la *Crónica.*

360. Como si fuese caballo o mula de silla.

361. Doña Ana Pimentel.

362. Hija última de don Iñigo López de Mendoza, segundo conde de Tendilla (muerto en 1515) y su segunda mujer doña Francisca Pacheco. Su ilustre familia de hermanos comprendía condesas, marqueses, virreyes, obispos, escritores, diplomáticos y hasta comuneros (véase A. González Palencia, *Vida y obras de don Diego Hurtado de Mendoza,* I, Madrid, 1941); pero ésta murió joven y soltera en 1534.

363. Esta misma cita de Job aparece antes; parece ser favorita de don Francesillo.

364. Hermano de don Alonso de Zúñiga y Acevedo, véase *supra.*

365. Murió en 1526.

366. Una oración popular, prohibida en el índice expurgatorio del arzobispo Fernando de Valdés en 1551 (*Tres índices expurgatorios de la Inquisición española en el siglo XVI,* Madrid, 1952, p. 46). Bataillon (*Erasmo y España,* p. 570) tiene una larga nota bibliográfica sobre la Oración, que evidentemente tuvo una larga supervivencia popular:

véase, por ejemplo, *La farsa del molinero* de Diego Sánchez de Badajoz.

367. La beata del Barco de Ávila, que había profetizado al Rey Católico que no moriría hasta haber ganado Jerusalén, fue procesada y condenada por el arzobispo Cisneros (Bataillon, *op. cit.*, p. 69).

368. Parafrasea una tonada popular que Alonso Enríquez de Guzmán cita así (*op. cit.*, p. 120):

> Estos días
> ¡A! tan largos para mí,
> no solían ser ansí.

369. Parece haberse escrito primero «1524» y después corregido a «1525», el año correcto.

370. Frase proverbial; véase R. Menéndez Pidal, *Romancero tradicional*, Madrid, 1963), II, pp. 99, 122-123.

371. Batalla librada en 1385, en la cual Juan I de Castilla perdió sus pretensiones al trono de Portugal.

372. Don Garci Fernández Manrique, tercer conde, después presidente del consejo de las Órdenes, y de Indias también (en la ausencia de Loaysa); murió en 1548.

373. La batalla de 1474 en la cual los Reyes Católicos aseguraron el trono de Castilla con la derrota de las fuerzas portuguesas que luchaban a favor de Juana la Beltraneja.

374. Este nombre, de la familia conversa de Santamaría, es común en Burgos, llevado por poetas, comuneros y personas vulgares. No sé a ciencia segura a cuál se refiere, pero probablemente se trata del procurador, véase *supra*.

375. No es anacronismo, porque la fecha la inventó el autor.

376. Belalcázar. Don Francisco de Zúñiga y Sotomayor, hijo del conde don Alonso de Sotomayor, por su casamiento con doña Teresa, sobrina del duque de Béjar, heredó el marquesado de Ayamonte antes de 1528 y el ducado de Béjar en 1531, a la muerte del duque.

377. Los extremeños (paisanos de don Francés) son tan bárbaros que don Francés teme que no le valga su tradicional privilegio de bufón, ni el favor real, si hace burla de ellos. Y el susto, si no le quita el habla, le causa una regular confusión de sintaxis en todo el párrafo.

378. Don Juan Alonso de Guzmán: véase la nota anterior.

379. Francisco González de Medina y Zúñiga, véase Oviedo, batalla 2, quinquagena 2, diálogo 20.

380. Si en realidad fue capellán de la infanta, es extraño que no aparezca en las *Memorias* de Sancho Cota.

381. Recuérdese la referencia a estos cernícalos en el prólogo.

382. Aquí se reanuda el relato a continuación del capítulo x, y el

estilo cambia de epistolar al de crónica; o sea, evidentemente aquí comienza un capítulo nuevo, pero el copista no lo señala.

383. La idea de que la prisión y derrota del rey fue el juicio de Dios se difundió mucho en España.

384. El famoso capitán de Carlos V, 1480-1536. La victoria de Pavía en 1525 fue la primera de su mando independiente; fue premiado con el principado de Ascoli.

385. 1482-1527. El consejero y general borgoñón del emperador. Aparece frecuentemente en las crónicas contemporáneas como «Mingo Val», su señoría.

386. Francisco Fernando de Ávalos, italiano de origen valenciano, murió en Palermo en 1571; don Francés le hace blanco de unas cartas festivas (véase el *Epistolario*, BAE XXXVI, pp. 56-60).

387. Charles de Bourbon, 1489-1527, conocido en la historia como el condestable de Borbón. Siendo general francés, se desnaturalizó, acto muy aplaudido por los españoles de entonces; la distancia que va entre el mesianismo del siglo XVI cuyo ideal fue «un Monarca, un Imperio y una Espada», y el nacionalismo romántico posterior se demuestra en los versos del duque de Rivas alusivos al asunto:

> No profane mi palacio
> un fementido traidor
> que contra su rey combate
> y que a su patria vendió.
> Pues si él es de reyes primo,
> primo de reyes soy yo;
> y conde de Benavente,
> si él es duque de Borbón.
> Llevándole de ventaja,
> que nunca jamás manchó
> la traición mi noble sangre
> y haber nacido español.
>
> («Un castellano leal», BAE, C, p. 372)

388. Calixto III, en el siglo Alfonso de Borja, papa de 1455 a 1458.

389. Guerrero veterano de la guerra de Granada, después alcaide de Castilnuovo en Italia. Era el carcelero de Francisco I después de la batalla de Pavía, y fue hecho marqués de la Val Siciliana por su actuación. Murió en 1540 a la edad de casi ochenta años. Para su vida, véase Oviedo, *Memorias,* II, pp. 434-435.

390. Servidor de Carlos V desde su niñez en Flandes; según Salinas, fue «muy buen caballero y que con toda diligencia y voluntad

mirará el servicio de V. A. ... será bien que se le escriba ... en castellano porque no es latino» (*Cartas*, p. 469).

391. O del Vasto, o del Guasto; Alfonso de Ávalos, 1502-1546. Tomó el mando de Lannoy a la muerte de éste en 1527. También le honra don Francés con una de sus epístolas.

392. Quiere decir Enrique de Albret, príncipe de Bearne, quien hubiera sido el heredero del reino de Navarra, de no haberlo conquistado el Rey Católico en 1512.

393. Leiva, para facilitar la situación, acuñaba monedas por iniciativa propia, redimibles después de la guerra.

394. Enfermedades de caballerías.

395. Es muy poco probable que don Francés haya tomado parte en la guerra de Granada. Esto parece más bien un automote acerca de la cobardía folklórica convencional de su raza, relacionado con la expulsión de los judíos, ocurrida el mismo año (1492) que la toma de Granada.

396. Fue capitán de la guardia del Rey Católico y de Carlos V; en 1523 debía de haber sido embajador ante el papa, pero se rompió el brazo y no fue (Salinas, *Cartas*, p. 108). Es el hermano del Jerónimo de Cabanillas (muerto en 1524) que fue gobernador de Valencia. No hay noticias de ninguna obra suya escrita, de donde se supone que se trata de otra superchería a lo fray Antonio de Guevara.

397. Este tipo de trabajo pertenecía principalmente a flamencos e italianos en esta época.

398. El comendador Rodrigo Peñalosa Díez, que había estado en la jornada de Pavía, trajo la noticia y partió en mayo del mismo año para Inglaterra.

399. Pagador y miembro del consejo de Hacienda bajo los Reyes Católicos, contador mayor de Carlos V; encontró mucha riqueza en el curso de su carrera, pues edificó un palacio tan lujoso que la infanta María de Portugal, prometida de Felipe II, se alojó muy a su gusto en él el año de 1543 (Keniston, *Cobos*, p. 267).

400. No se llamaba así la hija del rey Lisuarte en el *Amadís*, sino la amante de Píramo en la leyenda clásica. Aquí empieza una ensalada de mitología, historia sagrada, literatura y acontecimientos contemporáneos, empleados con una incongruencia tal que tiene que ser con intención; aparte de la ya consabida parodia de Guevara, probablemente encubre una realidad histórica que ahora no acertamos a descifrar.

401. Una contemporánea del bufón, de una distinguida familia madrileña, véase Oviedo, *Memorias*, I, p. 330.

402. Véase Oviedo, batalla 1, quinquagena 2, diálogo 44; entonces tenía el cargo de mayordomo mayor. Aparece ya en 1516, como enviado a don Alonso de Aragón (Fernández Álvarez, *Corpus*, I, pp. 56-57).

403. Don Diego de Córdoba, padre del duque-consorte de Sessa. Sus hermanos son don Antonio y don Pedro de Córdoba.

404. Don Fernando Folch, duque de Cardona; «demás de no tener igual en estado en los reinos de Aragón y Cataluña, fue muy bien quisto y acatado, y su persona fue tal que a todos plugo al extremo» (Oviedo, batalla 2, quinquagena 1, diálogo 6).

405. Nótese el esfuerzo de realismo lingüístico.

406. Otro catalanismo: «Canónigo ... voz anticuada», dice el *Dic-Aut,* s.v.

407. Don Fadrique Enríquez de Ribera, hijo de don Pedro Enríquez, adelantado de Andalucía, y su mujer doña Catalina de Ribera; es primo hermano del almirante don Fadrique Enríquez. Muere en 1539, efectivamente sin sucesión, y su hermano don Fernando hereda el estado y el marquesado de Tarifa (véase García Carraffa, *Diccionario heráldico y genealógico de apellidos españoles y americanos,* XXXII, p. 54). El don Manuel Ponce de León con quien juega es el famoso caballero de la corte de los Reyes Católicos; rescató de los leones el guante que había tirado su dama cruel, como cuenta Oviedo (*Memorias,* II, pp. 449-450).

408. El título es de Saluzzo, en Italia, y pertenece al segundo marido de la dama, mosior de Ginebra, servidor del emperador, quien le hizo marqués de Saluzzo en 1524 (Salinas, *Cartas,* p. 191); véase *infra.* La condesa, hermana del tercer conde de Miranda, vivía separada de su marido ya en 1519, y no fue tachada de participación en las Comunidades (véase *supra*).

409. «Dacia» es Dinamarca (cf. *Sancho Cota,* p. 2); así el rey Nerón es el rey de Dinamarca, Cristiano, que se casó con la infanta Isabel, hermana del emperador. Para su semejanza con el emperador romano, véase *infra.*

410. El que llevaba la vara alta en Tordesillas era el viejo marqués de Denia, don Bernardino de Sandoval y Rojas, carcelero de Juana la Loca.

411. Un secretario del secretario Francisco de los Cobos.

412. Juan Vázquez de Molina, en efecto sobrino de Cobos, y uno de los secretarios hechos por él en la carrera del servicio imperial. Criado suyo desde 1523, fue regidor de Úbeda y caballero de Santiago en 1528, comendador luego. En 1529 subió a secretario de la emperatriz, en 1533 perteneció al consejo de Guerra, en 1539 fue secretario del emperador. Después fue uno de los secretarios de Felipe II. Se casó en primeras nupcias con Antonia del Águila, como dice aquí don Francés, pero después picó más alto y se casó por segunda vez con doña Luisa de Mendoza, probablemente parienta de la mujer de Cobos, doña

María de Mendoza. (Esta breve biografía se extrae toda de Keniston, *Cobos, passim.*)

413. Antonia del Águila: véase Juan Vázquez, nota anterior.

414. Hijo del conde de Lemos don Rodrigo Enríquez Osorio (véase *infra*), se casó con doña Teresa de Andrade y Zúñiga, hija del conde don Fernando de Andrade.

415. Desde 1460, el título queda reservado para el heredero del ducado de Medina Sidonia; de manera que don Francés probablemente se refiere al primer conde (que no fue duque), el casi legendario don Juan Alonso de Guzmán, «Guzmán el Bueno», que murió en 1396. Es socarronería muy propia de don Francés citarle como autor clásico, sobre todo en compañía de Juan de Voto a Dios.

416. Esta figura folklórica, bastante difundida en España, se ha identificado siempre con el Judío Errante; véase también el *Viaje de Turquía* del doctor Andrés Laguna, del cual es nada menos que protagonista.

417. Otra vez la pseudocultura clásica del bufón: Milón de Crotona, de Sicilia, el hombre más fuerte del mundo, fue comido por los lobos como cuenta don Francés. El motivo ulterior de la referencia podría ser el viaje a Roma (ciudad de los ahijados de una loba) en 1527 del cortesano Millao (quien aparece también en las «Cartas», edición de J. Menéndez Pidal, p. 83) para presentar las excusas de Carlos V al papa por el saco de Roma.

418. Esta familia eclesiástica parece tener tres miembros importantes: Alonso el padre, deán de Toledo y sacristán mayor; su hijo Felipe, también sacristán; y su sobrino Alonso, obispo de Calahorra, que murió en 1541 (véase Oviedo, *Memorias,* I, p. 330).

419. Ferrante Gonzaga, hijo del cuarto marqués y doña Isabel de Aragón, a quien pudo haber conocido don Francés en Sevilla cuando las bodas imperiales, puesto que allí ganó en las justas el título de «más gentil hombre» (Oviedo, *Codoin* 38, 463). Había estado desde adolescente en el servicio del emperador, llegando a ser virrey de Sicilia, Lombardía y Milán (Oviedo, *Memorias,* II, pp. 662-663).

420. Alfonso de Este.

421. Francisco Sforza, último de su familia, a quien Carlos V había puesto en el trono ducal en 1522; murió en 1535.

422. Don Francisco de Monroy, conde de Belvis (véase Oviedo, batalla 2, quinquagena 1, diálogo 33).

423. Don Rodrigo Manrique de Lara, quien tuvo que mandar embajador porque era notorio que nunca apareció en la corte.

424. Fue casada con el tercer conde, don Diego de Villandrando, véase *infra*.

425. Muley Hassan, rey de Túnez.

426. Don Martín Fernández de Córdoba y Velasco, virrey de Nápoles y Navarra. Se le creó conde de Alcaudete en 1529, probablemente porque le hizo un préstamo considerable al emperador. En cuanto a su inclusión entre las potencias mundiales aquí, hacia 1541 Carlos V le debía aproximadamente la suma de 750.000 maravedís (Oviedo, *Memorias,* II, pp. 441-442).

427. En 1488 fue profesor de derecho en Salamanca, y Pedro Mártir le dirige una carta elogiosa a poco de llegar a España (*Epistolario,* I, p. 103).

428. Cristiano II, cuñado de Carlos V (véase *supra*). Don Francés exagera; sólo ejecutó a dos obispos, en 1520. En las revueltas que siguieron, perdió su trono. Se refugió en Flandes (donde murió su reina en 1526) y apeló al emperador, quien no se mostró muy dispuesto a ayudarle a recuperar el trono.

429. Don Francisco Álvarez de Toledo, tercer conde, casado con doña María Manuel de Figueroa.

430. Hijo del conde de Cabra; murió en 1550.

431. Julio de Médicis, elegido en 1523 para suceder a Adriano VI. Había favorecido el partido imperial antes de ser papa, pero después cambió de política. El análisis que hace don Francés de sus motivos no es desacertado. Murió en 1534.

432. En los Evangelios apócrifos. Este comentario, y la respuesta del emperador al duque, que sin el menor dejo de ironía identifican al emperador con Cristo, demuestran hasta qué punto penetra el espíritu mesiánico del imperio en el bufón.

433. Otra expresión característica del mesianismo centrado en la figura de Carlos V (cf. Bataillon, *Erasmo y España,* p. 83).

434. La política antirromana del duque era muy conocida (Bataillon, ibid., p. 242).

435. Este antiguo servidor de Cisneros fue enviado a Carlos en 1517 (Fernández Álvarez, *Corpus,* I, p. 79), pero pronto se apartó de la política para traducir a Boccaccio y Sannazzaro al español.

436. Don Jerónimo Suárez Maldonado, en los años 1525-1532. Este poderoso prelado político, después obispo de Badajoz, fue siempre contrario a la facción de los Guevara (Redondo, *passim*).

437. «Voz jergal o semijergal, tomada del it. *gamba,* íd. ... la primera documentación, 1609 *Vocabulario de germanía* de Juan Hidalgo ...» (Corominas, s.v.). «Es vocablo italiano y poco usado entre los que no han salido de España; con todo esso dicen ya todos: Guarda la gamba.» (Covarrubias, s.v.)

438. Por cierto hubo justas y torneos en esta ocasión, y a veces los hubo de farsa: véase Salinas, *Cartas,* pp. 71, 91; pero que saliesen en ellos los clérigos es invención fantástica de don Francés.

439. Acaso el regidor de Segovia, quien se hizo muy rico a raíz del oficio hacia 1540 (Gutiérrez Nieto, p. 26).
440. Obispo de Segovia de 1512 hasta su muerte en 1543.
441. Comendador de la Espada, muy enemigo de Chièvres.
442. Eran servidores flamencos del emperador, y don Francés probablemente quiere señalar su *falta* de habilidad ecuestre en un país que rápidamente se convertía en la pauta de excelencia en equitación y en caballos para toda Europa.
443. Anne de Montmorency, condestable de Francia, muy privado de Francisco I y preso con él en Pavía. Quedó como rehén en España (con algunos otros) por la entrega de Borgoña, condición de la libertad del rey. (Mexía, pp. 386, 418.) Sancho Cota deletrea el apellido de la misma forma. En este manuscrito, encima de «Memoransi» fue interlineada, y luego tachada, la palabra «Metenay».
444. Famoso por sus caballos y sus jinetes.
445. Recién llegado de la corte del infante Fernando, y bien recibido por el emperador (Salinas, *Cartas,* p. 300).
446. Don Diego Fernández de Córdoba.
447. El poeta, natural de Écija, tuvo no menos que treinta y ocho composiciones en el *Cancionero general de Hernando del Castillo* (1511) entre todas sus reediciones; fue celebrado por la delicada y sincera emoción de sus «lamentaciones de amores», muy admiradas de Herrera, y execrado por sus «liciones de Job», consideradas como sacrílegas, y purgadas por la Inquisición. Enloqueció (la tradición dice que por amores, aunque aquí el comentario de don Francés es interesante) y acaso se suicidó. Estaba al servicio del conde de Feria en 1534, y conoció al joven poeta Gregorio Silvestre; posiblemente le influyó hacia la poesía tradicional. Se le supone nacido hacia 1480, y no hay noticias de él después del año 1534. (Véase Patrick Gallagher, *Life and works of Garci Sánchez de Badajoz,* Londres, 1968.)
448. El obispo Acuña, prisionero en Simancas (véase *supra*), era todavía obispo de Zamora; pero mientras tanto, ejercía los oficios don Francisco de Mendoza, prelado respetable, hijo del conde de Cabra. A causa de la ejecución de Acuña y la excomunión consecuente del emperador, Mendoza no pudo tomar posesión de la sede oficialmente hasta 1528. Col. Salazar, doc. 31, f. 54 v.
449. Don Rodrigo Sánchez de Mercado, prelado de Mallorca, de 1512-1530, acaba de ser nombrado presidente del consejo de Granada a la muerte de Francisco de Herrera (Redondo, pp. 228, 268).
450. Viuda de Juan de Labrit, Margarita de Angulema era duquesa de Alençon en su propio derecho. Su marido acababa de morir de una herida recibida en la batalla de Pavía. Con esta visita convenció

a Carlos que debía de casar a su hermana la infanta Leonor con el rey de Francia, y no con el duque de Borbón como tenía pensado.

451. Las damas españolas viajaban en mula.

452. Philippe Villiers de l'Isle Adam, gran maestre de la orden de San Juan de Jerusalén, que había sido derrotado por el Gran Turco, Solimán el Magnífico, en 1522. No acudió en vano al emperador, porque consiguió la isla de Malta para su orden. Tenía casi ochenta años a la sazón. La «liga» a la cual no se prestó por gratitud a Carlos V fue la llamada «Liga de Coñac», o «Clementina», de mayo de 1526, del papa, Venecia, Milán y Francia.

453. Isabel de Portugal (1503-1530). Prima y esposa del emperador, fue muy amada de él y de todo el pueblo español. Toda esta parte de la *Crónica* concuerda perfectamente con la relación más detallada y (por supuesto) sin chanzas de Oviedo (*Codoin*, 38, pp. 404 ss.).

454. Noticia verídica; murió el 6 de febrero de este año.

455. Este cuento no entra en otras crónicas ni cartas de la época. Posiblemente se trata de los «falsos apóstoles» aludidos en el *Viaje de Turquía* (véase Bataillon, *Le Docteur Laguna, auteur du «Voyage en Turquie»*, París, 1956, p. 40), que entre otras cosas, confesaban a mujeres. No he podido identificar al abad Cayo de la Puente; sospecho que sea más folklórico que histórico el nombre. El nombre de Bartolomé del Puerto aparece en la *Lozana andaluza* de Francisco Delicado en 1528 (ed. Bruno Damiani, Madrid, 1969, p. 119), como un personaje donjuanesco legendario, acerca de quien había un cantar popular.

456. Aquí don Francés vuelve sobre la estancia en Toledo, aunque al final del capítulo previo había contado la partida del emperador para Granada.

457. Una broma, claro está, sobre el sempiterno estribillo de la búsqueda del dinero; Santiago era siempre orden militar. Pero no es la obsesión de don Francesillo sólo, sino de la corte entera; observa Salinas en esta época, «no hay un real ni de donde lo sacar» (*Cartas*, p. 257).

458. Evidente esfuerzo por reproducir el efecto del habla extranjera.

459. El título entero es de Santisteban del Puerto, y lo tenía don Francisco Velasco de Benavides.

460. Don Álvar Gómez Orozco fue el nombre propio; apodado «el Zagal» como capitán de tropas imperiales en Italia (Girón, p. 59).

461. Oviedo dice de él: «Valiente y esforzado mílite y muy diestro en las armas ... estuvo mucho tiempo entre los moros y era ... entendido en aquella lengua». A causa de sus hazañas en la guerra de Granada fue favorecido por el arzobispo de Toledo, don Pedro González

de Mendoza, y se casó con «una doncella generosa y rica de Guadalajara» (*Memorias*, II, p. 660).

462. No es broma; Carlos V en verdad tenía un caballerizo con este apellido, cf. Salinas, *Cartas,* p. 193.

463. Los detalles históricos de los desposorios y bodas, en el fondo correctos, que don Francesillo desfigura a gusto, se pueden comprobar en la excelente biografía, de María del Carmen Maazarío Coleto, *Isabel de Portugal, emperatriz y reina de España,* Madrid, 1951, pp. 31-52. Por cierto la autora no deja de apreciar el «habitual donaire y fina ironía socarrona» de la labor pseudohistórica de don Francés (p. 39).

464. Esta jerga italo-española se distingue fácilmente del habla de, por ejemplo, La Chaulx, por un evidente esfuerzo, sistemático y consciente de reproducir el habla característica de cada extranjero.

465. En realidad era rico: véase Oviedo, batalla 2, quinquagena 4, diálogo 2.

466. Cerbatana.

467. Probablemente un hijo del marqués de Cogolludo, su homónimo, y su mujer doña Ana de Mendoza, hija del duque del Infantado.

468. El conde es su heredero; véase *supra.*

469. Refrán tradicional de mucha antigüedad.

470. Visión satírica del típico soldado de fortuna español en las guerras de Italia, con su mesnada de felones cuyas orejas han sido cortadas por la justicia.

471. Quiere decir que fueron ejecutados, pero es broma. Tampoco es verdad lo del tormento, puesto que la justicia civil no podía aplicarlo a nobles. Nótese la nota constante de la falta de lucro.

472. Regidor, título y cargo en algunas ciudades andaluzas desde el siglo XIII; pero aquí quiere decir que el autor salió muy bien y pomposamente vestido.

473. Fray Juan Pardo de Tavera y fray Antonio de Guevara; éste, el famoso autor epistolar e inspiración de don Francés; aquél (véase *infra*) presidente del consejo de Castilla desde 1524, obispo de Palencia (1525), gobernador, cardenal, y, a su muerte en 1545, arzobispo de Toledo. Dice Zapata que fue «el más compuesto, el más grave hombre, el más respetado y temido gobernador» (*Miscelánea,* pp. 408-409). Oviedo dice que fue «muy sabio varón y muy bien quisto y amado y recto y de grande ejemplo, y tuvo en justicia los reinos» (*Memorias,* II, p. 501).

474. De nombre Guillermo, antes un servidor del abuelo de Carlos, el emperador Maximiliano. Es probablemente el «Rochandolf» que en 1523 resulta ser capitán de 3.000 soldados alemanes en Francia (Fernández Álvarez, *Corpus* II, p. 89), el «Rucandolfo» que menciona Redondo (p. 258) y el «M. de Roquendorf» de las *Cartas* de Salinas, quien en 1524 «es ido al convento a hacer su profesión», pero que se

queda menos de un año y vuelve al servicio del emperador (p. 196); en 1529 pasa al servicio del infante don Fernando, pero sin poder cobrar sus pagas atrasadas (p. 428).

475. Capitán del puerto de Guipúzcoa; tuvo un hermano que fue comendador de San Juan.

476. O sea, que son moriscos.

477. El rey Luis de Hungría, casado con doña María de Austria, hermana del emperador, y por lo tanto cuñado de él y del infante Fernando. Murió en la batalla de Mohacz en 1526, como dice don Francés.

478. O error, u ortografía más idiosincrática que de costumbre: don Guillén Peraza, conde de la Gomera.

479. Probablemente el aposentador mayor.

480. Enrique de Nassau-Orange, recién casado con doña Mencía de Mendoza, marquesa del Cenete, una de las mujeres más ricas de las Españas (véase *supra*). Era presidente del consejo de Hacienda, y camarero mayor del emperador; «el más acepto y privado suyo», dice Mexía (p. 352). Murió en 1538. No se hizo amar de los españoles. Para una biografía más extensa, véase Redondo, p. 238.

481. Este primogénito de don Pedro Girón, conde de Urueña y su mujer doña Mencía Guzmán había sido, en 1520, nada menos que capitán general de la junta, y fue exceptuado del primer perdón general. Con muchas dificultades la familia consiguió el perdón, y después «anduvo bien en el servicio del Rey y en él perseveró hasta que murió y su persona tuvo mucha reputación y autoridad allende de la que su casa y estado le daba» (Mexía, p. 221). Véase también Oviedo, batalla 2, quinquagena 2, diálogo 4.

482. Probablemente debe de ser «Mosquera», caballero de Calatrava.

483. Según Mexía (p. 413) el viejo duque de Alburquerque había muerto en 1525; o sea, que este don Beltrán es en realidad el nuevo duque.

484. No la figura folklórica de la canción «Más quiero yo a Peribáñez» en la cual Lope de Vega basó su famosa comedia, sino un personaje perfecta y prosaicamente histórico, el doctor Pedro Yáñez, o Periáñez, de Toro, padre de Juan y Rodrigo de Ulloa. Éste fue contador de los Reyes Católicos, murió en 1494, y probablemente es el «hijo» aludido. La familia es conversa.

485. Las tres «cartas» que siguen, de libre y graciosa invención bufonesca, son un recurso literario sugerido por parodia de las diecinueve cartas de la segunda parte del *Marco Aurelio* de fray Antonio de Guevara.

486. Ir de cruzada.

487. Expresión que quiere decir 'convertirse al cristianismo por

medio del bautismo' (véase J. Caro Baroja, *Los judíos en España*, I, p. 289).

488. Preste Juan de las Indias. Durante la Edad Media estaba muy difundida la leyenda del emperador cristiano asiático, que en realidad era el de Etiopía; o sea, negro.

489. El inquisidor Manrique era relativamente tolerante con los conversos; de allí la queja (se supone que será irónica) de don Francés.

490. San Pedro siendo judío, es pariente de don Francés, el cual promete no negar al papa como san Pedro a Cristo.

491. Con razón lo dice, pues las tropas imperiales, sin paga desde hacía mucho tiempo, estaban entonces muy cerca de Roma.

492. Solimán el Magnífico, 1494-1566. Empezó su reinado en 1520 y de pronto se hizo el terror de Europa, conquistando Rodas (1522), Hungría (1526) y derrotando la flota de Andrea Doria (1538) y la española (1541), y conquistando el reino de Trípoli (1555). Llegó hasta las puertas de Viena con sus tropas y a la alianza con Francia con su diplomacia.

493. Esta retahíla de títulos parodia los de su amo Carlos V. Toda la carta es una graciosa burla del exaltado estilo epistolar de la alta diplomacia. El lector interesado puede comparar estas «cartas» (que con toda seguridad se quedaron en la corte para el entretenimiento de los ociosos) renglón por renglón con la verdadera correspondencia imperial, utilizando el *Corpus documental* de Fernández Álvarez tantas veces citado en este estudio.

494. La presunción de ascendencia gótica será una puntiaguda sátira contra las pretensiones de los cortesanos.

495. Esta profecía, que nunca se cumplió, fue dictada por la fe del bufón, y es buena muestra del mesianismo vigente.

496. En noviembre de 1526, la nomádica corte todavía está en Granada, de donde partiría para Valladolid para las cortes de 1528 (Véase Fernández Álvarez, *Historia de España*, XVIII, p. 240).

497. Un tópico medieval y renacentista; cf. H. R. Patch, *El otro mundo en la literatura medieval*, México, 1956.

498. Doña María de Mendoza.

499. Viuda del capitán Martín de Alarcón, también había sido camarera mayor de la reina viuda de Portugal, Isabel (J. Menéndez Pidal, p. 76).

500. Español notablemente aportuguesado.

501. Un sarcasmo bastante cruel; no tenía hijos, aunque había malparido a los tres meses en noviembre de 1524 «tomando placer con otras damas ... hizo alguna más fuerza de lo que era menester» (Salinas, *Cartas*, p. 237).

502. Probablemente el mismo licenciado Pisa.

503. Dama de la emperatriz, casada con don José Ladrón de Guevara, señor de Escalante y Treceño (Redondo, p. 359).
504. *Johannes* 8:58.
505. La Chaulx. Oviedo a veces le llama así también.
506. Cortesano antiguo, de mínima importancia; en 1522 recibió el regimiento que había sido del comunero Francisco Maldonado, y allí acabaron sus huellas en la historia (Danvila, V, p. 296).
507. El duque no tenía descendencia legítima; su hijo ilegítimo Pedro estaba casado con la hija del conde de Miranda, por eso tenía interés en la cuestión.
508. Las Gorgollitas, un caserío en la provincia de Jaén, cerca de Santiago de la Espada.
509. Un pueblo de la provincia de Salamanca, a orillas del Tormes.
510. El señor de Monfalconet, servidor de Carlos V.
511. Evidente distorsión fonética de nombre extranjero; acaso M. de Beurren (véase *supra*), que sale «Baubri» en Salinas (*Cartas*, p. 193) y «Beorre» en Oviedo.
512. No es conde, sino señor de Ginebra, cortesano, que había estado con Carlos de Borbón en las guerras de Francia. Don Francés tiende a llamar «conde» a cualquier señorío extranjero sin distinguir, en contraste con el puntilloso cuidado con los títulos castellanos. Tampoco se preocupa mayormente de que éste se casó con la condesa de Salvatierra y recibió el marquesado de Saluzzo en 1524 (véase *supra*).
513. Título italiano que, otorgado a Ruy Díaz de Silva, alcanzó tanta fama en el reinado de Felipe II.
514. Desde 1512, cuando su padre don Juan de Aragón, virrey de Nápoles, le cedió el título en vida, lo es don Alonso Felipe de Aragón y Gurrea, hijo de doña María López de Gurrea. Se casó con doña Isabel de Cardona (véase García Carraffa, VII, p. 239). Acompañó al emperador en la expedición a Túnez.
515. Véase el capítulo i.
516. La visión de trasmundo es viejo motivo literario en las letras hispánicas, como demostró con su acostumbrada erudición María Rosa Lida de Malkiel (Patch, *El otro mundo*, pp. 349-369), pero no toma en cuenta el texto de don Francés. En el apartado intitulado «Fantasía satírica», dice: «De las primeras [muestras] en fecha es el *Somnium* escrito en impecable latín por el erasmista Juan Maldonado (Burgos, 1541)» (p. 441). Pero la epístola de don Francés tiene que ser por lo menos diez años anterior, porque el bufón fue asesinado en 1532; y si la epístola corresponde cronológicamente a la realidad histórica del viaje a Portugal (verano-otoño de 1524), con la vuelta a la corte a principios de 1525, se tendrá que fechar a más tardar en la primera mitad del año 1525.

517. Esto viene del grupo de romances sobre el reinado de Fernando IV el Emplazado, pero no se puede identificar con un romance en particular.

518. Es interesante esta palabra aquí, que Corominas (s.v.) documenta primero en el *Diálogo de la lengua* (1535), y Oviedo en 1548 todavía considera neologismo y galicismo.

519. «Su Magestad juntó en Valladolid Cortes generales de todos sus reinos de Castilla, para tratar del remedio y resistencia que se podía hacer a los turcos», Carlos V, *Memorias,* ed. M. Fernández Álvarez, Madrid, 1960, p. 53.

520. Aquí tenemos al chismógrafo como cronista de verdad, pues su recapitulación del discurso del emperador es sustancialmente correcta.

521. Uno de los muy pocos errores de nombres propios, que puede haberse debido a una abreviatura difícil de leer en el texto original, porque el conde Castro[geriz] es don Rodrigo de Mendoza.

522. Don Juan Alonso Pimentel, quinto conde, casado con doña Ana de Velasco; fue antiguo servidor de Felipe el Hermoso, padre de Carlos V. Murió hacia 1528 (y su hijo don Antonio Alonso Pimentel, casado con doña María Luisa Girón, que le sucedió en el estado, también siguió la tradición familiar y sirvió a Carlos V). El conde fue un símbolo de rectitud y entereza en su tiempo, lo cual no se trasluce en el retrato hecho por don Francés. La historia a veces le llama equivocadamente «Alonso Pimentel», pero «Alonso» es apellido de la casa de Benavente, y don Francés, como buen cortesano contemporáneo, está en lo cierto. Véase Oviedo, batalla 2, quinquagena 3, diálogo 9.

523. El vizconde de Altamira, vallisoletano principal; véase Bennassar, p. 200, y Oviedo, batalla 2, quinquagena 3, diálogo 38.

524. Un capitán de tropas reales, destacado en la guerra de las Comunidades.

525. La mujer de don Pedro de Acuña, conde de Buendía.

526. «No embargante», es la expresión usual.

527. Había muerto hace poco, en 1525.

528. Fue llamado el «Sansón de Extremadura» por su extraordinaria fuerza física.

529. Don Rodrigo Enríquez Osorio, bastardo legitimado, y nieto de don Pedro Álvarez Osorio, primer conde, que murió en 1483. Hubo un gran pleito, no todo por vías apacibles y legales (véase L. Suárez Fernández, *Historia de España: Edad Media,* Madrid, 1970, pp. 627-628). Es su descendiente el séptimo conde de Lemos, el protector de Cervantes.

530. La implicación aquí es que los parientes del arzobispo Man-

rique son judíos; no justificada, desde luego, pero don Francés insiste en ello a lo largo de la *Crónica.*

531. Felipe II de España, naturalmente.

532. Se puede identificar como la hermana del humanista alumbrado Juan del Castillo, criado del tercer duque del Infantado, don Diego Hurtado de Mendoza el Grande. Se llamó Petronila de Lucena, y después de la muerte del duque en 1531 fue procesada por iluminista en Toledo. (Véase Bataillon, *Erasmo y España,* pp. 176, 183, 148). Este tipo de imagen, que a la sensibilidad del siglo xx es simplemente absurdo, y en la literatura previa casi desconocido, se explica fácilmente dentro del contexto del humor popular medieval, lo que Bajtín denomina «el grotesco popular» carnavalesco. Esto llega a la superficie de la literatura en obras híbridas como ésta.

533. Nótese una vez más el mesianismo casi fanático.

534. Esto es un antiguo dicho popular de muchas variantes y matices en el segundo elemento de la frase (véase Iribarren, *El porqué de los dichos,* s.v.). Aquí la determinación es irónica y adecuada a la situación particular, claro está; véase la Introducción, cap. iv.

535. Señores de Bura. Había dos, padre e hijo, en el servicio imperial, hasta la muerte del padre en 1540 (Girón, p. 347).

536. Tampoco esta vez se cumple la fórmula.

537. A veces es imposible salvar la sintaxis de don Francesillo a fuerza de puntuación; y parece aquí que el texto está algo desordenado también. El hijo del marqués de Aguilar, don Alonso Manrique, es quien va a Italia; en 1528 era capitán de 800 lanzas (Salinas, *Cartas,* p. 407).

538. Después fue criado del duque de Lerma.

539. Además de estar siempre al filo de la bancarrota, Carlos V era notoriamente parco en dádivas pecuniarias. Véase L. P. Gachard, *Carlos V y Felipe II a través de sus contemporáneos,* trad. C. Pérez Bustamante, Madrid, 1944, p. 27. Un cortesano escribe del emperador: «Jamás se ha mostrado generoso; por ello casi todos se lamentan de no haber recibido las recompensas adecuadas a sus servicios».

540. Aquí se hace graciosa alusión a una triste y sórdida realidad: las bandadas de hambrientos segundones que buscaban la vida en el desorden de Italia.

541. Es bien conocida la dedicación de Carlos V a los ideales caballerescos, lo que nos hace sospechar que la insólita alusión al *Amadís de Gaula* sea un tácito homenaje del bufón a uno de los más entrañables ideales de su amo. Véase, por ejemplo, el muy revelador estudio de Carlos Clavería, «*Le Chevalier Déliberé*» *de Olivier de la Marche y sus versiones españolas del siglo XVI,* Zaragoza, 1950.

542. Falta un «que».

543. Es muy posible que don Francés se refiera aquí al banderizo señor de la Casa-Torre de San Martín de Muñatones (1399-1476), autor de las *Bienandanzas y fortunas,* cuyo nombre probablemente todavía andaba en boca de la gente del pueblo; o bien cabe la posibilidad de tratarse de un homónimo contemporáneo.

544. Doña Ana de Cabrera, rica heredera del reino de Nápoles, con quien se casó don Fadrique mientras estaba desterrado de España (como dice el romance, «porque hice dar de palos a Ramiro de Guzmán») en su juventud. Murió sin descendencia en 1523. Dice Oviedo de don Fadrique: «ni él se casó después, ni se ha visto en su tiempo viudo alguno así sintiese ni mostrase la falta de su mujer, y con mucha razón» (batalla 2, quinquagena 1, diálogo 5).

545. Los Enríquez, según leyenda, descendían de un bastardo del rey Alfonso XI y una judía llamada Paloma; «agudo» equivale a mote, pues en la mente popular «ni judío necio ni liebre perezosa» (véase J. Caro Baroja, *Los judíos,* I, p. 91).

546. El almirante había sido muy bullicioso en su juventud, guerrero y gobernador de España en su madurez; en su vejez, ya viudo, se dio mucho a la religión, llegando casi al iluminismo. Pero no quiso meterse a monje él mismo, sino más bien fundar un monasterio en su villa de Medina de Rioseco, y traer frailes para evangelizar a sus vasallos (los cuales recibieron muy mal el proyecto).

547. El hecho de que el almirante era bajo y pequeño ocasionaba un sinfín de chistes en su época; cf. Pinedo, *Libro de los chistes,* p. 97.

548. «Secretario, notario público general ... del consejo del Rey» (Fernández Álvarez, *Corpus,* I, p. 112).

549. También del consejo real; la muerte anunciada es efectiva (véase Redondo, p. 713).

550. Loaysa y Gattinara, confesor y canciller, se odiaban cordialmente. Toda esta anécdota (seguramente un invento satírico) trata de miembros del consejo real.

551. Carlos V (*Memorias,* p. 54) mismo nos dice que en 1527 fue de las Cortes de Valladolid a Burgos, donde recibió el desafío de los reyes de Francia y de Inglaterra. Esto explica que don Francés feche su carta en Burgos. Pero la inserción de la carta aquí rompe el estricto orden cronológico, porque el capítulo xxix comienza: «en el año de 1527, a 20 días del mes de mayo, estando el muy alto Emperador en Valladolid» y sigue con el relato del viaje a Burgos, que ocurrió en octubre de aquel año (Salinas, *Cartas,* p. 383). En noviembre la *Crónica* primitiva es enviada al infante don Fernando por Salinas (*Cartas,* p. 389) desde Burgos.

552. El hambre en el siglo xvi no es broma (véase R. O. Jones, *The Golden Age,* Londres, 1971, p. 5); ni tampoco es invención la

peste, «cuya importancia en la historia del siglo XVI aún está por hacer» (Fernández Álvarez, *Historia de España,* XVIII, p. 201). La epidemia del verano de 1527 en Valladolid, además de dispersar a los cortesanos por las aldeas próximas, como cuenta don Francés, ocasionó la disolución de la junta teológica convocada por el inquisidor Manrique, defensor de Erasmo, antes de que se pudiese dictaminar sobre las obras del discutido holandés. Tuvo que decidirse el asunto después con una comisión más hostil, con grandes repercusiones para la historia intelectual de España. (Véase Fernández Álvarez, *Historia de España,* XVIII, p. 247.)

553. Otra vez don Francés implícitamente identifica al emperador con Jesucristo.

554. Obispo de Palencia 1525-1534, murió en 1541.

555. Juan Pardo de Tavera (véase *supra*), obispo de Santiago (1525-1534).

556. Debe de ser Gonzalo Maldonado, muerto en 1530.

557. No estaba presente el marqués porque, siendo capitán general, estaba de servicio en Tremecén.

558. Evidentemente, se trata de un apellido inglés.

559. Eran rehenes a la sazón; el emperador les mandó a Simancas para mayor seguridad (Salinas, *Cartas,* p. 392).

560. Puede ser o el italiano *assai bene,* o el francés *assez bien.* Que don Francés haga al emperador contestar en italiano al faraute inglés es bastante absurdo, y acaso lo dice por eso. Cabe la posibilidad, más lejana de la forma actual de las palabras, de que se debe leer como francés, lo cual sería perfectamente factible puesto que en las cortes reales, inglesa como francesa, se entendía este último idioma.

561. Esto es exacto, pues se trata de la oración «Pro divo Carolo», de la cual se conocen por lo menos dos ediciones del mismo año de 1527 (véase P. Salvá y Mallen, *Catálogo de la biblioteca de Salvá,* II, Valencia, 1872, pp. 451-452).

562. Probablemente Gian Batista Castiglione, hermano del autor de *Il Cortegiano.*

563. Aquí vemos como de paso algunas de las medidas desesperadas de tratar de rescatar la economía española de su vertiginosa caída.

564. No identifico a este personaje, a menos que sea un tal «Nicasio... servidor» del infante Fernando (Salinas, *Cartas,* p. 163).

565. Las órdenes militares de Alcántara, Santiago y Calatrava; el rey de España, desde el Rey Católico, es Gran Maestre de las tres.

566. Estos párrafos son una recapitulación de lo anterior; parece haber habido intervalo en la composición de la obra, pues el autor sigue otra vez con los acontecimientos de 1528.

567. Vaivoda de Transilvania, Juan Zapolya, primer magnate de

Hungría. Escapó con vida de la derrota de Mohacz por el Turco (llegó demasiado tarde para participar) y se mandó coronar rey, en 1527, contra la voluntad del infante Fernando.

568. Dicho en el folio anterior: 1528. La pestilencia del año 1528 fue desastrosa.

569. Del consejo de la Cámara, desde 1519, y del consejo de la Inquisición, se llama Fortún Ibáñez de Aguirre. Galíndez de Carvajal opinó: «Es hombre fiel; tiene medianas letras y buena experiencia, aunque en muchas cosas no tiene moderación ni con los superiores ni con los iguales, y es hombre de su opinión» (Redondo, pp. 225, 226, 285, 292).

570. Destacado predicador a los moriscos de Valencia en 1526; era del partido antierasmista en la Conferencia de Valladolid en 1527, que condenó las obras de Erasmo. Era protegido del arzobispo de Toledo, don Alonso de Fonseca, y murió obispo de las Canarias en 1534.

571. Acaso el obispo electo de Granada, que murió en 1526.

572. Probablemente el mismo Millán, o Millao, mencionado antes (véase *supra*).

573. Guipuzcoano, contador real, y persona de importancia. En 1524 formó parte de la comisión real para ponderar el problema de los moriscos valencianos (Redondo, p. 224).

574. Criado del secretario Cobos desde 1521, fue protegido suyo y llegó a jefe de la tesorería en 1543. Se casó con una hija del duque del Infantado y murió en 1543 (Keniston, *Cobos,* pp. 334-335).

575. Don Pascual de la Fuensanta de Ampudia, obispo de Burgos desde 1496 hasta su muerte en 1512; no debe sorprender la presencia de un prelado muerto desde hace varios años en este motín, pues es uno de los vuelos más altos de la fantasía satírica del bufón.

576. La famosa campana de Velilla de Ebro. Este fenómeno, durante dos siglos, fue tenido generalmente por portento de grandes acontecimientos; tañó en 1527 justo antes del saco de Roma, lo cual probablemente sugiere el incidente (no histórico) que don Francés introduce ahora con fines irónicos. No está solo en su escepticismo acerca de la milagrosa campana, a pesar de su popularidad; Lope de Vega representa el punto de vista popular con mucho efecto dramático en *La mayor desgracia de Carlos V* (*Ac.* XII, lxiii-lxiv).

577. Podría ser el primer duque, don Enrique de Aragón, o su hijo don Alonso; éste fue virrey de Valencia en 1559 y murió en 1563.

578. No hay tal. Probablemente es error de copista por «obispo»; en este caso, don Fadrique de Portugal, virrey de Cataluña.

579. Don Alonso Enríquez de Guzmán, sevillano, cuyo *Libro de la vida y costumbres* se ha citado varias veces en este estudio. Nació en Sevilla en 1499, hijo de don García Enríquez de Guzmán y doña Ca-

talina de Guevara. Fue instruido por el arzobispo inquisidor Diego de Deza; se casó, joven y pobre, con doña Constanza de Añasco y la dejó a los pocos meses. Después de una estancia en la Corte, cuando aparece así momentáneamente en la *Crónica,* fue a América. No se sabe más de sus andanzas y picardías después de 1547. La riña, por la cual fue desterrado, es no sólo verosímil sino histórica, pues en su libro (ed. cit., p. 67) la admite. Nos indica que las descripciones de don Francés, maliciosas y muy oscuras como algunas lo son, tienen una base real, pues el propio don Alonso Enríquez confirma la «liviandad» de sus «cascos» (según testimonio de don Francés) en su propio libro.

580. Miguel Zorita de Alfaro, médico de Carlos V desde 1519 hasta su muerte en 1538 (Redondo, p. 383) atendió al rey Francisco I en su cautiverio (Oviedo, *Codoin,* 38, p. 420). En 1537 Girón (p. 236) apunta el siguiente «dicho satírico» dirigido al médico: *Consumatum est.*

581. Acaso el «Brisaque», otro cortesano, mencionado de paso por Girón en 1530 (p. 141).

582. Caballero madrileño, viejo ya, pues fue famoso capitán de los Reyes Católicos, pero acompañó al emperador a Italia en 1529 y todavía hacía figura en la corte en 1540. Se apodó «el Galán» (Girón, p. 157, y Oviedo, batalla 2, quinquagena 3, diálogo 43), y se le añadió de «Mirabel» por su encomienda italiana (Salinas, *Cartas,* p. 465).

583. 1528.

584. El conde de Salinas, don Diego de Sarmiento y Mendoza, anduvo mucho en círculos cortesanos entre 1523 y 1525, y acompañó al emperador a Italia. El primo homónimo era cuñado de Cobos, hermano mayor de su mujer; se casó con doña Leonor de Castro, y murió loco en 1544 (*Cobos,* pp. 282-284).

585. No hay suficientes datos para identificar a este individuo con toda seguridad. Para la famosa familia burgalesa, véase J. B. Avalle-Arce, «Tres poetas del *Cancionero general*», *Temas hispánicos medievales,* Madrid, 1974, pp. 280-315.

586. Del consejo del rey (Fernández Álvarez, *Corpus,* I, p. 112) y también del de la Inquisición.

587. Véase *supra.*

588. El famoso predicador y autor de las *Cartas familiares* y el *Reloj de príncipes,* probable modelo satírico para la *Crónica* (véase la Introducción, cap. iv).

589. Vecino de Soria, según Pinedo (*Libro de los chistes,* p. 114).

590. Hija ilegítima del primer duque de Nájera, quien a su vez fue primo hermano del arzobispo don Alonso Manrique.

591. Este obispo francés fue el consejero de Juan de Labrit (véase *supra*) según Salinas (*Cartas,* pp. 849-851).

592. Pedro de Alvarado, teniente de Hernán Cortés (hacia 1485-

1541); no es que don Francés se haya interesado repentinamente en América, sino que Alvarado a la sazón se hallaba en la corte, donde no sólo se defendió de las acusaciones contra él a raíz de la conquista de México, sino que recibió el título de Adelantado, como observa don Francés. Se casó entonces con doña Beatriz de la Cueva, una sobrina del duque de Alburquerque, y se asoció al secretario Cobos (véase Keniston, *Cobos*, pp. 105-107).

593. En Burgos. Este convento estaba aún recuperándose de un escándalo tremendo ocurrido en 1524 (mientras don Francés iba camino de Portugal en el séquito de la infanta): el tesorero Vargas (véase *infra*) estaba visitando a una monja del convento de noche, y la muerte le sorprendió dentro de los muros. Su criado y algunos otros sacaron el cadáver y lo llevaron a su posada, pero no se pudo acallar el escándalo. En consecuencia, Carlos V mandó que el obispo de Canarias reformase el convento (Salinas, *Cartas*, pp. 203-204). La abadesa había sido doña Teresa de Ayala de 1499 a 1525; la nueva, a quien evidentemente se refiere don Francés aquí, es doña Leonor de Sosa, que permanece hasta 1529. Las abadesas de este monasterio fueron siempre famosas por el número y extensión de sus poderes y privilegios (*Diccionario de historia eclesiástica de España*, Madrid, 1973, III, pp. 1.576-1.577).

594. No hay tal obispado; aquí hay o error o confusión.

595. Posiblemente es fray Diego de la Cadena, erasmista activo en Burgos en 1529 (Bataillon, *Erasmo y España*, p. 362).

596. Puede que sea en efecto criado de Cobos, pero Keniston (*Cobos*) no lo menciona.

597. De la familia bancaria genovesa.

598. Serán parientes lejanos del duque de Béjar.

599. Es cierto, y el tema viene de antigua tradición épica; pero el rey de que históricamente se trata es Fernando I. Las cuevas de Atapuerca existen; eran, y son, famosas, y todavía sin explorar del todo. Este oráculo particular no tiene tradición conocida, y bien puede ser invento de don Francés, así como las profecías burlescas que emite. Sin embargo, las profecías histórico-políticas de todo tipo llegaron a ser endémicas en este período (cf. Bajtin, *op. cit.*, p. 209). Precisamente hacia 1525 en Alemania, aparecen estas profecías ligadas con la literatura satírica (Lefebvre, *Les fols et la folie*, pp. 90-92). El tema del oráculo en sí viene desde épocas clásicas, pero veo muy tenue el posible enlace entre la «señora voz» y el oráculo délfico.

600. Louis de Flandres, señor de Praet. Este noble flamenco, consejero del Estado, camarero mayor y muy privado del emperador, sirvió de embajador en Inglaterra en 1525 y poco después en Francia (Fernández Álvarez, *Corpus*, I, p. 206).

601. Don Diego Sarmiento de Villandrando, «esforzado caballero»

según Mexía (p. 567), hijo del conde de Salinas; fue a Italia con el emperador y murió en el cerco de Florencia en 1530.

602. Puesto que el almirante no tenía hijos, su hermano era su presunto heredero; o sea, naturalmente no le gustaría que el almirante se volviese a casar y acaso tener hijos legítimos.

603. Don Hernando de Toledo; véase *infra*.

604. Don García de Toledo, hermano del entonces comendador mayor de León, don Hernando; precisamente en junio de 1529, el secretario Cobos emprende una serie de tratos con los dos hermanos y el hijo de (homónimo) de don García, cuyo resultado es dinero para la noble pero tronada familia de Toledo, y título de comendador mayor para el plebeyo Cobos.

605. Porque estaba ya caído del favor imperial, véase la Introducción, cap. iii.

606. La clave de todo este pasaje es el judaísmo auto-motejado de don Francesillo.

607. Villalobos (véase *supra*) era converso reconocido.

608. Esta ciudad, famosa desde la Edad Media, por su cultura hebraica, era también el centro de los comuneros, generalmente tenidos por conversos.

609. Don Alonso Manrique, a quien don Francés nunca deja pasar sin mote.

610. Moisés condujo al pueblo de Israel por medio del mar Rojo y las aguas se dividieron.

611. La circuncisión.

612. Aquí acaba la *Crónica*, propiamente hablando.

613. El de Béjar, con quien parece que don Francés se ha refugiado después de su expulsión de la corte.

614. Se trata con toda seguridad de Navarredonda de la Rinconada, provincia de Salamanca, pueblo lindante con Béjar, la probable patria chica del bufón. Desde su destierro de la corte, justo antes de la partida del emperador, se encerró en su terruño, bajo la protección de su antiguo y bondadoso amo (que no le valió bastante); esta carta, como las otras al emperador y en marcado contraste con las epístolas extravagantes ostensiblemente dirigidas al papa, al Gran Turco, etc., resulta ser carta verdadera, enviada a su destinatario, aunque tan festiva en tono como las demás.

615. La emperatriz fue buena regenta y ganó mucho favor con sus súbditos.

616. Evidentemente un ensalmo popular.

617. Doña Guiomar de Melo, camarera mayor de la emperatriz.

618. Debe decir «Guiomar».

619. Doña Leonor de Castro y Meneses, dama de la emperatriz, vino

con ella a España en 1526. Se casó con don Francisco de Borja (véase *infra*), heredero del duque de Gandía (quien después fue canonizado), en marzo de 1529; Carlos V les hizo marqueses de Lombay entonces, aunque no fue oficial hasta el año siguiente (Atienza, s.v. Lombay). La marquesa murió en 1546 (Keniston, *Cobos,* p. 288).

620. San Francisco de Borja, 1510-1572, tercer general de la Compañía de Jesús, hijo de don Juan de Borja (muerto en 1543) y doña Juana de Aragón.

621. Viuda de Juan Chacón, criado de los Reyes Católicos, que había muerto en 1503.

622. Del Consejo; murió en 1534.

623. Hermano del duque de Sessa, mayordomo de la emperatriz.

624. Doña María de Aragón, hija ilegítima del Rey Católico, fue abadesa de Madrigal (véase *supra*); acaso la broma se refiere a ella.

625. Mujer de don Pedro de Córdoba, otro hermano del duque de Sessa. Sobre su genio, algo fuerte, véase Keniston, *Cobos,* pp. 238-240.

626. Esposa de don García Fernández Manrique, que vivió hasta 1545. La condesa siguió siendo dama de la emperatriz y fue madrina de la infanta Juana en 1535.

627. Cf. Cervantes, *Quijote,* I, cap. XXXIII: «Es de vidrio la mujer, pero no se ha de probar».

628. Hija menor del madrileño Alonso de Quintanilla el Viejo, y doña Aldara de Ludeña. Se casó con el contador Rodrigo de Coalla, fue dama de la emperatriz, enviudó y se volvió a casar, con el doctor Ponte del consejo de Castilla. De ella dice Oviedo: «una de las mujeres más entendidas de cuantas yo he visto, y de mucha prudencia y diligencia y por sus gentiles habilidades, aunque sorda, estaba la Emperatriz muy bien con ella ...» (*Memorias,* I, p. 337).

629. Esto, desde luego, es ironía.

630. Parafrasea *Joannes*, XVIII: 36.

631. La de Béjar, doña María de Zúñiga.

632. Título otorgado justamente en 1529 a don Diego de Cárdenas, adelantado de Granada (véase *supra*), dato que ayuda a fechar la carta.

633. Esta carta está fuera de orden cronológico. Don Francés, en parodia de la fórmula cancilleresca, escribe al final de ella: «Dada en la cibdad de Granada ocho de junio»; pero tiene que ser junio de 1526, mes en que empezó la luna de miel de Carlos V e Isabel en Granada con toda la corte, incluso don Francés. Esto es dos meses antes de la muerte de Luis II de Hungría, cuando don Fernando no era aún rey; todo, sin embargo, se aclara cuando observamos que en el cuerpo de la carta el tratamiento es de «Alteza», no «Majestad», y los personajes y acontecimientos corresponden al año de 1526. Es evidente que la carta, escrita previamente, fue acogida (ya por el autor, ya por otro) y, sin

más cambio que el sobrescrito, fue agregado a la *Crónica* al final (su lugar cronológico sería en el capítulo xxiii).

634. Martín Lutero (1483-1546), cabeza de la Reforma; es oficialmente hereje desde la Dieta de Worms de 1521. Don Francés, como es natural, no se da cuenta de la importancia de esta figura, y cree cándidamente que todo se arregla con una bofetada bien dada.

635. Juan Federico, elector imperial.

636. Don Martín de Salinas, embajador del infante don Fernando, cuyas *Cartas* se han citado constantemente en este estudio.

637. Un bachiller de este nombre y apellido fue procesado por la Inquisición a consecuencia del proceso de Juan de Vergara, en 1533 (Bataillon, *Erasmo y España*, p. 476).

638. Es verdad que muchos obispos, aun los más encumbrados, tenían hijos; el comentario es mordaz, y no del todo injusto.

639. Hijo de la nodriza del infante don Fernando, doña Isabel de Carvajal, y don Suero del Águila, padre. Este joven fue caballerizo del infante, y como muchos servidores del infante, comunero después. Se salvó del degüello general por mediación de sus amigos (véase Mexía, *Carlos V*, p. 214). Alcanzó el perdón imperial en 1523, pero no la restitución de sus bienes confiscados. Su madre murió del disgusto.

640. Véase el *Epistolario*, BAE, XXXVI.

641. El margrave Joaquín II de Brandenburgo.

642. Un servidor del emperador, mencionado por Salinas, como «M. de Role» (*Cartas*, p. 220).

643. Consejo del Estado.

644. Como el «sastre de Campillo».

645. El señor de Egmont. Llega de Flandes en 1523; se queda en España esperando que se le dé el oficio de caballerizo mayor, esperanza que nunca se cumplió (Salinas, *Cartas*, p. 311).

646. Un hijo del arzobispo Manrique, del consejo de Guerra en 1523.

647. El famoso tesorero de tres reyes, que dio origen a la frase proverbial «averigüelo Vargas»; de su escandalosa muerte, véase *supra*, nota a la abadesa de las Huelgas. La nota moralista es realzada por fray Antonio de Guevara; su muerte «a todos espantó y a sus deudas lastimó» (*apud* Redondo, p. 379). Don Francés no moraliza.

648. Del Palatinado, Ludovico V, elector de Alemania.

649. El cardenal de Brandenburgo, otro elector de Alemania, quien a la sazón andaba envuelto en «tramas» con el rey de Francia (Salinas, *Cartas*, p. 413).

650. El mayordomo Metenaya, mencionado varias veces por Salinas en las *Cartas*.

651. Don Diego de Villandrando, tercer conde.

652. Sin embargo, todavía estaba comprando caballos en Andalucía para el emperador en 1539 (Salinas, *Cartas*, p. 935).

653. Aquí se suprime el capítulo corto intitulado «Nuevas de Italia», una añadidura apócrifa de poco interés, acerca de la entrada del emperador en Roma en abril de 1536, cuatro años después de la muerte de don Francés.

654. El conjuro en la literatura tiene una larga prosapia que remonta a Lucano en la Farsalia; pero con casi toda seguridad, el modelo inmediato de don Francés es el conjuro de Celestina en el auto III, aunque usado con absoluta libertad, al punto que no le consigna María Rosa Lida de Malkiel en la riquísima lista de imitaciones directas de la Celestina en *La originalidad artística de Fernando de Rojas* (Buenos Aires, 1962). En este conjuro, la filiación no es literaria en la medida en que todos los elementos son tomados de la vida y personalidades contemporáneas.

655. 1466-1560. Famoso marinero genovés, tan metido en la política europea como en la guerra marítima. Sirvió desde muy joven a casi todos los papas, duques y reyes que geográfica y cronológicamente pudo. Después de 1528, se cansó del rey de Francia y pasó al servicio de Carlos V con toda su flota. Permaneció leal al emperador y a su hijo Felipe II hasta la muerte, todopoderoso en Génova y en el mar Mediterráneo.

656. Rodrigo de Portundo, capitán de galeras. Poco después de escrito el conjuro, toda su flota fue destruida por piratas turcos y él muerto.

657. Cabecilla comunero.

658. No está claro en quién piensa don Francés. El obispo don Juan de Aragón había muerto en 1526; su sucesor don Alonso de Castro murió al año siguiente; el tercer electo, don Diego de Cabrera, murió antes de haber tomado posesión, y la sede estuvo vacante hasta 1533.

659. Elipsis por el duque de Sessa, don Luis Fernández de Córdoba, cordobés.

660. Era opinión general, apoyada por la historia reciente, que los consejeros flamencos de Carlos V vinieron a España pobres y se marcharon ricos.

661. No está claro a quién se atribuyen estas *Quinquagenas*, nombre genérico muy usado en la época.

662. Hijo menor del duque de Alburquerque. Actuó como capitán contra la Comunidad y en Fuenterrabía; siguió en la corte, y acabó siendo capitán de la Guardia, en 1535 (Salinas, *Cartas,* p. 632; véase también Oviedo, batalla 2, quinquagena 2, diálogo 4).

663. De la Vega; hijo del comendador mayor Garcilaso de la Vega, hermano del poeta (véase *infra*); fue furibundo comunero y jefe de la

junta. Aunque fue perdonado en 1526, su «esperanza de mercedes» se debe de entender irónicamente. Véase Oviedo, batalla 2, quinquagena 2, diálogo 4.

664. El insigne poeta Garcilaso de la Vega (1503-1536), cuya famosa melancolía lírica será la «gravedad» de la cual don Francés se mofa.

665. Charles de Lannoy.

666. Caballero que acompañó al emperador a Alemania en 1536, según Girón (*Carlos V*, p. 175).

667. Un florentino, que hizo gran carrera episcopal en los años 1530, siendo obispo de Alguer (Cerdeña), Tuy y Pamplona sucesivamente. Murió en 1539 (Girón, *Carlos V*, p. 147).

668. Seguramente el comendador don Rodrigo Enríquez, gentilhombre del emperador, muy de su confianza, que murió en 1549 (Redondo, p. 428).

669. Probablemente don Alonso de Quintanilla, caballero natural de Medina del Campo, casado con doña Catalina de Figueroa. Fue capitán de tropas imperiales en Alaejos en 1520; su hijo (homónimo) fue preso por los comuneros. Las hazañas referidas serán de la guerra de las Comunidades, acaso cuando él y su mujer tuvieron la guardia de la persona de la reina Juana la Loca cuando las tropas imperiales tomaron Tordesillas (Mexía, *Carlos V*, p. 216). Oviedo dice de él: «fue uno de los diestros caballeros que en su tiempo hubo en España en toda manera de armas» (*Memorias*, I, p. 335).

670. Probablemente debe leerse «Ludeña».

671. Don Gutierre López de Padilla, hijo de don Pedro López de Padilla y sobrino del último maestre de Calatrava, su homónimo. Su hermano es el comunero Juan de Padilla. Fue comendador de Alcañiz; su «potestad» se debe a su influencia en el partido de Cobos en la burocracia imperial. Después fue mayordomo de Felipe II. Véase Oviedo, *Memorias*, II, p. 659 para otro ejemplo de su «potestad»: mató en duelo a don Diego Pacheco en 1526.

672. Juan Boscán (h. 1487-1542), poeta barcelonés e íntimo de Garcilaso. Cortesano desde los últimos años de Fernando el Católico, Boscán (según la historia literaria aceptada) fue movido por la pasión que tenía por doña Ana Girón de Rebolledo, con quien no se casó hasta 1539; y sus epístolas poéticas amorosas sólo fueron publicadas en forma póstuma en 1543. Pero parece por este comentario que para 1529 su fama de poeta amoroso estaba asentada en la corte.

673. Hay muchos homónimos. Podría ser el hermano de doña María de Mendoza, mujer de Cobos, quien «visita» mucho la corte en esta época (véase Keniston, *Cobos*, p. 264).

674. Maestresala de la emperatriz, hermano del obispo Acuña; véase nota 134 *supra*.

675. Vinyols o Vinyoles, valenciano. Tradujo el *Supplementum cronicarum* (Venecia, 1483) de Jacobus Phillipus Foresti Bergomensis, al español, con el título de *La suma de todas crónicas del mundo* (Valencia, 1510); también tiene cinco composiciones bajo su nombre en el *Cancionero general* de Castillo de 1514. Según Oviedo fue médico «famoso» (*Codoin,* 38, p. 420). La «hermandad» con la cual conjura don Francés puede referirse, como con Villalobos, al ser converso.

676. Luis Lobera de Ávila, otro médico de la corte (véase Redondo, pp. 383-384).

NOTAS TEXTUALES

página	línea	
67	16	«a la [tachado] Coruña»
68	3	«Bambri [tachado: que parece hecho de cera] y»
71	13	tachado: «preguntóle» en vez de «dijole»
74	20	«entre [tachado] el Condestable»
74	30	«alborotar [tachado] la tierra»
80	3	«se [tachado] embarcó»
80	18	«era [tachado] "muera»
83	5	«entendiese [tachado: en la gobierno]»
83	9	«este [tachado: don] coronista»
83	10	«Bari [renglón tachado] y otros»
83	20	«Ignem [tachado: viam]»
83	25	«por la martingala» sobrelineado
83	31	«decía» tachado después de «arzobispo» y sobrelineado al final
84	14	«allanó [tachado: la] la tierra»
86	15	«parecía [tachado: cal] canofístula»
86	24	«envió [tachado: duque] don Álvaro»
86	28	«Y [tachado: ello] los gobernadores»
87	28	«y alcanzáronlos» repetido y tachado
89	8	«almi[tachado]reces»
89	25	«vivas [tachado: viebas] Rodrigo»
90	23	«año [tachado] 13»
90	24	«viejo» sobrelineado
92	20	«Ronquillo [tachado] "Hiere»
93	10	«los [tachado] niños»

página	línea	
93	26	«como [tachado] S.M.»
94	13	«el [tachado: reino] pueblo»
94	30	«Valladolid [tachado]; y la»
95	3	«se [tachado] halló»
95	7	«reinos [tachado] especialmente»
95	11	«si [tachado] era»
97	21	«de [tachado] salir»
98	4	«le [tachado] dijeron»
98	5	«de [tachado] Plasencia»
98	8	«de [tachado: Granada] las»
98	12	«había [tachado] hecho»
98	13	«de [tachado] amoscador»
98	17	«bis» sobrelineado
99	5	«Me[tachado]dellín»
99	19	«Gran [tachado] Chanciller»
100	13	«juez [tachado: de los] y»
100	20	«vencieron [tachado: en] cerca»
100	32	«a la [tachado] calle»
103	32	«[tachado: ca]sado»
104	6	«pudo [tachado], llegó»
104	32	«nombraron» sobrelineado
105	5	«Leguízamo, [tachado], asimismo»
105	12	«enterrado [tachado: que estaba] en»
106	4	«influencia [tachado] vandálica»
106	31	«don [tachado] Enrique»
108	5	«conver[tachado]sación»
109	7	«a la Reina» interlineado
110	14	«los [tachado] suyos»
110	15	«iban» sobrelineado
111	20	«enero» tachado y «diz» interlineado
113	27	«por» sobrelineado
113	31	*cis* [tachado] amo»; «*quia*» sobrelineado
115	2	«una peña [tachado: unas peñas]»
115	6	«que [tachado] os»
115	12	«que [tachado: decía] llamaba»; «muerte [tachado]»
115	13	«*Quicunque* [tachado] *vult*»

NOTAS TEXTUALES

página	línea	
116	2	«es» tachado y «en» sobrelineado
116	8	«San Telmo» sobrelineado
116	24	«y» repetido y tachado
116	30	«que [tachado] non»
117	24	«dijeron [tachado]»; «con» repetido
118	7	«la mula» sobrelineado
118	11	«dichas» sobrelineado
118	25	«de» [Osa] sobrelineado
119	7	«el» sobrelineado
119	23	«in[tachado: ter] asno»
120	4	«Hallóse [tachado: que mandaba]»
120	6	«grevas [tachado: calzas]»
120	11	«de» sobrelineado
120	23	«decía [sobrelineado: puesta] en la mano»
120	28	«*Dómine*, [tachado] Tú»
121	4	«de Fontiberos» sobrelineado
121	7	«en [tachado: con] lengua»
121	21	«Pero [tachado: marti] Bermúdez»
122	2	«Te[tachado: resita]resa», sobrelineado
122	26	«caballero [tachado: amador] amador»
123	20	tachado «él» y «por ello» sobrelineado
124	4	«por [tachado] besar»
124	21	«mesones, [tachado] *Domine*»
126	26	«mandó» sobrelineado
126	30	«Verona» tachado y repetido sobrelineado
128	6	«bisorrey» tachado y sobre «visorrey»
128	28	«in» sobrelineado
129	8	«mat» tachado y repetido sobrelineado
129	31	«reñían» tachado antes de «reñir»
129	32	«año» tachado antes de «tiempo»
130	7	«Sancho» tachado antes de «Felipe»
130	21	«solenidad [tachado]»
131	8	«Sevilla» sobrelineado
133	15	«Metenay» tachado y «Memorenci» sobrelineado
135	21	«deste [tachado: bar] Bartolomé»
136	7	tachado sobrelineado arriba de «nieta»

página	línea	
136	14	«Y [tachado: el] a»
136	28	«Carlos de la Torre» tachado y (en mano distinta) «Juan de la Torre» sobrelineado
137	25	«vuestro marido» sobrelineado
138	7	«que [tachado] le»
138	21	«osos» sobrelineado
139	12	«en» sobrelineado
140	26	«se» sobrelineado
141	3	«vino [tachado: esta nueva] Su Majestad»
141	18	«otros [tachado: ss ss] señores»
142	14	«Ocaña [tachado]»
143	9	«ofrece [tachado: de que nos juntemos] es»
143	14	«tan» sobrelineado
143	15	«como» sobrelineado
144	1	«*vadis* [tachado: va]; responderá»
144	7	«en esto» tachado y «cuerdo» sobrelineado
144	27	«*et* [el: sobrelineado] *non*»
146	2	«universal» repetido y tachado
146	10	«valerosa [tachado] persona»; «de» sobrelineado
146	16	«conquista [tachado: y],»
147	8	«santísimos» sobrelineado
150	8	«litiga» sobrelineado
150	26	«lleno» tachado y «harto» sobrelineado
151	1	«Falconete [tachado]»
151	2	«el [tachado: al] Emperador»
151	9	«de [tachado: apo] apóstoles»
153	9	«y siete» repetido
153	20	«Francia, [tachado: y] como»
154	4	«Pedro [tachado] Manrique»
155	3	«mandamientos [tachado: no lo] non»
156	9	«del» repetido
157	20	«verdad [tachado: un] toda»
158	14	«solano [tachado: hijo] y don»
160	2	«carta» tachado y repetido sobrelineado
161	8	«vro» tachado y «mi» sobrelineado
161	10	«Su hijo» sobrelineado

NOTAS TEXTUALES

página	línea	
161	18	«oficios [tachado: don] demandó»
162	2	«20 [tachado: 21]»
163	5	«dañada» fue escrito con «m» y corregido sobrelineado
165	11	«y docientos» sobrelineado
165	25	«loba de» sobrelineado
165	26	«sarga [tachado: de] leonada»
166	3	«Hungría [tachado: el que] y que él»
167	23	«se [tachado: mas] llama»
169	29	«acordaron» sobrelineado
170	28	«Francisco de [tachado: Miranda]»
171	1	«y [tachado: de el] si»
171	13	«en» interlineado
173	9	«Vuestra Majestad» tachado y repetido
174	16	«[tachado: al] Muy alto y poderoso»
175	21	«demandado [tachado: a pedido]»
175	31	«olvida [tachado: olviden] dello»

ABREVIATURAS

Ac	Obras de Lope de Vega publicadas por la Real Academia Española.
BAE	Biblioteca de Autores Españoles.
BHi	Bulletin Hispanique.
BHS	Bulletin of Hispanic Studies.
BNM	Biblioteca Nacional de Madrid.
BRAE	Boletín de la Real Academia Española.
Codoin	Colección de documentos inéditos para la historia de España.
DCELC	Diccionario crítico etimológico de la lengua castellana.
DicAut	Diccionario de Autoridades.
DicHistEsp	Diccionario de Historia de España.
HR	Hispanic Review.
MemHistEsp	Memorial Histórico Español.
NBAE	Nueva Biblioteca de Autores Españoles.
NRFH	Nueva Revista de Filología Hispánica.
RABM	Revista de Archivos, Bibliotecas y Museos.
RAE	Real Academia Española.
RAH	Real Academia de la Historia.
RFE	Revista de Filología Española.
RHi	Revue Hispanique.

ÍNDICE ALFABÉTICO

Acevedo, doctor, 123
Acevedo, doña Elvira, 184
Acevedo, don Gerónimo, conde de Monterrey, adelantado de Cazorla, 70, 84, 101, 103, 114, 160, 184
Acevedo y Zúñiga, don Alonso, 71, 79, 85, 187, 195, 216
Acosta, don Álvaro de, 148
Acuña, don Antonio de, obispo de Zamora, 80, 81, 85, 195, 223
Acuña, don Diego de, arcediano de Moya, 91, 203
Acuña, don Juan de, 74, 191
Acuña, don Luis de, 196
Acuña, don Pedro de, conde de Buendía, 229
Adriano, papa, *véase* Utrecht, Adriano de
Adurza, *véase* Aduza
Aduza, Juan de, 90, 98, 201
Agamón, conde de, 176, 238
agramonteses, 106, 212
Agreda, doctor, 124
Aguayo, Francisco, 84, 198
Águila, doña Antonia del, 129, 220, 221
Águila, don Francisco del, 129
Águila, don Suero del (padre), 238
Águila, don Suero del (hijo), 175-176, 238
Aguilar, don Alonso de, 96, 186, 207
Aguilar, conde de, *véase* Arellano, don Juan de
Aguilar, marqués de, *véase* Manrique, don Pedro
Aguilar, marquesa de, *véase* Pimentel, doña Ana
Aguilera, Emiliano M., 58
Aguirre, lic. Fortún Ibáñez de, 166, 168, 233
Alarcón, don Fernando de, 126, 127, 218
Alarcón, don Juan de, 148
Alba, duque de, *véase* Álvarez de Toledo, don Fadrique
Alba de Liste, conde de, *véase* Enríquez, don Diego
Albiano, Bartolomé, 77, 193
Albión, mosén Jaime de, 78, 194
Albret, Enrique de, príncipe de Bearne, 127, 219
Alburquerque, duques de, *véase* Cueva, de la
Alcaudete, conde de, *véase* Fernández de Córdoba y Velasco, don Martín de
Alcorán, 145
Alejandría, patriarca de, *véase* Hurtado de Mendoza, don Diego
Alemán, micer Enrique el, 76

Alemán, Juan, 192
Alfaro, doctor Miguel Zorita de, *véase* Zorita de Alfaro
Alfonso V el Magnánimo de Aragón, 30, 98, 208
Alfonso X el Sabio de Castilla, 26, 28, 29, 96
Alfonso XI de Castilla, 190, 212, 231
Alimaimón, rey de Toledo, 109
Almanzor, rey moro, 104
Alonso, Dámaso, 193
Alonso de Guzmán, don Juan, 91, 124, 202, 217
Alonso Pimentel, don Antonio, conde de Benavente, 229
Alonso Pimentel, don Juan, conde de Benavente, 76, 78, 101, 154, 192, 193, 229
Alonso, Martín, 125
Alonso de Ulloa, Garci, 88, 200
Altamira, conde de, *véase* Moscoso, don Lope de
Altamira, vizconde de, *véase* Vivero, don Juan de
Alvarado, Pedro de, 168, 234-235
Álvarez de Guevara, Per, 161
Álvarez Osorio, don Per, marqués de Astorga, 178, 192
Álvarez Osorio, don Pedro, conde de Lemos, 229
Álvarez de Sotomayor «Pedro Madruga», 49, 183
Álvarez de Toledo, don Fadrique, duque de Alba, 33, 70, 74, 80, 91, 99, 111, 112, 157, 176, 178, 188, 196
Álvarez de Toledo, don Fernán, conde de Oropesa, 207
Álvarez de Toledo, don Francisco, conde de Oropesa, 97, 131, 142, 207, 222
Álvarez de Toledo, don García, 185
Álvarez de Toledo, don Hernando, comendador mayor de León, 33, 74
Álvarez Zapata, Hernán, 166

Amadeo, rey, 129
Amadís de Gaula, 159, 219, 230
Andrade, don Fernando, 67, 79, 138, 178, 183, 221
Andrade y Zúñiga, doña Teresa, 221
Angelo, micer, 160
Anríquez, *véase* Enríquez
Antolínez, Antón, 121
Antonio, arriero, 109
Antonio, Nicolás, 58
Añasco, doña Constanza de, 234
Aragón, don Alonso de, duque de Segorbe, 167, 233
Aragón, don Enrique de, duque de Segorbe, 167, 233
Aragón, don Alonso de, arzobispo de Zaragoza, 77, 78, 193
Aragón, doña Ana de, 202
Aragón, don Fernando de, duque de Calabria, 96-98, 137, 140, 149, 193, 207-208, 210
Aragón, doña Isabel de, 221
Aragón, don Juan de, arzobispo de Zaragoza, 167, 170
Aragón, don Juan de, obispo de Huesca, 239
Aragón, don Juan de, conde de Ribagorza, 167
Aragón, doña Juana de, 237
Aragón, justicia mayor de, *véase* Lanuza, Juan de
Aragón, doña María de, 107, 108, 173, 213, 237
Aragón y Gurrea, don Alonso Felipe de, conde de Ribagorza, 151, 169, 228
Arahoz, Pedro de, 107
Aracanes, Arancanes, 163-164
Arellano, don Álvaro de, 119-120, 188, 216
Arellano, doña Ana, 188
Arellano, don Bernaldino o Bernardino, 99, 120, 188
Arellano, don Carlos de, 158, 230
Arellano, don Juan de, alcaide de los Arcos, 150
Arellano, don Juan de, conde de

ÍNDICE ALFABÉTICO

Aguilar, 72, 119, 138, 148, 150, 161, 188, 216, 225
Arcos, duque de los, *véase* Ponce de León, don Rodrigo
Arguijo, Juan de, 47
Arias, Diego, 113, 117, 201, 214
Arias Dávila, don Juan, conde de Puñoenrrostro, 91, 113, 201, 214
Aristóteles, 79
Arturo, príncipe de Inglaterra, 211
Asparrot, general francés, 70, 185-186
Astorga, obispo de, *véase* Osorio, don Álvaro
Astorga, marqués de, *véase* Pérez Osorio, don Alvar, o Álvarez Osorio, don Per
Atienza, Julio de, 202, 215, 237
Aubigny, general francés, Robert Stuart, 57
Aubrun, C.V., 216
Austria, don Juan de, bufón, 30
Ávalos, don Alfonso de, marqués del Gasto, 126-127, 176, 219
Ávalos, don Francisco Fernando de, 126, 218
Avalle-Arce, Juan Bautista, 7, 28, 183, 206, 215, 234
Avicena, 149
Ávila, doctor, *véase* Lobera de Ávila
Ávila, don Esteban Domingo de, conde del Risco, 121, 206
Ávila, obispo de, *véase* Ruiz, Fr. Francisco
Ávila, don Pedro de, 96, 119, 206, 208
Ávila y Zúñiga, don Luis de, 99, 206, 208
Ayala, don Cristóbal Anastasio de, 206
Ayala, don Juan de, 141, 226
Ayala, don Pedro de, conde de Salvatierra, 67, 95, 183, 206
Ayala, don Pedro de, conde de Fuensalida, 95
Ayala, Perico de, bufón, 32
Ayala, doña Teresa de, 235

Ayamonte, marqués de, *véase* Zúñiga, don Francisco de
Ayamonte, marquesa de, *véase* Manrique de Castro, doña Leonor
Azáceta, José María, 30
Azuca, *véase* Aduza.

Baena, Juan Alfonso de, 30
Baeza, Alonso de, 105, 106, 122, 178, 211
Bajtin, Mijail, 55, 56, 230, 235
Balisa, fray Alonso de, 127
Bamba, rey godo: 98, 101, 108
Bambri, *véase* Croy, Adriano, señor de Beurren
Bañares, conde de, *véase* Zúñiga, don Álvaro de
Bari, arzobispo de, *véase* Merino, don Gabriel
Barco de Ávila, beata del, 121, 217
Barrantes Maldonado, 202
Barreto, Gonzalo, 84, 198
Bataillon, Marcel: 53, 193, 204, 216, 222, 224, 230, 235, 238
Bayboda, duque, *véase* Zapolya, Juan
Bazán, doña Constanza de, 206
Bazán, don Pedro de, 85, 95, 138, 179, 199, 206
Beata de Ávila, *véase* Barco de Ávila, beata del
Beata Petronila, *véase* Lucena, Petronila de
Beaumont, don Francés de: 48, 70, 179, 185, 212
Beaumont, don Juan de, 185
Béjar, duque de, *véase* Zúñiga, don Álvaro de
Béjar, duquesa de, *véase* Zúñiga, doña María de
Belalcázar, conde de, *véase* Zúñiga y Sotomayor, don Francisco de
Belchid/Belchite, conde de, *véase* Fernández de Híjar, don Luis
Beltrán, doctor, 94, 149, 161, 204
Beltrán, Ventura, 168

Belvis, conde de, *véase* Monroy, don Francisco de
Belvis, don Francisco de, *véase* Monroy, don Francisco de
Benavente, conde de, *véase* Alonso Pimentel, don Juan
Bera, *véase* Bura
Bermúdez, Pero, 104, 121
Bernáldez, Andrés, 190
Bernardo, fray, *véase* Gentile, fray Bernardo
Bersabé, 129
Bershas, H. N., 200
Beurren, señores de, *véase* Croy, Adriano de
Bianque, mosior de, 168, 234
Bidueña, *véase* Ludeña
Bienandanzas y fortunas, 231
Bigeard, Martine, 23
Blecua, Alberto, 30
Blecua, José María, 193
Bleiberg, Germán, 43
Bobadilla, Alonso de, 168, 179
Bobadilla, Meneses de, 70, 100, 103, 179, 186
Bobadilla, tundidor, 195
Boborrita, 68
Bocanegra, 119
Boccaccio, 222
Borbón, duque de, *véase* Bourbon, Charles de
Borja, César, 196, 214
Borja, San Francisco de, marqués de Lombay, 173, 237
Borja, don Juan de, duque de Gandía, 237
Boecio, 77
Borra, truhán, 30
Boscán, Juan, 24, 179, 240
Bourbon, Charles de, 20, 126, 127, 158, 218, 224, 228
Brablí, 151, 228
Bracamonte, Juan de, 72, 110, 111, 188, 214
Bracamonte y Guzmán, don Alonso de, 214
Brandanburq, marqués de, *véase* Joaquín II de Brandenburgo

Brandenburgo, Alberto de, arzobispo de Maguncia, 177, 238
Brandi, Karl, 15, 197
Bravo, Juan, 185
Bravo, Sancho, 71, 151, 187
Breve suma de la vida y hechos de don Diego García de Paredes, 193
Brida, Juan, 95
Briviesca, alcalde Juan Sánchez de, 71, 79, 170, 187
Briviesca, arcediano, 167
Buendía, condesa de, 154, 229
bufones, 12, 13, 23-35, 41, 54, 78, 111, 194, 214
Bura, señores de, 158, 230
Burgos, deán de, *véase* Suárez de Velasco, don Pedro
Burgos, obispo de, *véase* Rodríguez de Fonseca, don Juan; Fuensanta de Ampudia, don Pablo; o Santamaría, don Pablo de
Burje, mosior de, 165
Bursa, mosior de, 71, 187
Busa, don Berenguel de, 114
Buscón, 55
Bustillo, 73

Caballero, Blas, 133
Cabanillas, capitán, 128, 219
Cabra, conde de, *véase* Córdoba, don Diego de
Cabrera, doña Ana de, condesa de Módica, 160, 167, 190, 231
Cabrera, don Diego de, obispo de Huesca, 239
Cáceres, Diego de, 104, 142, 177
Cadena, fray Juan de la, 169, 235
Calabria, duque de, *véase* Aragón don Fernando de
Calixto III, papa, 126, 218
Calvo, Laín, 73, 121, 167
Camiña, condesa de, 49, 57, 67
Canarias, adelantado de, 96, 207
Cancionero de Baena, 30, 31
Cancionero general de Hernando del Castillo, 223, 241

ÍNDICE ALFABÉTICO 255

Cancionero de Juan del Encina, 197
Cancionero musical de palacio, 33, 197
Caravajal, doctor, 161
Cárdenas, don Alonso de, 191
Cárdenas, don Bernardino de, marqués de Elche, 91, 191, 202
Cárdenas, don Diego de, adelantado de Granada, duque de Maqueda, 74, 91, 142, 152, 165, 170, 174, 190, 201-202
Cárdenas, don Gutierre de, 91, 152, 167, 168, 188, 191, 202
Cárdenas, don Gutierre (el abuelo), 190, 201
Cárdenas, don Juan, 179
Cardona, doña Isabel de, 228
Carlos I de España y V de Alemania, 11-17, 19, 21, 27-28, 33, 37, 39-47, 52, 57, 59, 61-62, 68-70, 72-85, 87-105, 109, 112-114, 122, 124-136, 138-148, 150-159, 161-169, 171, 173-177, 183, 185-187, 190-197, 199-213, 216, 218-232, 234, 236-237, 240
Carlos el Morisco, don, 126
Cardona, duque de, *véase* Folch, don Fernando
Caro Baroja, Julio, 39, 40, 54, 227, 231
Carranza, capitán, 96, 207
Carrillo, Francisco, 124
Carrillo de Toledo, Juan, 103, 211
Carroz, don Luis, 129, 219
Cartagena, Juan de, 168, 234
Cartagena, Pedro de, 95, 122, 206, 217
Cartagena, Pedro de, el poeta, 206, 216
Cartagena, Pedro de, «el Viejo», 206
Cartas familiares, 234
Carvajal, doña Isabel de, 238
Casas, Cristóbal de las, 24
Castañeda, secretario, 124
Castaño, doña Isabel, condesa de Ribadeo, 130, 168, 221
Castilla, adelantado de, *véase* López de Padilla, don Pero
Castilla, almirante de, *véase* Enríquez, don Fadrique
Castilla, condestable de, *véase* Velasco, don Iñigo de, o Fernández de Velasco, don Bernaldino de
Castilla, rey de armas de, 157
Castilla, don Alonso de, señor de Villavaquerín, 99, 209
Castilla, don Alonso de, sacristán mayor, obispo de Calahorra, 209
Castilla, doña Ana de, 129, 166, 219
Castilla, don Felipe de, 99, 130, 135, 178, 209, 221
Castillo, Juan del, 230
Castillón, Juan Bautista, 164, 232
Castro, Adolfo de, 59
Castro, don Alonso de, obispo de Huesca, 239
Castro, Américo, 15, 17, 40
Castro, don Fernando de, 129, 221
Castro, doña Guiomar de, 195
Castro, doña Leonor de, 234
Castro y Meneses, doña Leonor de, marquesa de Lombay, 173, 236-237
Castro[geriz], conde de, *véase* Mendoza, don Rodrigo de
Catalán, Diego, 212
Catalina de Austria, infanta de España y reina de Portugal, 17, 42, 58, 62, 102-114, 118, 121-126, 197, 211, 213, 217
Catalina de Aragón, reina de Inglaterra, 90, 201, 211
Catilinario, 119
Catón, 100
Cazorla, adelantado de, *véase* Acevedo, don Gerónimo
Celestina, 50, 239
Cenete, marqués del, *véase* Mendoza, don Rodrigo de, y Nassau-Orange, don Enrique de
Cenete, marquesa de, *véase* Mendoza, doña Mencía de
Centurión, Esteban, 169, 235

Cerda, doña Ana de la, 89, 200
Cerda, doña Brianda de la, *véase* Mendoza, doña Brianda de
Cerda, don Juan de la, duque de Medinaceli, 213
Cerda, don Luis de la, 137, 169, 225
Cerda, don Pedro de la, 151, 152, 161
Cervantes, Miguel de, 193
César, Julio, 124
Cicerón, 67, 100, 177
Cid, el, *véase* Díaz de Vivar, Ruy
Cisterno, don Nuño, 108
Ciudad Rodrigo, obispo de, *véase* Pardo de Tavera, don Juan, o Maldonado, don Gonzalo
Clavería, Carlos, 230
Clemente VII, papa, 19, 130, 132, 134, 142-145, 153, 172, 211, 222
Coalla, Rodrigo de, 237
Cobos, Francisco de los, 93, 129, 166, 169, 178, 190, 192, 204, 220, 233-236, 240
Cocentaina, condesa de *véase* Mendoza, doña Brianda de
Cocón, Garci, 93, 94
Colón, don Diego, 58, 102, 210
Colonna, Próspero, 210
Comares, marqués de, *véase* Fernández de Córdoba, don Diego
Comentario de la guerra de Alemania, 208
Comunidades de Castilla, 11, 15-17, 33, 40, 62, 80-88, 93, 95, 183, 185, 189, 191, 195-196, 199, 200, 201, 203-207, 209, 211-213, 219, 228, 229, 236, 239, 240
«Conde Arnaldos», 199
Conde don Fernando, *véase* Andrade, don Fernando de
Confesor, *véase* Loaysa, don García de
Coniglione, V.M.A., 202
conversos, 13, 17, 21, 30-31, 38-41, 45, 50, 54, 57, 58, 73, 86, 90, 101-102, 113, 143, 155-156, 160, 171, 179, 186, 189-190, 198-199, 201, 205, 208, 210, 212, 214-215, 219, 226, 229, 230, 235-236
Corbera, capitán, 103
Corbacho, 40
Córdoba, fray don Álvaro de, 173, 178, 237
Córdoba, don Antonio de, 129, 220
Córdoba, deán de, 121
Córdoba, don Diego de, conde de Cabra, 129, 133, 169, 187, 207, 220, 223
Córdoba, don Fernando, 119, 131, 222
Córdoba, don García de, 130, 141
Córdoba, don Martín de, *véase* Fernández de Córdoba y Velasco, don Martín de
Córdoba, don Juan de, 133, 175
Córdoba, don Pedro de, 129, 175, 220, 237
Corella, don Rodrigo de, conde de Cocentaina, 203
Corominas, J., 24, 25, 28, 191, 194, 198, 222, 229
Corona gótica, 29
Correas, Gonzalo, 193
Cortegiano, il, 232
cortes, 14, 15, 75, 78, 131, 136, 152-156, 194, 204, 229, 231
Cortés, Hernán, 15, 234
Coruña, conde de, *véase* Suárez de Mendoza, don Bernardino
Correas, don Pedro, 102, 110, 111, 116
Cota, Sancho, 105, 168, 212, 217, 223
Covarrubias, Sebastián de, 24, 25, 194, 222
Cristiano II de Dinamarca, 129, 131, 220, 222
Crónica abreviada de mosén Diego de Valera, 189
Crónica de la casa de Estúñiga, 189
Cros, Edmond, 55
Croy, Guillermo de, *véase* Chièvres, señor de
Croy, Guillermo de, arzobispo de Toledo, 14

ÍNDICE ALFABÉTICO

Croy, Adriano de, señor de Beurren, 57, 68, 176, 184, 228
Cuenca, obispo de, *véase* don Diego de Acuña o don Diego Ramírez de Villaescusa
Cuentos de Juan de Arguijo, 47
Cueva, don Bartolomé de la, 99, 209
Cueva, doña Beatriz de la, 235
Cueva, Beltrán de la, duque de Alburquerque, 91, 99, 142, 155, 163, 191, 208, 226, 235
Cueva, Beltrán de la, hijo del duque de Alburquerque, 163
Cueva, don Diego de la, duque de Alburquerque, 208-209
Cueva, don Francisco Fernández de la, duque de Alburquerque, 75, 117, 191
Cueva, don Juan de la, 99
Cueva, don Luis de la, 178, 239
Cueva, doña Mencía de la, 200-201
Cueva, don Pedro de la, 142, 164, 178

Chacón, don Gonzalo, 200
Chacón, don Fernando, 89, 200
Chacón, don Juan, 200, 237
Chaunu, D., 15
Chenot, Beatriz, 47
Chevalier, Maxime, 44, 47
Chièvres, señor de, 14, 18, 69, 71, 72, 184, 186, 223

Damiani, Bruno, 224
Dantiscus, Johannes, 194
Danvila y Collado, Manuel, 15, 16, 195, 196, 198, 199, 206, 211, 228
David, rey, 74, 190
Davihuelo, truhán, 30, 31, 35
Dávila, doña Elvira, 113
Dávila, Francisco, 168
Dávila, don Luis, 165
De consolación, 77
De insulis oceani, 203

De justitia et jure obtentionis et retentionis regni Navarrae, 203
Décadas (Tito Livio), 98
Denia, marqués de, *véase* Sandoval y Rojas, don Bernardino de
Denia, marquesa de, *véase* Enríquez, doña Francisca
Deza, fray Diego de, 208, 234
Diálogo de las cosas ocurridas en Roma, 20
Diálogo de la doctrina cristiana, 189
Diálogo de la lengua, 35, 229
Días, Simón, 52
Díaz, Bartolomé, 91
Díaz, Gil, 108
Díaz, Ruy, el Cid, 89, 108, 122, 167
Díaz de Mendoza, don Rodrigo, marqués del Cenete, 89, 193, 200
Díaz Migoyo, Gonzalo, 55
Díaz de Ribadeneira, Fernán, mariscal, 95-96
Díaz de Rojas, Ruy, 74, 191
Díaz de Silva, Ruy, 151, 228
dinero, 70-76, 78, 82, 87, 93, 96, 98, 132, 136, 145, 158, 164, 165, 194, 205, 209, 213, 224, 230, 232, 239
Dionís, rey de Portugal, 114, 161
Doce cuentos, 31
Dolfos, Bellido, 73, 189
Domiciano, 209
Domínguez Ortiz, A., 17
Donceles, alcaide de los, *véase* Fernández de Córdoba, don Diego
Dorán, doctor, 30, 34
Doria, Andrea, 178, 227, 239
Durán, comendador, 136

Éboli, conde de, Díaz de Silva, Ruy
Egidio, frater, 144
Eisenberg, Daniel, 188
Elche, marqués de, *véase* Cárdenas, don Bernardino de

Elena, 130
Emillano, *véase* Millao
Enrique IV de Castilla, 85, 195, 199, 201
Enrique VIII de Inglaterra, 19, 90, 130, 163-164, 201, 211, 231
Enrique, hijo de la marquesa de Denia, 106, 110
Enrique el alemán, 161
Enríquez, don Alonso, 190
Enríquez, doña Ana, 104, 107, 211
Enríquez, don Diego, conde de Alba de Liste, 85, 121, 151, 199
Enríquez, don Enrique, conde de Ribadavia, 74, 190, 199
Enríquez, don Fadrique, almirante de Castilla, 33, 45, 74, 85, 91, 114, 160-161, 163, 167, 170, 176, 178, 189, 190, 195-197, 199-200, 220, 231, 236
Enríquez, doña Felipa, 162
Enríquez, don Fernando, 74, 91, 161, 170, 236
Enríquez, doña Francisca, marquesa de Denia, 71, 104-107, 109-110, 114, 116, 187, 199, 211, 213
Enríquez, doña Juana, 190
Enríquez, don Pedro, adelantado de Andalucía, 220
Enríquez, don Rodrigo, 179, 240
Enríquez, doña Teresa, 74, 134, 170, 190, 202
Enríquez de Cárdenas, doña María, *véase* Enríquez de Velasco, doña María
Enríquez de Guzmán, don Alonso, 168, 187, 188, 217, 233
Enríquez de Guzmán, don García, 233
Enríquez Osorio, don Rodrigo, conde de Lemos, 155, 221, 229
Enríquez de Ribera, don Fadrique, marqués de Tarifa, 129, 220
Enríquez de Velasco, doña María, 188
Erasmo, 204, 232, 233

Escalas, obispo de, 168, 234
Esquinas, alguacil, 98
Este, Alfonso de, duque de Ferrara, 130, 221
Estorlos, mosior, 129
«Estos caminos, ¡A! tan largos para mí», 121, 217
Estúñiga, *véase* Zúñiga
Etimologías, 83
Etimologías, 101

Fabié, Antonio María, 40
Fadrique de Nápoles, rey, 207
Fajardo, don Luis, 91, 173, 200, 201
Fajardo, don Pedro, marqués de los Vélez, 89, 91, 136, 200, 201
Falconete, mosior de, 151, 228
Faraón, 120
Faro, condesa de, *véase* Melo, doña Guiomar de
Fartaces, 129
Felipa, doña, 173, 237
Felipa, bufona, 27
Felipe I el Hermoso, 175, 194, 208, 229
Felipe II, 20, 28, 30, 62, 157, 161, 162, 173, 196, 204, 205, 219, 220, 228, 230, 239, 240
Felipe IV, 29, 30, 198
Feria, conde de, 223
Fernández Álvarez, Manuel, 15, 16, 211, 212, 219, 222, 225, 227, 229, 231, 232, 234, 235
Fernández de Córdoba, don Diego, alcaide de los Donceles y marqués de Comares, 105, 133, 163, 212, 213, 223, 232
Fernández de Córdoba, Gonzalo, el Gran Capitán, 192, 207, 212, 213
Fernández de Córdoba, don Gonzalo, duque de Sessa, 105, 212, 237
Fernández de Córdoba, don Luis, duque de Sessa, 178, 239
Fernández de Córdoba, Ruy, 130

ÍNDICE ALFABÉTICO 259

Fernández de Córdoba y Velasco, don Martín, conde de Alcaudete, 130, 222
Fernández de Heredia, don Juan, conde de Fuentes, 78, 194
Fernández de Híjar, don Luis, conde de Belchite, 78, 194
Fernández Manrique, don Garci, conde de Osorno, 122, 173, 237
Fernández de Oviedo, Gonzalo, 183, 188-191, 195-198, 200-202, 206-209, 212, 214, 216-221, 224-226, 228-229, 231, 234, 237, 239, 240-241
Fernández Portocarrero, don Luis, conde de Palma, 109, 133, 213
Fernández de Velasco, don Bernardino, 190
Fernández de Velasco, don Pedro, conde de Haro y condestable de Castilla, 73, 85, 91, 96, 150, 170, 172, 189, 190
Fernando I de Castilla, 235
Fernando III el Santo de Castilla, 28
Fernando IV el Emplazado de Castilla, 229
Fernando V el Católico, 12, 13, 31, 32, 51, 61, 69, 77, 97, 104, 107, 108, 184, 185, 187, 190, 192, 193, 195, 197, 199-203, 207, 208, 210, 211-213, 217, 218, 220, 226, 232, 234, 237, 240
Fernando, infante de España, rey de Bohemia y Hungría, 15, 19, 20, 43, 62, 76, 165, 166, 174-177, 187, 191, 192, 204, 219, 223, 226, 231-233, 237, 238
Ferrara, duque de, véase Este, Alfonso de
Figueroa, doña Catalina de, 240
Filete, 176
Finolete, doña Beatriz, 166, 169
Fitzjames Stuart, Jacobo, 196
Flamenco, maestre Luis, 91
Flandres, Louis de, señor de Praet, 169, 235
Flögel, C. F., 34

Florencia, embajador de, 130
Floresta española, 32
Foix, Germana de, 101, 104, 129, 140, 208, 210
Folch, don Fernando, duque de Cardona, 129, 220
Fonseca, don Alonso de, arzobispo de Toledo, 51, 69, 85, 99, 103, 136, 150, 156, 161, 163, 172, 176, 184, 187, 197, 233
Fonseca, don Alonso de, arzobispo de Santiago, 74, 84, 97, 133, 155, 184
Fonseca, don Antonio de, 81, 82, 89, 97, 99, 112, 128, 135, 149, 165, 166, 173, 178, 197, 210
Fonseca, don Diego de, 184
Fonseca, don Gutierre de, 79, 185
Fonseca, Juan de, véase Rodríguez de Fonseca, Juan
Foresti Bergomensis, Jacobus Phillipus, 241
Foulché-Delbosc, R., 32, 44, 51, 52, 63
Francia, reina de, véase Leonor de Austria
Francisco I, rey de Francia, 15, 18, 80, 88, 100, 125, 127, 128, 130, 132, 133, 134, 153, 162-164, 197, 200, 212, 218, 223, 224, 231, 234, 238, 239
Frenes, mosior de, 176
Frías, doctor, 116, 117, 215
Fruela, rey don, 103, 121
Fuensalida, conde de, véase Ayala, don Pedro de
Fuensanta de Ampudias, fray Pascual de, obispo de Burgos, 166, 233
Fuentes, conde de, véase Fernández de Heredia, don Juan

Gachard, L. P., 230
Galateo español, 33
Galicia, don Fernando de, 122
Galíndez de Carvajal, L., 233
Gallagher, Patrick, 223

Gallo, fray Magistro, 101
Gams, P. Pius Bonifacius, 192
García Carraffa, 220, 228
García de Navarra, rey, 169
García de Paredes, Diego, 77, 155, 193, 229
García de Salazar, don Lope, 159, 231
Garcilaso de la Vega, el poeta, 178, 185, 196, 239, 240
Garcilaso de la Vega, el comendador mayor, 239
Gasto, marqués del, *véase* Ávalos, Alfonso de
Garibay, 118
Garrafa, Pedro Antonio de, conde de Policastro, 126
Gattinara, Mercurino di, Gran Chanciller, 18, 96, 99, 161, 178, 207, 231
Gayangos, Pascual de, 11, 53, 58, 60, 61, 62, 64, 187, 209
Génesis, 77
Génova, embajador de, 130
Gentile, fray Bernardo, 91, 169, 212
Germana, reina, *véase* Foix, Germana de
Generaciones y semblanzas, 216
germanías de Valencia, 16, 89, 97
Gilio, micer, 137
Ginebra, conde de, 129, 151, 220, 228
Girón, María Luisa, 229
Girón, don Pedro, comunero, 90, 142, 155, 201, 226
Girón, don Pedro, conde de Urueña, 226
Girón, don Pedro, cronista, 183, 204, 213, 214, 224, 230, 234, 240
Girón de Rebolledo, doña Ana, 240
Gomera, conde de la, *véase* Peraza, Guillén
Gómez Orozco, Alvar, 136, 224
Gómez Zagal, Alvar, *véase* Gómez Orozco
Góngora, don Luis de, 35

Gonzaga, Ferrante, marqués de Mantua, 130, 221
González, conde Fernán, 73, 104, 122
González, Francisco, *véase* González de Medina, don Francisco
González, doña Jimena, 100, 122
González, Julio, 48
González, Mudarra, 121
González de Medina, Francisco, 95, 124, 161
González de Mendoza, don Pedro, el Gran Cardenal, 89, 187, 200, 224
González Palencia, Ángel, 38, 42, 192, 209, 216
Gracián Dantisco, Lucas, 33
Gramática de Nebrija, 35
Gran Chanciller, *véase* Gattinara
Granada, adelantado de, *véase* Cárdenas, don Diego de
Grande Gibraleón, micer, 144
Grimaldi, Agostín, 89
Gudiel, Juan, 127
Guacarón, don, 179
Guatemala, adelantado de, *véase* Alvarado, Pedro de
Güerta, Pedro de, 108
Güesca, *véase* Huesca
Guevara, fray Antonio de, 20, 51, 52, 53, 139, 168, 195, 198, 203, 204, 210, 218, 225, 226, 234, 238
Guevara, doña Catalina de, 234
Guevara, don Diego de, 192, 208
Guevara, don Iñigo de, 158
Guevara, don José Ladrón de, 228
Guevara, don Ladrón de, 192, 203
Guevara, doña Marina de, 203
Guevara, don Pedro de, 98, 133, 208, 223
Guiana, 163, 164
Guibelalde, Pilar, 58
Guillermo, bufón, 30
Gustos, Nuño, 121
Gutiérrez, Francisco, 175, 238
Gutiérrez Nieto, Juan Ignacio, 16, 210, 223

ÍNDICE ALFABÉTICO

Guzbet, don, bufón, 30
Guzmán, don Enrique de, cuarto duque de Medina Sidonia, 198, 202
Guzmán, don Felipe, *véase* Guzmán, don Félix
Guzmán, don Félix, 99, 120, 209
Guzmán, doña Isabel de, 117
Guzmán, don Juan de, tercer duque de Medina Sidonia, 202
Guzmán, doña Leonor de, 190
Guzmán, doña Mencía de, 201, 226
Guzmán, don Pedro de, 82, 124, 165, 178, 198
Guzmán, Ramiro de, *véase* Núñez de Guzmán, Ramiro
Guzmán de Alfarache, 53, 54
Guzmán el Bueno, 130, 221
Guzmán, M. L., 61
Guzmán y Ponce de León, don Diego, conde de Teba, 92, 203

hambre, 67, 68, 162, 204, 231, 232
Haníbal, caballerizo, 136, 225
Haro, conde de, *véase* Fernández de Velasco, don Pedro
Haro, condesa de, 177
Heredia, don Diego de, 96
Herodes, 130, 163, 205
Hernández de Córdoba, don Pedro, 19, 133, 139, 223
Hernández de Córdoba, don Pedro, marqués de Priego, 76, 106, 192, 213
Hernández Dávila, don Diego, 137
Hernández Paniagua, Pedro, 28
Hernández de Portillo, Pedro el Abuelo, 94, 205, 208
Herrera, Fernando de, el poeta, 223
Herrera, Francisco de, 223
Herrera, Miguel de, 101, 118, 210, 215
Historia general y natural de las Indias, 202
Hoz, Rodrigo de la, 91, 98, 202, 208
Huelgas, abadesa de las, *véase* Sosa, doña Leonor de
Huesca, obispo de, 178, 239
Hungría, rey de, *véase* Luis de Hungría, o Fernando, infante
Hurtado, Diego, 148
Hurtado de Mendoza, don Diego, duque del Infantado, 72, 73, 87, 168, 187, 188, 189, 225, 230, 233
Hurtado de Mendoza, don Diego, patriarca de Alejandría, 71, 187

Icart, doña Beatriz, 185
Iladán, fray Guillermo, *véase* Villiers de l'Isle Adam
Infantado, duque del, *véase* Hurtado de Mendoza, don Diego
Inquisidor Mayor, *véase* Manrique, don Alonso
Iribarren, J. M., 186, 230
Isabel de Austria, reina de Dinamarca, 220
Isabel I la Católica, 12, 13, 136, 183, 185
Isabel de Portugal, emperatriz, 17, 18, 135-138, 156, 162, 166, 168, 171-174, 187, 207, 224, 228, 237
Isabel de Portugal, reina viuda, 227
Italia, guerras de, 15, 18, 39, *véase* Pavía, batalla de

Jacobano, maestre, 120
Jacobeos, Arbuto, 101
Jaques, *véase* Laurin
jerga, 87, 125, 136, 137, 148, 164, 176, 199, 215, 220, 222, 224, 225, 227, 232
Jimena, doña, *véase* González, doña Jimena
Jiménez de Cisneros, cardenal don Francisco, 13, 51, 69, 70, 161, 183, 184, 215, 217, 222
Jiménez de Rada, arzobispo, 29
Joaquín II de Brandenburgo, 176, 238
Job, 79, 83, 198, 216
Jones, R. O., 53, 231
Jordán, Juan, 77

Juan I de Castilla, 217
Juan II de Castilla, 30, 197
Juan III de Portugal, 81, 82, 102, 106, 116, 130, 148, 197
Juan, príncipe don, 191, 192
Juana la Beltraneja, 184, 217
Juana, infanta, 237
Juana la Loca, 12, 14, 87, 187, 207, 211, 213, 220, 240
Juan de Voto a Dios, 130, 221
Juanes, 129
Judas, 130, 132, 171, 173
judíos, *véase* conversos
Juvenal, 119

Keniston, Hayward, 63, 191, 202, 204, 211, 212, 219, 221, 233, 235, 237, 240
Koenigsberger, H. G., 185

Labrit, Juan de, 134, 223, 234
La Chaulx, señor de, Charles de Poupet, 71, 75, 101, 136, 141, 154, 176, 177, 178, 186, 225
Laínez, Diego, 167
Lallemand, Juan, 192
Lançon, madama, *véase* Margarita de Angulema
Lannoy, Charles de, 18, 126, 127, 128, 178, 218, 219, 240
Lanuza, don Juan de, 15, 73, 78, 156, 167, 170, 188, 189
Lara, don Enrique de, 178
Lara, Sancha de, 103, 122
Lasso de la Vega, Miguel, 193
Lasso, don Pedro, 178, 209, 213, 239
La Trullera, mosior de, 103, 133, 150
Laurin, Jaques de, 90, 201
Laxao, *véase* La Chaulx
Layna Serrano, Francisco, 184
Lazarillo de Tormes, 49, 54, 194
Lázaro, 176
Lean Leonard, bufón, 34
Lefebvre, Joël, 55, 235

Leiva, Antonio de, 126, 127, 218, 219
Lemos, conde de, *véase* Enríquez Osorio, don Rodrigo
Lemos, doña Mencía, 200
Leguízamo, Sancho Díaz de, 105, 117, 118, 133, 211, 215
León, comendador mayor de, *véase* Álvarez de Toledo, don Hernando, y Cobos, Francisco de los
León, Gómez de, 129, 220
León X, papa, 15
Leonardon, H., 41, 59
Leonor de Austria, reina de Francia, 105, 131, 148, 153, 157, 168, 212, 224
Lerma, duque de, 230
Levítico, 101
Lezcano, Julián de, 73, 123, 190, 214
Liber generaciones, 143, 160
Liberal, maestre, 79, 133, 150, 168, 177, 194
Libro áureo de Marco Aurelio, 20, 51, 52, 53, 210, 226
Libro de los chistes, 28
Libro intitulado los problemas de Villalobos, 212
Libro de la nobleza y lealtad, 28
Libro de los reyes, 101
Libro de la vida y costumbres de Alonso Enríquez de Guzmán, 187, 233
Libros verdes de Aragón, 214
Lida de Malkiel, Rosa, 51-53, 198, 228, 239
limpieza de sangre, *véase* conversos
Lizerazo, Luis, 57, 74, 150, 191
Loarte, doctor, 130
Loaysa, don García de, el confesor, 99, 155, 161, 176, 178, 209, 217, 231
Lobera de Ávila, doctor Luis, 179, 241
Lombay, marqués de, *véase* Borja, San Francisco de
Lombay, marquesa de, *véase* Castro y Meneses, doña Leonor

ÍNDICE ALFABÉTICO 263

López, Luis, bufón, 30
López de Ayala, Diego, 133, 222
López de Gurrea, doña María, 228
López de Mendoza, don Íñigo, conde de Saldaña y cuarto duque del Infantado, 73, 91, 101, 178, 189, 201
López de Mendoza, don Íñigo, conde de Tendilla, 199, 216
López Pacheco, don Diego, marqués de Moya, 105, 148, 155, 178, 212
López Pacheco, don Diego, marqués de Villena, 32, 73, 189, 191, 203, 212
López de Padilla, don Gutierre, maestre de Calatrava, 240
López de Padilla, don Gutierre, 179, 240
López de Padilla, don Pedro, adelantado de Castilla, 74, 169, 190, 206, 240
López Zagal, Pedro, 136, 224
López de Zúñiga, don Diego, primer conde de Miranda, 204
López de Zúñiga, don Diego, 120, 121, 216
Lozana andaluza, 224
Lucano, 239
Lucena, Petronila, la Beata, 156, 168, 230
Lucia, doña, bufona, 28
Ludeña, doña Aldara, 237
Ludeña, comendador, 179, 240
Ludovico V, conde del Palatinado, 177, 238
Luis II de Hungría, 19, 141, 226, 237
Luis XII de Francia, 194
Luna, don Álvaro de, 212
Lutero, Martín, 15, 174, 175, 238

Maazarío Coleto, María del Carmen, 225
Macho, Diego, 98
Magallanes, 15
Maguncia, arzobispo de, *véase* Brandenburgo, Alberto de
Malraux, André, 23
Maldonado, don Diego, *véase* Maldonado, don Gonzalo
Maldonado, don Francisco, 215, 228
Maldonado, don Gonzalo, obispo de Ciudad Rodrigo, 163, 178, 232
Maldonado, Juan, 228
Mallorca, obispo de, *véase* Sánchez de Mercado
Manrique, don Alonso, Inquisidor mayor y arzobispo de Sevilla, 39, 40, 97, 144, 155, 171, 179, 186, 208, 209, 227, 232, 234, 236, 238
Manrique, don Alonso, hijo del marqués de Aguilar, 71, 91, 158, 187, 212, 230
Manrique, doña Ana, 168, 234
Manrique (o Padilla), don Antonio, hijo del Inquisidor, 74, 169, 190
Manrique, doña Inés, 173, 200, 237
Manrique, don Jorge, el poeta, 208
Manrique, doña Magdalena, 200
Manrique, doña María, 149, 228
Manrique, don Pedro, marqués de Aguilar, 71, 91, 114, 151, 154, 158, 167, 173, 186, 230
Manrique, don Pedro, duque de Nájera, 195
Manrique, don Rodrigo, 176, 238
Manrique de Castro, doña Leonor, marquesa de Ayamonte, 113, 123, 149, 191, 215
Manrique de Lara, don Antonio, duque de Nájera, 79, 81, 149, 154, 155, 168, 195, 234
Manrique de Lara, don Rodrigo, conde de Paredes, 130, 200, 221
Manrique de Sotomayor, doña María, 184
Mantua, marqués de, *véase* Gonzaga, Ferrante
Manuel el Afortunado de Portugal, 17, 136
Manuel, don Juan, 136
Manuel de Figueroa, doña María, 222
Maqueda, duque de, *véase* Cárdenas, don Diego

Marañón, Gregorio, 200
Maravall, José Antonio, 15
Marco Aurelio, véase Libro áureo de
Margarita de Angulema, 133, 134, 223
Margarita de Austria, 207
María de Austria, 226
María de Hungría, 19
María de Portugal, 219
Marialba, conde de, 82
Mariana, Juan de, 29
Marías, Julián, 43
Márquez Villanueva, Francisco, 20, 24, 39, 42, 48, 51, 52, 53, 55, 57, 212
Marta, 176
Martín I el Humano de Aragón, 30
Martínez de Leiva, Sancho, 178
Mártir de Anglería, Pedro, 58, 109, 189, 198, 200, 202, 204, 213, 222
Maximiliano I, emperador de Alemania, 12, 78, 194, 225
mayor disgracia de Carlos V, La, 233
Mayordomo Mayor, véase La Chaulx, Lannoy
Mazuecos, licenciado, 97
Medellín, conde de, véase Portocarrero, don Juan
Médicis, Julio de, véase Clemente VII, papa
Médicis, Juanes de, 132, 133, 144, 222
Medinaceli, duque de, 151
Mejía, Alonso, 91
Mejía, doctor, 91
Mejía, Pero, 24
Mejía de la Cerda, Hernán, 106, 213
Mejía el mozo, don Rodrigo, 79, 195
Méjico, conquista de, 15, 235
Mélito, conde de, véase Mendoza, don Diego de
Melo, doña Beatriz de, 172
Melo, doña Felipa, 214
Melo, doña Guiomar, 172-173, 236

Mella, fray Alonso de, 116, 215
Memorial de cosas notables de don Íñigo López de Mendoza, 189
Memorenci, véase Montmorency
Memorias de Carlos V, 229, 231
Memorias del reinado de los Reyes Católicos, 190
Mena, Gabriel de, bufón, 33, 35
Méndez, don Luis, 96, 141
Mendoza, doña Ana de, 225
Mendoza, don Bernaldino de, véase Suárez de Mendoza, don Bernaldino de
Mendoza, doña Brianda de, condesa de Cocentaina, 89, 91, 173, 200, 203
Mendoza, doña Catalina de, marquesa de Mondéjar, 86, 199
Mendoza, don Diego de, conde de Mélito, 15, 89, 134, 141, 200, 203
Mendoza, doña Elvira de, 148, 227
Mendoza, don Fernando de, 91
Mendoza, don Francisco de, obispo de Oviedo y de Zamora, 71, 89, 106, 133, 154, 156, 166, 170, 174, 187, 223
Mendoza, fray Íñigo de, 31
Mendoza, doña Isabel de, 120, 216
Mendoza, don Juan de, 179, 240
Mendoza, don Juan de, conde de Monteagudo, 77, 89, 117, 148, 199
Mendoza, don Luis (Hurtado) de, marqués de Mondéjar, 86, 199
Mendoza, doña Luisa de, 220
Mendoza, doña María de, condesa de Haro, 189
Mendoza, doña María de, condesa de Monteagudo, 148, 227
Mendoza, doña María de, 221, 234, 240
Mendoza, doña Mencía de, marquesa del Cenete, 77, 89, 94, 101, 135, 149, 170, 174, 193, 201, 208, 226, 227
Mendoza, don Pedro, 117, 164, 179
Mendoza, don Pedro de, conde de Monteagudo (padre), 193

ÍNDICE ALFABÉTICO

Mendoza, don Rodrigo de, conde de Castrogeriz, 154, 229
Menéndez Pelayo, Marcelino, 59
Menéndez Pidal, Juan, 37, 38, 40, 44, 46, 58, 59, 62, 191, 205, 210, 213, 221, 227
Menéndez Pidal, Ramón, 15, 26, 28, 29, 30, 31, 217
Menosprecio de corte y alabanza de aldea, 204
Mercado, Pedro, 92, 203
Merino, don Gabriel, arzobispo de Bari, 83, 84, 99, 176, 179, 198
Mesa, Carlos E., 47
mesianismo, 21, 70, 132, 143, 144, 146, 147, 153, 157, 159, 163, 185, 215, 218, 222, 227, 230, 232
Metenas, 177, 238
Mexía, Pero, 191, 195, 200, 201, 223, 226, 236, 238, 240
Milán, duque de, *véase* Sforza, Francisco
Milón de Crotona, 130, 221
Millao, 101, 210, 221
Miller, Townsend, 16
Miranda, conde de, *véase* Zúñiga, don Francisco de
Miscelánea de Zapata, 33
Mitrídates, 129
Módica, condesa de, *véase* Cabrera, doña Ana de
Mondéjar, marqués de, *véase* Mendoza, don Luis de
Mondéjar, marquesa de, *véase* Mendoza, doña Catalina de
Mondoñedo, obispo de, *véase* Suárez Maldonado, y Suárez, Alonso
Monroy, don Francisco de, conde de Belvis, 130, 221
Monroy de Archidona, 129
Monteagudo, conde de, *véase* Mendoza, don Juan de
Monterrey, conde de, *véase* Acevedo, don Gerónimo de
Monterrey, señor de, *véase* Zúñiga, don Francisco de
Montmorency, Anne de, 133, 223
Morel-Fatio, A., 28, 41, 44, 45, 46, 47, 57, 59, 60, 62, 200, 205
Morgaina, 116, 215
Moreno Villa, J., 23, 26
moriscos, moros, 19, 76, 77, 86, 93, 126, 127, 134, 139, 140, 145, 147, 216, 226, 233
Morreale, Margherita, 33
Moscoso, comendador, *véase* Mosquera
Moscoso, don Lope de, conde de Altamira, 107, 213
Mosquera, comendador, 113, 142, 226
Mota, maestro, *véase* Ruiz de la Mota, don Pedro
Moya, arcediano de, *véase* Acuña, don Diego de
Moya, marqués de, *véase* López Pacheco, don Diego
Moyano, 83
Muley Abracén, *véase* Muley Hassan
Muley Hassan, rey de Túnez, 130, 221
Münchhausen, barón, 186
Mussafia, Alberto, 59
Muza, 147

Nájera, abad de, *véase* Valmaseda, don Diego de
Nájera, duque de, *véase* Manrique de Lara
Narciso, doctor, *véase* Vinyols, doctor Narciso
Nasao, conde, *véase* Nassau-Orange, Enrique de
Nassau-Orange, Enrique de, 141, 150, 163, 176, 178, 193, 226
Navarra, príncipe de, *véase* Albret, Enrique de
Navarro, Pedro, 190
Navarro Tomás, Tomás, 185
Nebrija, Antonio de, 35
Nerón, 129, 220
Niebla, conde de, *véase* Guzmán el Bueno
Nicarasa, 164, 165, 232

Niño, don Alonso, 94, 205
Niño, don Rodrigo, 126, 218-219
Noguerol, Álvaro Vázquez, 105, 123, 212
Noguerol, Francisco, 212
Noguerol, Gómez, 212
«Noramala os conocí», 119
Núñez de Guzmán, Pero, 76, 175, 191, 192
Núñez de Guzmán, Ramiro, 192, 231

«O Castillo de Montanges», 63, 197
Obispo don Pablo, *véase* Santamaría, Pablo de
Olivares, conde-duque de, 198
Oliveros, 112, 214
Oñate, conde de, *véase* Vélez de Guevara, don Pedro
Oración de la emparedada, 121, 216
Orange, príncipe de, 63
Orantes, Catalina de, 186, 198
Ordoño, don, 121
Orgaz, conde de, *véase* Pérez de Guzmán, don Álvaro
Oropesa, conde de *véase* Álvarez de Toledo, don Francisco
Osorio, don Alonso, 179
Osorio, fray don Álvaro, obispo de Astorga, 75, 191
Osorio, don Diego, 179, 196, 241
Osorio, don Fernando, 84, 199
Osorio, doña María, 196
Osorno, conde de, *véase* Fernández Manrique
Osorno, condesa de, 173, 237
Oviedo, obispo de, *véase* Mendoza, don Francisco de

Pablo, 98
Pacheco, don Diego, 240
Pacheco, Francisco, 216
Pacheco, don Juan Francisco, 96, 97
Pacheco, don Juan, 155
Pacheco, doña María, condesa de Oropesa, 207
Pacheco, doña María, 206
Pacheco, don Pedro, 203
Pacheco de Córdoba, don Francisco, 133
Pacheco y Velasco, doña Mencía, 191, 201
Padilla, don Gerónimo de, 154, 168, 229
Padilla, Juan de, 95, 178, 190, 206, 239, 240
Palacios Rubios, Juan López de, doctor, 91, 203
Palatino, conde, *véase* Ludovico V
Palencia, Alonso de, 24
Palencia, obispo de, *véase* Ruiz de la Mota, y Sarmiento, don Pedro
Palma, conde de, *véase* Fernández Portocarrero
Paloma, 231
Pamo de Fontiberos, Nuño, 121
Pantagruel, 55
Papa, *véase* Clemente VII
Pardo de Tavera, fray don Juan, obispo de Ciudad Rodrigo y Santiago, 84, 139, 156, 163, 198, 225, 232
Paredes, conde de, *véase* Manrique de Lara, don Rodrigo
Paredes, Diego, *véase* García de Paredes, Diego
Pascual, fray, *véase* Fuensanta de Ampudia
Patch, H. R., 227, 228
Patriarca de Alejandría, *véase* Hurtado de Mendoza, don Diego
Pavía, batalla de, 125-128, 218-219, 223
Paz, Sancho de, 166, 233
Pedrarias, 91, 201
Pedro, don, 178
Pedro I el Cruel, 212
Pedro IV de Aragón, 30
Pelayo, don, 147
Peñalosa Díez, Rodrigo, 128, 219
Perálvarez de Guevara, *véase* Álvarez de Guevara, Pero
Peraza, Guillén, conde de la Gomera, 100, 141, 173, 209, 226

ÍNDICE ALFABÉTICO 267

Peregrino en su patria, 28
Pérez, J., 16
Pérez Bayer, F., 59
Pérez de Guzmán, don Alonso, quinto duque de Medina Sidonia, 201, 202
Pérez de Guzmán, don Alvar, conde de Orgaz, 75, 191
Pérez de Guzmán, Fernán, 51
Pérez Osorio, Alvar, marqués viejo de Astorga, 77, 85, 127, 135, 179, 192
Periáñez *véase* Yáñez, Pedro
Perote, 81
Persoa, Francisco, 172
Pescara, marqués de, 126, 127
Peti-Juan, 109, 190, 214
Piccolomini, Octavio, 29
Pilatos, 163
Pimentel, doña Ana, marquesa de Aguilar, 120, 172, 216
Pimentel, don Bernardino, 94, 129, 205
Pimentel, don Juan, *véase* Alonso Pimentel, don Juan
Pimentel, doña María, 193
Pinedo, Luis, 28, 203, 209, 231, 234
Pisa, licenciado o doctor, 97, 147, 227
Pitirrey, 104
Pizarro, Gonzalo, 28
Plasencia, deán de, 75, 103
Plasencia, obispo de, *véase* Ruiz de la Mota
Platón, 77, 106
Pocher, Conrad, bufón, 34
Policastro, conde de, *véase* Garrafa, Pedro Antonio
Ponce, don Rodrigo, 84
Ponce de León, don Manuel, 129, 220
Ponce de León, don Rodrigo, duque de Arcos, 96, 178, 207
Ponce de León, don Roldán, 133
Ponte, doctor Narciso, 114, 149, 215, 237
Porras, Juan de, 96

Portillo, Pedro de, *véase* Hernández de Portillo, Pedro
Portillo, Rodrigo de, 99, 208
Portocarrero, don Juan de, conde de Medellín, 99, 208
Portocarrero, don Pedro, 99, 166, 199, 209, 233
Portugal, don Álvaro de, 11, 214
Portugal, don Fadrique de, obispo de Sigüenza, 77, 104, 107, 108, 114, 116, 122, 167, 178, 191, 193, 213, 233
Portugal, don Jorge de, 111, 118, 122, 123, 131, 214, 215
Portundo, Rodrigo, 178, 239
Poupet, Charles de, *véase* LaChaulx, señor de
Prata, mosior de (Praet), *véase* Flandres, Louis de
Preparación para la muerte, 204
Preste Juan de las Indias, 144, 227
Príamo, 129, 220
Priego, marqués del, *véase* Hernández de Córdoba, don Pedro
Primera crónica general, 28
Prior de San Juan, *véase* Zúñiga, don Antonio de
Puente, Cayo de la, 135, 136, 224
Puerto, Bartolomé del, 135, 136, 224
Puñoenrrostro, conde de, *véase* Arias Dávila, don Juan

«Quejas de doña Lambra», 199
Quevedo, 19, 54, 55
Quijote, 193, 197, 237
Quintanilla, doña Isabel de, 173, 237
Quintanilla, don Alonso de (padre), 179, 240
Quintanilla, don Alonso de (hijo), 240
Quintanilla, don Alonso de, el Viejo, 237

Rabelais, François, 55, 56

Ramírez de Arellano, don Alonso, 188
Ramírez de Villaescusa, don Diego, obispo de Cuenca, 91, 203
Rasura, Nuño, 87
Redondo, Augustín, 52, 183, 187, 191, 192, 194, 198, 203, 204, 207, 208, 210, 211, 214, 216, 222, 223, 225, 226, 231, 233, 234, 238, 240, 241
Reina, micer Juan, 179, 240
Reinosa, veedor de, 170
Relox de príncipes, 52, 53, 234
Rengifo, Gil, 79, 90, 195
Requesens, doña Estefanía de, 204
Requesens y Zúñiga, don Luis de, 204
Ribadeo, conde de, *véase* Villandrando, don Diego de
Ribadeo, condesa de, *véase* Castaño, doña Isabel de
Ribagorza, conde de, *véase* Aragón y Gurrea
Ribera, don Diego de, obispo de Segovia, 133, 223
Ribera, doña Catalina de, 220
Rico, Francisco, 53
Río, Antón del, 92, 168, 203, 234
Río, Gonzalo del, regidor de Segovia, 46, 74, 96, 103, 119, 207
Riquier de Narbona, Guiraut, 26, 27
Rivas, duque de, 218
Roa, don Antonio de, 179
Roa, maestro de, 106
Robles, 169, 235
Robles, don Beltrán de, 19, 139, 178, 226
Rocandolfo, Guillermo, 19, 139, 175, 225, 226
Rodrigo, arzobispo, 29
Rodrigo, rey godo, 113, 147
Rodríguez, Prior Hernán, 58, 105, 212
Rodríguez, Juan, mancebo, 91, 122, 123, 124, 159, 161, 172
Rodríguez de Ávila, don Diego, 96
Rodríguez de Baeza, Juan, 96, 207

Rodríguez de Fonseca, Alonso, 85
Rodríguez de Fonseca, don Juan, obispo de Burgos, 101, 197, 216
Rodríguez de Fonseca, Juan, de Badajoz, 101, 114, 130
Rodríguez Villa, Antonio, 43
Rojas, Diego de, 28
Rojas, don Luis de, 91
Roles, mosior de, 150
Rolete, 176, 238
Rolla, mosior de, 133, 223
«Romance de la bella malmaridada», 193
Rojas, Fernando de, 48, 50
Rojas, doña Sancha de, 192
Romeu Figueras, José, 33, 197
Ronquillo, Rodrigo, 79, 92, 187, 195, 196
Rúa, Rodrigo de la, 99, 166, 173
Rufo, Juan, 30, 39
Ruiz, fray Francisco, obispo de Ávila, 69, 133, 149, 184
Ruiz de la Mota, don Pedro, 95, 98, 206, 208
Ruiz de la Mota, García, 95, 206
Rusia, embajador de, 130, 144

Saavedra Fajardo, Diego, 29
Sabugosa, conde de, 26
saco de Roma, 11, 20, 62, 158, 159, 221, 233
Sajonia, duque de, 175, 238
Salamanca, fray Juan de, 166, 169, 233
Salamanca, tesorero, 207
Salazar el Grande, 160
Saldaña, conde de, *véase* López de Mendoza, don Íñigo
Saldaña, Juan, 168, 234
Salinas, conde de, *véase* Sarmiento, don Diego
Salinas, don Martín de, 43, 175, 187, 188, 201, 202, 203, 205, 206, 208, 210, 212, 213, 218, 219, 220, 222, 223, 224, 225, 227, 228, 230, 231, 232, 234, 235, 238, 239

ÍNDICE ALFABÉTICO

Salomón, 101, 102
Salustio, 119
Salustio, madama de, *véase* Saluzzo, madama de
Saluzzo, madama de, 129, 220, 228
Salvá y Mallen, P., 232
Salvatierra, conde de, *véase* Ayala, don Pedro de
Salvatierra, condesa de, *véase* Saluzzo, madama de
Salviati, cardenal de, *véase* Médicis, Juanes de
Samaniego, 97, 133, 223
San Juan, prior de, *véase* Zúñiga, don Antonio de
San Pedro, 132, 144, 158, 222, 227
San Vicente, 97
Sánchez, Martín, 166, 233
Sánchez, Teresa, 122
Sánchez Alonso, Benito, 58
Sánchez de Badajoz, Diego, 217
Sánchez de Badajoz, Garci, 133, 223
Sánchez de Mercado, don Rodrigo, obispo de Mallorca, 133, 223
Sánchez de Quesada, Diego, 169
Sancho IV de Castilla, 122, 169, 189
Sancho de Quesada, Día, 155
Sandoval y Rojas, don Bernardino de, marqués de Denia, 129, 167, 187, 199, 211, 220
Sannazzaro, 222
Santa Cruz de Dueñas, Melchor de, 32, 44, 45, 46, 47
«Santa Gadea de Burgos», 189
Santamaría, Pablo de, obispo de Burgos, 113, 214
Santander, Pedro, 42
Santángelo, Gerónimo de, 127
Santiago, arzobispo de, *véase* Fonseca, don Alonso de, y Pardo de Tavera
Santiago apóstol, 146
Santiago, licenciado, 91, 173, 202, 237
Santillana, marqués de, 190
Santisteban, Cristóbal de, 96, 207
Santisteban del Puerto, conde de, *véase* Velasco de Benavides, don Francisco
Sarmiento, don Diego, 168, 169, 234
Sarmiento, don Diego, conde de Salinas, 168, 169, 207, 234, 236
Sarmiento, don Pedro, obispo de Tuy y Palencia, 91, 163, 203, 232
Sauvage, Jean, 14, 207
Seaver, Henry, 183
Segorbe, duque de, *véase* Aragón, don Enrique de o don Alonso de
Segovia, obispo de, *véase* Ribera, don Diego de
Segovia, regidor de, *véase* Río, Gonzalo del
seiscientas apotegmas, Las, 30, 39
Semíramis, 129
Séneca, 84
Serba, Miguel de la, 91
Serna, Francisco de la, 94, 204
Serna, Isabel de la, 38, 42, 46
Serna, Mariana de la, 42
Serna, Rodrigo de la, 89
Sessa, duque de, *véase* Fernández de Córdoba
Severo, fray, *véase* Varini
Sevilla, arzobispo de, *véase* Manrique, don Alonso
Sforza, Francisco, duque de Milán, 130, 221
Sibilia de Forciá, 30
Sigüenza, obispo de, *véase* Portugal, don Fadrique de
Silva, Catalina de, 200
Silva, don Manrique de, 178, 246
Silvestre, Gregorio, 60, 61, 223
Simón, 130, 170
Simonete, 71, 176
Siruela, conde de, *véase* Velasco, don Francisco de
Sócrates, 67
Solimán el Magnífico, el Gran Turco, 19, 41, 43, 141-147, 152-154, 166, 214, 224, 227, 233

Somnium, 228
Sosa, doña Leonor de, abadesa de las Huelgas, 168, 235
Sosa, don Manuel de, 124, 125, 217
Sotomayor, don Alonso de, conde de Belalcázar, 217
Sotomayor, don Diego de, 176, 238
Sotomayor el de Medina, 73
Sotomayor, don Pedro de, 67
Suárez, don Alonso de, obispo de Mondoñedo, 76
Suárez Cristóbal, 128, 166, 219
Suárez Fernández, L., 229
Suárez de Mendoza, don Alonso, 184
Suárez de Mendoza, don Bernardino, conde de Coruña, 70, 72, 122, 154, 170
Suárez de Mendoza, don Lorenzo, 184
Suárez de la Fuente, don Alonso, 192
Suárez Maldonado, don Jerónimo, 133, 222
Suárez de Velasco, don Pedro, deán de Burgos, 75, 191
Sueños, 54
Suma de todas las crónicas del mundo, 241
Supplementum cronicarum, 240
Swain, Barbara, 26

Talavera, arcipreste de, 40
Támar, 29
Tamayo, 134
Tarifa, marqués de, *véase* Enríquez de Rivera, don Fadrique
Tate, R. B., 51
Tavera, cardenal, 47
Tavera, Juan de, *véase* Pardo de Tavera, don Juan
Teba, conde de, *véase* Guzmán y Ponce de León, don Diego
Téllez, don Alonso, 114
Téllez, Ruy, 161, 231
Téllez Girón, don Alonso, 93, 125, 131, 203

Téllez Girón, don Juan, 201
Tello, Garci, 96
Tello, Gómez, 96
Tello, don Nicolás, 79, 195
Tenorio, don Pedro, arzobispo de Toledo, 51
Terencio, 70
Teseno, 98
Teudis, rey, 28, 29
Thomas, H., 215
Thompson, Stith, 186
Tisbe, 129, 219
Tito Livio, 79, 98
Tobías, 114
Toledo, arzobispo de, *véase* Jiménez de Cisneros, o Fonseca, don Alonso de
Toledo, don Cristóbal de, 131, 142
Toledo, don Diego de, 188
Toledo, don Fernando de, Gran Duque de Alba, 80, 91, 185, 196
Toledo, don García de, 74, 171, 177, 190, 236
Toledo, don Hernando de, 91, 171, 190, 202, 236
Toledo, don Pedro de, marqués de Villafranca, 80, 141, 196
Torre, Juan de la, comendador, 142
Torre, Juan de la, vecino de Granada, 136
Tortosa, cardenal de, *véase* Utrecht, Adriano de
Tovar, doña Margarita de, 113, 119
Traeto, duque de, 84, 101, 126, 127, 199
Trece, fray, 169
«Triste estaba el Santo Padre», 63
Túnez, rey de, *véase* Muley Hassan
Turco, el Gran, *véase* Solimán el Magnífico
turcos, 12, 19, 134, 229, 239
Tuy, obispo de, *véase* Sarmiento, don Pedro

Ulloa, Juan de, 226
Ulloa, Juana de, 206

ÍNDICE ALFABÉTICO 271

Ulloa, doña María de, 184
Ulloa, Rodrigo de, 226
Urbano V, papa, 99
Urías, *véase* Urrea
Urrea, Martín, de, 78, 194
Urraca, doña, 189
Utrecht, cardenal Adriano de, papa, 15, 81, 86, 87, 138, 144, 173, 177, 189, 196, 197, 199, 222

Valdés, Alfonso de, 20, 35
Valdés, Fernando de, 216
Valdés, Juan de, 189
Valdesillo, bufón, 27
Valencia, boticario, 91
Valera, Francisco de, 142, 165
Valera, mosén Diego de, 73, 189
Valmaseda, don Diego de, abad de Nájera, 103, 211
Valladolid, Diego de, 93, 94, 155
Valle-Inclán, Ramón del, 19, 54
Van Orley, 194
Vanegas, Alonso, 97, 207
Vargas, Hernando de, 176, 235, 238
Varini, fray Severo, 70, 185
vascos, 117, 118, 215
Vázquez de Cuéllar, Juan, 213
Vázquez de Molina, Juan, 129, 174, 220, 221
Vega, Fernando de, 89, 131, 135, 166, 201, 224
Vega, Hernando de, *véase* Vega, Fernando de
Vega, Lope de, 28, 44, 198, 226, 233
Vela, don, 104
Velasco, doña Ana de, 192, 229
Velasco, doña Catalina de, 188, 204
Velasco, don Francisco de, conde de Siruela, 74, 114, 150, 190
Velasco, don Íñigo de, condestable de Castilla, 73, 79, 85-87, 150, 157, 183, 189, 191, 197, 199, 202
Velasco, doña Isabel, 202
Velasco, doña María de, 190
Velasco, doña María de, 109, 115, 213

Velasco, doña Mencía, 183
Velasco, don Miguel de, 109, 110, 115, 213
Velasco de Benavides, don Francisco de, conde de Santisteban del Puerto, 136, 224
Velázquez, Diego de Silva, 30
Velázquez, Juan, 109, 115
Velasquillo, bufón, 31, 32
Vélez, marqués de los, *véase* Fajardo, don Pedro
Vélez de Guevara, don Íñigo, 183
Vélez de Guevara, don Pedro, conde de Oñate, 67, 85, 125, 158, 183
Venecia, embajador de, 130
Vera, Diego de, 106, 212
Verdugo, fray Pedro, 103, 159, 211
Vergara, Juan de, 238
Viaje del alma, 28
Viaje de Turquía, 221, 224
Viamonte, *véase* Beaumont
Vida de Estebanillo González, 11, 29, 53
Villafranca, marqués de, *véase* Toledo, don Pedro de
Villalobos, doctor Francisco López de, 39, 40, 57, 105, 171, 212, 215, 236, 241
Villalta, caballerizo, 95, 177, 206, 239
Villandrando, don Diego Sarmiento de, conde de Ribadeo, 170, 177, 221, 235, 238
Villarreal, 98
Villarroel, García de, 184
Villasandino, doctor, 130, 222
Villasandino, Alfonso Álvarez de, 30
Villegas, Antonio de, 76, 103, 192, 211
Villegas, Antonio de, 192
Villena, marqués de, *véase* López Pacheco, don Diego
Villiers de l'Isle Adam, Phillippe, 134, 224
Vinyols, doctor Narciso, 179, 241
«Visita de amor», 60

Vita Christi, 31
Vitiza, 121
Vivero, don Juan de, vizconde de Altamira, 154, 229
Vivero, Rodrigo de, 129
Vives, Luis, 185
Vocabulario de germanía, 222
Vozmediano, Alonso de, 99, 101, 133, 208
Vozmediano, Juan de, 99, 101, 116, 133, 208

Webber, R. H., 199, 216
Wedgwood, C. V., 15
Welsford, Eunice, 24
Wittstein, A., 216
Wolf, Ferdinand Joseph, 37, 44, 46, 47, 59

Xebres, *véase* Chièvres, señor de
Xiletes, 71, 187

Yáñez, Alvar, 121
Yáñez, Pedro, 142, 200, 226

Zamora, obispo de, *véase* Acuña, don Antonio de, o Mendoza, don Francisco de
Zamora Vicente, Alonso, 43, 48
Zapata, Luis, 33, 45, 46, 185, 193, 194, 225
Zapata, Pedro, 168, 234
Zapolya, Juan, voivoda de Transilvania, 165, 166, 173, 232, 233
Zaragoza, arzobispo de, *véase* Aragón, don Alonso o don Juan de
Zorita de Alfaro, doctor Miguel, 168, 234
Zorobabel, 93, 204
Zúñiga, don Álvaro de, duque de Béjar, 14, 38, 42, 47, 58, 70, 72, 77, 82, 83, 85-87, 93, 99, 104, 112, 113-117, 120, 123, 124, 132, 136, 137, 149, 150, 154, 157, 158, 161, 162, 165, 170, 176, 185, 186, 188, 189, 191, 198, 199, 200, 202, 204, 211, 214, 215, 217, 222, 228, 235, 236
Zúñiga, don Álvaro de, hijo de don Francesillo, 42
Zúñiga, don Antonio de, prior de San Juan, 63, 72, 80, 82, 83, 85, 188, 196, 197
Zúñiga, don Bernaldino, 158
Zúñiga, doña Catalina de, 188
Zúñiga, doctor, 88, 149, 200
Zúñiga, don Francesillo de, 9, 11, 12, 14, 16-21, 23-25, 27, 30-35, 37-58, 61, 63, 83, 96, 97, 99, 103, 105, 109, 121, 123, 126, 127, 130, 132, 134, 137, 139, 142-151, 154-157, 160-162, 171-177, 179, 184, 191, 194-200, 203-212, 214-220, 222-241
Zúñiga, don Francisco de, marqués de Ayamonte, 75, 149, 191
Zúñiga, don Francisco de, 169, 235
Zúñiga, don Francisco de, conde de Miranda, 72, 78, 85, 91, 104, 114, 141, 150, 163, 170, 172, 188, 198, 228
Zúñiga, don Francisco de, hijo del conde de Miranda, 91
Zúñiga, don Francisco de, señor de Monterrey, 120, 216
Zúñiga, don Luis de, 169, 235
Zúñiga, doña María de, duquesa de Béjar, 174, 185, 237
Zúñiga, doña María de, 208
Zúñiga, don Pedro de, hijo del duque de Béjar, 82, 117, 186, 198, 228
Zúñiga, don Pedro de, hermano del conde de Miranda, 104
Zúñiga, don Pedro de, padre del duque de Béjar, 188
Zúñiga, don Pedro de, señor de Aldehuela, 82
Zúñiga, don Pedro de, 82
Zúñiga, doña Teresa, yerna del duque de Béjar, 198, 228
Zúñiga, doña Teresa de, condesa

de Belalcázar, 186, 215, 217
Zúñiga y Acevedo, don Alonso de, *véase* Acevedo y Zúñiga, don Alonso de
Zúñiga y Avellaneda, don Juan de, el Ayo, 94, 204, 205
Zúñiga y Guzmán, don Francisco de, 215
Zúñiga y Guzmán, doña Leonor de, 202
Zúñiga y Mendoza, doña Isabel de, 193
Zúñiga y Sotomayor, don Francisco de, conde de Belalcázar, 39, 123, 138, 149, 186, 215, 217, 225, 228

ÍNDICE

Introducción, por DIANE PAMP DE AVALLE-ARCE . . 9
I. El fondo histórico 11
II. El bufón en España 23
III. Don Francés 37
IV. La «Crónica» 49

«*Crónica burlesca del Emperador Carlos V*» *(según el manuscrito 6.193 de la Biblioteca Nacional de Madrid)* 65
Prohemio 67
Capítulo primero como el rey don Carlos vino en España 69
[Capítulo ii] 70
Capítulo iii 72
Capítulo iiii 76
Capítulo v 85
Capítulo vi 90
Capítulo vii 92
Capítulo viii 97
Capítulo ix 99
Capítulo [x] cómo el Emperador salió de Valladolid por causa de sus cuartanas, y se fue a Tordesillas, y cómo desposó a la infanta doña Catalina con el rey don Juan de Portugal . . . 102
Capítulo [xi] de lo que en el camino de Portugal

acaeció, y cómo el coronista iba con la serenísima reina de Portugal; y porque a todos sea enxemplo, oiréis el prohemio siguiente 105
Capítulo [xii] cómo la reina partió de Medina del Campo y fue a Madrigal por ver las hijas del Rey Católico su agüelo, que estaban en el monesterio de Santa Clara 107
Capítulo [xiii] cómo la señora Reina salió de Madrigal y se despidió de las religiosas, y de lo que al tiempo de la partida sucedió 108
Capítulo [xiv] cómo la Reina llegó a Peñaranda, y cómo Juan de Bracamonte, señor de la villa, y los suyos, salieron al campo para besar las manos a Su Alteza, y de lo que en recibimiento pasó . 110
Capítulo [xv] cómo la Reina partió de Peñaranda y vino a la villa de Alba de Tormes, y de cómo fue recibida 111
Capítulo [xvi] cómo la Reina vino a La Calzada, aldea de Béjar, y cómo el duque salió al dicho lugar para yr con su Alteza hasta Portugal, como por el Emperador le fue mandado 112
Capítulo [xvii] de la diferencia que hobo sobre la pasada del río, se volverían atrás o no . . . 115
Capítulo [xviii] cómo la Reina y todos los demás que allí estaban pasaron el río 118
Capítulo [xix] cómo la Reina llegó a Las Garrobillas día de San Sebastián, y holgó allí cuatro días . 121
[Capítulo xx] 125
[Capítulo xxi] 132
[Capítulo xxii] 135
[Capítulo xxiii] 142
[Capítulo xxiv] 145
[Capítulo xxv] 148
[Capítulo xxvi] 151
[Capítulo xxvii] 158

[Capítulo xxviii]	160
[Capítulo xxix]	162
[Capítulo xxx]	171
[Capítulo xxxi]	174
[Capítulo xxxii]	177
Notas	181
Notas a la «Crónica»	183
Notas textuales	243
Abreviaturas	249
Índice alfabético	251

7.95